中國學術思想 研究輯刊

十五編

林慶彰 主編

第9冊

翁方剛《易附記》研究

李凱雯 著

花木蘭文化出版社

國家圖書館出版品預行編目資料

翁方剛《易附記》研究／李凱雯 著 — 初版 — 新北市：花木
蘭文化出版社，2013〔民 102〕
目 4+242 面；19×26 公分
（中國學術思想研究輯刊 十五編；第 9 冊）
ISBN：978-986-322-115-9（精裝）
1.（清）翁方剛　2.易經　3.研究考訂
030.8　　　　　　　　　　　　　　　　　　102001946

ISBN-978-986-322-115-9

9 789863 221159

中國學術思想研究輯刊
十五編　第 九 冊　　　　　　ISBN：978-986-322-115-9

翁方剛《易附記》研究

作　　者　李凱雯
主　　編　林慶彰
總 編 輯　杜潔祥
出　　版　花木蘭文化出版社
發 行 所　花木蘭文化出版社
發 行 人　高小娟
聯絡地址　235 新北市中和區中安街七二號十三樓
　　　　　電話：02-2923-1455 ／傳眞：02-2923-1452
網　　址　http://www.huamulan.tw 信箱 sut81518@gmail.com
印　　刷　普羅文化出版廣告事業
封面設計　劉開工作室
初　　版　2013 年 3 月
定　　價　十五編 18 冊（精裝）新台幣 30,000 元

翁方剛《易附記》研究

李凱雯　著

作者簡介

李凱雯，台北人。台北教育大學畢業。台灣師範大學國文所碩士。研究所在學期間，受到賴貴三教授的啟發，與易經結下不解之緣，進一步開啟研究易經的興趣。除了學術研究，也熱衷於教書。畢業後，投入於教職。現任職於公立高中，擔任高中國文教師。

提　　要

　　翁方綱（1733～1818），字正三，順天大興人（今北京大興），生於清雍正十一年（1733年），卒於嘉慶二十三年（1818年），年八十六。為乾嘉時期學者，其詩學理論「肌理說」廣為人知，而其《易》學成較不為人所熟知。身處乾嘉時期，樸學大興之際，《易》的研究以漢《易》為主，宋《易》較為少見。翁方綱重視義理，自言其學以程朱之學為本，不廢考據。《易附記》一書，乃翁方綱旁徵博引各家之說而成。本研究以翁方綱《易附記》手稿為主要研究資料，分析《易附記》一書的寫作背景以及《易附記》內容、寫作特色。同時《易附記》一書，大量引用各家說法，試圖從引用之中，分析翁方綱對漢《易》、宋《易》的態度，進而歸納出翁方綱的治《易》方法與《易》學內容。

　　翁方綱的易學態度可從兩部份論之，第一「以考據為基礎」，第二「求義理為目的」。以考據為基礎，是深知宋代學者治易之弊，考據最終的目的是讓義理明白。考據並非翁方綱的治易重心，而是一種方法與手段，最後的目的的在於讓義理顯明。考據上，翁方綱旁徵博引相當多的字書與韻書，如：《爾雅》、《說文解字》、《玉篇》、《經典釋文》、《廣韻》、《方言》、《釋名》等書。義理上，筆者採用統計的手法，從翁方綱引用的次數來做分析。朝代上，宋代引用最多，799次（52%），佔了全部比例的一半以上；清代次高，246次（16%），唐元兩代，相差不多。唐代130次（8%），元代105（7%），其中又以唐代略高於元代。人物上，義理易的引用數量，勝過象數易。引用次數最多，為宋代項安世《周易玩辭》，251條；引用次數第二高，為朱熹《周易本義》、《朱子語類》，180條。引用次數第四高，為程頤《周易程傳》，125條。引用次數第五高，為胡炳文《周易本義通釋》，125條。象數《易》惠棟引用133條，居冠；虞翻引用68條，居次。

　　《易附記》一書，對於漢人與清人的評論，著重在鄭玄、荀爽、虞翻、惠棟等人身上，翁方綱注意到鄭玄援禮詁經，但注三《禮》與注《易》實有不同。荀爽《易》，以升降說為其特色。翁方綱亦引升降說解易，但也說明，不可過執升降之說，反而限制住發揮的空間。虞翻解《易》，擅長以卦變、逸象說解，翁方綱對於卦變與逸象之說皆採取反對意見。翁方綱認為卦變與逸象皆聖人無論及，以此法解易，悖離聖人之道。對於惠棟，有批評亦有贊同部份。贊同上，義理與典籍的考據密切結合、義理的詮釋合宜兩點，得到翁方綱的肯定。批評上，惠棟刪改增補經文、解《易》立場不一、反對卦變之說、理解錯誤、引用出處不詳、義理詮釋不精等六點受翁方綱批評。

　　《易附記》一書，對於宋人的評論，著重在程頤、朱熹、項安世、胡炳文四人身上。程頤的卦爻辭詮釋精當受翁方綱肯定，但偶有字義上的詮釋不當、義理的理解不合、乾坤卦變之說、象象合觀以釋卦名四點，是翁方綱所不同意的。朱熹的讀易之法、義理詮釋、使用古訓受到翁方綱推崇。但朱熹卦變、卦圖之說、經義所無的詮釋為翁方綱所批評。項安世為翁方綱引用次數最多的人物，認為項安世解易，多半皆能合於經義，並多以項安世之說作為最後的依歸。項安世所歸納出的解經原則也受翁方綱推崇。項安世於程朱未盡處之闡發與補充，此點也受翁方綱讚賞。但項安世使用卦變解易，一如虞翻、惠棟、程朱等人，皆為翁方綱所不用。胡炳文則是發明朱熹未盡之意深受翁方綱肯定。

目

次

第一章　緒　論

第一節　研究動機

　　乾嘉時期，樸學如日中天，「人人許鄭，家家賈馬」，人人所重皆以考據，所思盡以復古，考據之學佔據整個清代學術界，此時期的名家輩出，著作也源源不絕，大大豐富了整個學術生命的內涵。

　　《易》學方面亦是如此，漢《易》的內涵主導了《易》的方向，宋《易》的義理在此時幾乎消失殆盡。不僅如此，漢宋之間，門戶之見，相互攻訐，水火不容，更使義理在清代難以生存。乾嘉時期，卻有一人，以「博綜馬鄭，勿畔程朱」的學說理論，和「人人許鄭，家家賈馬」的學術現象互相抗衡，這位學者便是翁方綱。

　　翁方綱（1733～1818），字正三，號覃溪，晚號蘇齋，大興（今北京）人。生於雍正十一年，卒於嘉慶二十三年，享年八十六歲。翁方綱最廣為人知的是其詩學理論──「肌理說」，〔註1〕強調為詩需「言有物」、「言有序」，與王士禎「神韻說」、沈德潛「格調說」、袁枚「性靈說」同時流行於清代，於文學史上佔有一席之地。翁方綱又酷愛金石，〔註2〕工於書法，〔註3〕三者成就

〔註1〕　專著可見宋如珊：《翁方綱詩學之研究》（臺北：文津出版社，1993 年）。

〔註2〕　根據沈津：《翁方綱年譜》（臺北：中央研究院中國文哲研究所，2002 年）所載，翁方綱自云：「金石文至於二千卷」（翁譜，頁176）又「每日退直，遍閱琉璃廠書肆，擇其有關考訂者，載書而歸，力能得者購之，否則摘鈔之。所收金石搨本，亦日增富。同好者，日相過從，互為質訂，博洽為一時之最。」沈津：《翁方綱年譜》（臺北：中央研究院中國文哲研究所，2002 年），頁 495。

皆在當代與現代享富盛名。翁方綱在世時，亦寫下眾多經學手稿，〔註4〕《易附記》〔註5〕爲其中之一，手稿於當時並未付梓，保存已屬不易，加以翁方綱死後並未得到子孫妥善保存，輾轉流傳，〔註6〕最後存放於柏克萊加州大學東亞圖書館，故其《易》學成就較鮮爲人知。此爲研究動機之一。

以《易附記》作爲題材，而不以翁方綱其他手稿作爲題目，這是筆者自身對《易經》有濃厚的興趣，而此興趣是賴貴三老師點燃，曾修習過賴貴三老師所開的《易經》相關課程，發現《易》學並非如同外界單純所言僅有卜筮成份而已，其中義理的詮釋性極大無比，《易》理的包含範圍又如此廣袤，在老師的引領之下，一頭栽進對《易》的喜好當中。越接觸《易》，更體會到何以《易》爲群經之首，更體會到《易》中「簡易、變易、不易」的思想精粹，對《易》學之深、之廣，不由得伏首稱臣！此其爲研究動機之二。

本論文以「翁方綱《易附記》研究」爲題，目的便是希望探討《易附記》一書中翁方綱的總體《易》學成就。《易附記》因長期存放於柏克萊加州大學東亞圖書館，再加上手稿本身字體以行草相間而成，對於一般人行文閱讀恐有不便之處，今有機會可以替古人將他生平的學說精華呈現，讓世人得以明白，進一步注意到翁方綱的經學成就，此爲研究動機之三。

第二節　研究現況

一、專　書

沈津：《翁方綱題跋手札集錄》，桂林：廣西師大出版社，2002 年 4 月初

〔註3〕 可參見趙太順：《翁方綱研究》（臺北：中國文化大學藝術研究所碩士論文，1998 年）。探討翁方綱書法，對其書法成就有深入研究。

〔註4〕 「先生在馬蘭峪三年，惟每月朔望暨恭逢忌辰節候上陵行禮外，其餘月日無酬應，併無唱酬題詠之件，專心將數十年來溫肄諸經所記，條件分卷寫稿，共得《易附記》十六卷、《書附記》十四卷、《詩附記》十卷、《春秋附記》十五卷、《禮記附記》十卷、《大戴禮附記》一卷、《儀禮附記》一卷、《周官禮附記》一卷、《論語附記》二卷、《孟子附記》二卷、《孝經附記》一卷、《爾雅附記》一卷。」沈津：《翁方綱年譜》（臺北：中央研究院中國文哲研究所，2002 年），頁 407。

〔註5〕 上海古籍出版社已於 2006 年出版。

〔註6〕 「（方綱）晚年頗窘，歿後僅存一子，諸孫幼弱。門人杭州孫侍禦烺，賻以千金，完厥葬事，所藏精拓及手稿均歸之。」沈津：《翁方綱年譜》（臺北：中央研究院中國文哲研究所，2002 年），頁 493。

版。

沈津：《翁方綱年譜》，臺北：中央研究院中國文哲研究所，2002 年 8 月。

沈津在 2002 年出版的《翁方綱年譜》，往來於中港臺等地，花費四十年
的蒐集、抄錄翁方綱著作、手稿而成，對於手稿中行草難辨之文字，一一辨
讀，依年分排列，依日期紀錄，將翁方綱的一生，詳盡的呈現在這本年譜當
中。對於研究翁方綱和乾嘉時代之學術，皆有助益。〔註7〕

二、學位論文

1、李豐楙：《翁方綱及其詩論研究》，臺北：政治大學中文研究所碩士論
　　文，1974 年。

2、宋如珊：《翁方綱詩學研究》，臺北：中國文化大學中文研究所碩士論
　　文，1990 年；臺北：文津出版社，1993 年出版。

3、陳純適：《翁方綱年譜》，臺中：東海大學中文研究所碩士論文，1996
　　年。

4、趙太順：《翁方綱研究》，臺北：中國文化大學藝術研究所碩士論文，
　　1998 年。

5、楊淑玲：《翁方綱肌理說研究》，臺南：成功大學中文研究所碩士論文，
　　2002 年。

6、吳淑慧：《清儒翁方綱及其《易》學研究》，國立臺灣師範大學國文研
　　究所碩士論文，2004 年。

以上的五本碩士論文中，大多的研究焦點都放在翁方綱的詩論研究上。
關於翁方綱詩論的研究，有李豐楙《翁方綱及其詩論研究》、宋如珊《翁方綱
詩學研究》、楊淑玲《翁方綱肌理說研究》。著重於翁方綱書法淵源以及成就
及其著述所帶來的影響，則有趙太順《翁方綱研究》。著重在翁方綱生平事蹟
的進一步考證，整理詩作目錄，則有陳純適《翁方綱年譜》。著重在翁方綱經
學中的《易》學，從翁方綱所纂的《經部・易類・提要稿》，及其他相關文集
中，闡明翁方綱《易》學觀點，則有吳淑慧《清儒翁方綱及其《易》學研究》。

李豐楙《翁方綱及其詩論研究》是首本關於翁方綱的碩士論文研究。考
證了翁方綱的生平背景、交遊、著述等資料。並附錄了翁方綱的年譜。其後

〔註7〕　參見本書簡介。沈津：《翁方綱年譜》，臺北：中央研究院中國文哲研究所，
　　　　2002 年 8 月。

關於翁方綱的研究則是宋如珊《翁方綱詩學研究》。本書闡發了「肌理說」之理論與應用，並由此來窺探翁方綱詩學的體系。楊淑玲《翁方綱肌理說研究》則是在前面兩位學者研究的基礎上，將肌理說的實際運用做一探討。

趙太順《翁方綱研究》出自藝術研究所，關注的焦點在翁方綱的「書法藝術上的成就」上，並進一步考證其相關背景以及與藝術有關的資料。

陳純適《翁方綱年譜》著重在對前人留下的翁方綱資料：《翁方綱家事略記》、京察履歷三篇、李豐楙先生所撰《翁方綱及其詩論》，其附錄亦有家世與年譜等，做進一步的考證與補充，補足前人資料不足處。不過關於《翁方綱年譜》，在 2002 年，由沈津所編撰的《翁方綱年譜》（專書）出版，是屬於目前最詳盡的翁方綱年譜資料。

上述的資料中，側重的層面在於文學上、藝術上，對於經學，未有進一步的探討。以下對翁方綱的經學——《易》學，有較深入的闡發，則是吳淑慧《清儒翁方綱及其《易》學研究》。

吳淑慧《清儒翁方綱及其《易》學研究》專門探討翁方綱在《易》學上的理論及觀點。從對翁方綱纂《四庫提要稿‧經部‧易類》為出發點，由此來瞭解翁方綱對於治《易》的內容以及特色。並進一步比較《翁方綱纂四庫提要稿‧易類》與《四庫全書總目》的比較。進而歸結翁方綱治《易》的方法與《易》學觀點。吳淑慧的這本著作，是目前所見到的資料中，第一個深入探討翁方綱《易》學的學術性著作。不論是對翁方綱的生平、或是纂修的《易》類提要、甚至是方法與觀點，都有精要的比較與探討。可惜之處，便是吳淑慧在當時並未見到翁方綱《易附記》的經學手稿，以至於未能更進一步的探討翁方綱《易》學的相關內容。

本論文與吳淑慧《清儒翁方綱及其《易》學研究》不同之處，在於材料的掌握。吳淑慧的材料來源在於翁方綱纂《四庫提要稿‧經部‧易類》以及沈津《翁方綱題跋手箚集錄》。而本論文著重在上海古籍出版社所出版的《翁方綱經學手稿五種——易附記》，直接探究翁方綱易學著作，相較於吳淑慧，更能直接掌握到翁方綱的易學思想。從文本來論證，更能確切掌握翁方綱之《易》學內涵。

三、學報期刊

學報期刊部份，研究成果豐碩的是在翁方綱的詩論上。依照楊淑玲在《翁

方綱肌理說研究》中的分類，可分爲三類。第一類以探索「肌理」意義爲主，第二類是以翁方綱的詩學思想爲主，第三類以建立翁方綱的美學觀爲研究主題。〔註8〕除了詩論外，還有經學方面、翁方綱四庫提要稿方面、翁方綱年譜、金石、書法、手稿的相關研究。

　　在這些研究中，以陳連營：〈翁方綱及其經學思想〉（《故宮博物院院刊》，第 6 期，2002 年）、張淑紅：〈"博綜馬鄭，勿畔程朱"——翁方綱的學術思想及其治學特點〉（《齊魯學刊》，第 2 期，2005 年）與其治學方法、經學思想最關係，以下分述兩篇期刊重點：

　　陳連營：〈翁方綱及其經學思想〉（《故宮博物院院刊》，第 6 期，2002 年），本篇討論了翁方綱的生平大要，次敘乾嘉時期樸學大盛，走到極端後，產生出的弊病。身處在乾嘉時期的翁方綱，能兼採樸學與理學之優點，作爲治學的方向。最後再給予翁方綱評價。從陳連營的研究來看，翁方綱義理、詞章、考證三者並重，並以義理爲最終目的，考證只是瞭解義理的一種「功力」。想要通盤瞭解義理，此三者缺一不可。若是缺少一個，便會有宋明理學空泛、乾嘉樸學繁瑣之弊。

　　張淑紅：〈"博綜馬鄭，勿畔程朱"——翁方綱的學術思想及其治學特點〉（《齊魯學刊》，第 2 期，2005 年）。與上篇不同的是，張淑紅對於翁方綱的學術思想有更深入的研究。先是將翁方綱理學與樸學之長的思想，與孟子、朱熹、王陽明、戴震等人做一比較，認爲他注重義理，以考據來補宋明理學空泛之弊。指出，將翁方綱的理學思想成份較重，應放置在理學家較妥當。

第三節　研究範圍、方法與架構

一、研究範圍、方法

　　本論文以上海古籍出版社所出版的《易附記》爲研究範圍。

　　在研究方法上，以「歸納法」、「演繹法」、「統計法」爲主。《易附記》一書中，以旁徵博引諸家說法而成，透過對學者的引用，來表明自己的觀點。

〔註8〕　參見楊淑玲：《翁方綱肌理說研究》，臺南：成功大學中文研究所碩士論文，2002 年。頁 4～5。

因此，考量翁方綱這個寫作手法之後，決定以「歸納」及「演繹」二者作為基本方法，透過翁方綱對於每位學者的引用次數，以「量化分析的統計方法」，分析翁方綱所引用內容並加以分類，再從這之間釐出彼此關係，以此方式歸結翁方綱對易學家的認同與批評。從中看出翁方綱的《易》學內涵為何。

二、論文架構

本論文共分七章，略述如下：

第一章〈緒論〉，敘述筆者研究翁方綱《易附記》研究動機、探討研究現況、設定研究主題範圍、說明研究方法與論文架構。

第二章〈翁方綱《易附記》概論〉，本章以共分兩節，第一節為翁方綱與《易附記》寫作背景，探討成書的理由；第二節為《易附記》內容與寫作特色。通過這兩節，使人對《易附記》一書有梗概瞭解。

第三章〈《易附記》與漢《易》之關係探討〉，本章討論孟喜、京房（前77～前 37）、鄭玄（127～200）、荀爽（128～233）、虞翻（164～233）、惠棟（1967～1758）等人於《易附記》中被引用的次數，分析討論翁方綱對這些學者的看法。以上為一位清人，五位為漢魏時人。

第四章〈《易附記》與宋《易》之關係探討〉，本章討論程頤（1033～1107）、朱熹（1130～1200）、項安世（1153～1208）、胡炳文（1250～1333）等學者於《易附記》中被引用的次數，分析討論翁方綱對這些學者的看法。以上四位皆為程朱之學，且為《易附記》一書中，引用最高的四位義理派學者，故本章就這四位討論。

第五章〈翁方綱《易》學之內涵〉，本章討論翁方綱之易學淵源。

第六章〈翁方綱治易之方法及內容〉，歸結翁方綱易學之內涵。

第七章〈結論〉，歸納總結各章所得，檢討本論文之限制與貢獻，以及後續的研究方向。

第四節　翁方綱生平傳略

翁方綱，字正三，順天大興人（今北京大興），生於清雍正十一年（1733年），卒於嘉慶二十三年（1818年），年八十六。翁方綱號覃溪，又號彝齋。

〔註9〕自號忠敘〔註10〕、蘇齋。〔註11〕小名「魁、大魁、桂麟」〔註12〕、「天保、增壽」。〔註13〕

　　翁方綱九歲初讀《五經》，其父常語翁方綱「吾家書香，須有人繼，且望汝一進庠門耳。」十六歲其父臨終前，叮嚀翁方綱「好好讀書」。皆可見翁父對翁方綱的期許。翁方綱十歲（乾隆七年，1742 年），出試童子試；十二歲（乾隆九年，1744 年）補順天府附學生；十三歲（乾隆十年，1745 年）歲試，試

〔註9〕乾隆十六年（1751 年）翁方綱十九歲自號。「冬，先生讀《漢書》，愛「揚子雲覃思」之語，自號覃溪，又號彝齋。」彝齋為父執孟穎仙先生命名。沈津：《翁方綱年譜》（臺北：中央研究院中國文哲研究所，2002 年），頁 13。

〔註10〕乾隆十九年（1754）翁方綱二十二歲自號。「是年春會試，有福建莆田縣族人翁霈霖來拜，庚子舉人也。得所送鄉試硃卷，前有族姓履歷，內開曾叔祖，有先祖名。方綱因持會試硃卷往送之，內履歷有先祖也。次日，霈霖來稱姪輩，因與詳敘家世，始知吾家出自莆田一桂房。霈霖曰：『此天賜之綠也。』尤可異者，在莆田將傲裝北上時，檢取書籍等入行篋，及至京啟視，乃以《家譜》一冊置其中，豈非祖宗默佑耶？於是始借其譜抄之，自一桂公以下世次皆明白矣。知吾順天派是明大司農襄敏之裔，因敬書聯句，俾其歸，鑴挂於尚書公祠堂。又知檢討公（方綱之十一世祖，諱瑛）所留二十字為子孫世次者：世、守、朝、廷、祿、惟、存、孝、與、忠、誠、心、長、繼、述、福、慶、永、豐、隆，此內如世、守、朝、廷諸字，既皆以命字矣，吾先祖字孝定，則仍依前式也，然則吾曾祖必別有字以存為上一字者，今莫可考矣。時與霈霖語及此，知吾家南北後人相沿，日久有忽略，未嘗以此為字者，不特吾順天派年久失考，即以莆田霈霖上一代，亦未嘗以此為字，所當追復舊式也，方綱因此號忠敘。」沈津：《翁方綱年譜》（臺北：中央研究院中國文哲研究所，2002 年），頁 15～16。

〔註11〕乾隆十六年（1751 年）翁方綱十九歲。「是年，先生又以『蘇齋』名書室。『予年十九，日誦《漢書》一千字，明海鹽陳文學輯本也。文學號蘇庵，則願以『蘇齋』名書室，竊附私淑前賢之意。』」乾隆三十三年（1768 年）翁方綱三十六歲。「購蘇軾書〈天際烏雲帖〉後，又因在韶州道中經英德南山，見山崖後壁坡公手題，乃重摹勒石二片，一嵌廣州使院壁，一留以自隨，因自號「蘇齋」自此始。」沈津：《翁方綱年譜》（臺北：中央研究院中國文哲研究所，2002 年），頁 13。

〔註12〕雍正十一年（1733 年），翁方綱一歲。「時有李濟庵來看八字，有手書賀詩綾幅，先生幼時尚及見黏於屋壁。父命先生拜李濟庵為乾爹，李以其子名朝綱，命名曰方綱。父自命小名魁。後以二弟生，祖母呼先生曰大魁，呼弟曰二魁。李濟庵又命小名曰桂麟，麟字即先生先祖諱上一字之今體，而大字亦與先生父諱上一字相同，是以皆不連呼二字也。」沈津：《翁方綱年譜》（臺北：中央研究院中國文哲研究所，2002 年），頁 4。

〔註13〕乾隆元年（1736 年），翁方綱四歲。「拜父執賈國璿為乾爹，蓋因四歲出痘，賈氏醫之也。賈氏命小名曰天保。又拜宏善寺僧為師，僧命小名曰增壽。」沈津：《翁方綱年譜》（臺北：中央研究院中國文哲研究所，2002 年），頁 5。

列三等；十五歲（乾隆十二年，1747年），通州應科試，試列一等。秋闈，鄉試中式舉人。二十歲（乾隆十七年，1752年），會試中式進士，殿試受庶吉士。二十二歲（乾隆十九年，1754年），翻譯陶潛〈桃花源詩〉，以「俎豆」一連獲御試第一等第一名，散館授編修。

二十七歲（乾隆二十四年，1759年），奉命充江西鄉試副考官，正考官錢維成對其評價「學問甚好」。三十歲（乾隆二十七年，1762年），奉命充湖北鄉試副考官。三十二歲（乾隆二十九年，1764年），奉命視學廣東，長達八年。四十歲（乾隆三十七年，1772年）春天回京。四十四歲（乾隆四十一年，1776年）任文淵閣校理官。四十七歲（乾隆四十四年，1779年），任江南鄉試副考官。四十九歲（乾隆四十六年，1781年）擢國子監司業，同年五月擢洗馬。五十一歲（乾隆四十八年，1783年），任順天鄉試副考官。五十二歲（乾隆四十九年，1785年），遷少詹府少詹事。五十四歲（乾隆五十一年，1786年），督學江西。五十八歲（乾隆五十五年，1790年），擢內閣學士。五十九歲（乾隆五十六年，1791年），督學山東。六十四歲（嘉慶元年，1796年），賜千叟宴及御製詩珍物。〔註14〕六十八歲（嘉慶四年，1799年），授鴻臚寺卿。六十九歲（嘉慶六年，1801年），前往裕陵守護，寓馬蘭裕。七十五歲（嘉慶十二年，1807年），重宴鹿鳴，賜三品銜。八十二歲（嘉慶十九年，1814年），賜二品銜，重預恩榮宴。八十六歲（嘉慶二十三年）先生卒。

生 平 傳 略 年 表		
年　　齡	西　　元	事　　件
九歲	乾隆六年，1741年	初讀《五經》
十歲	乾隆七年，1742年	出試童子試
十二歲	乾隆九年，1744年	補順天府附學
十三歲	乾隆十年，1745年	歲試，試列三等
十五歲	乾隆十二年，1747年	通州應科試，試列一等。秋闈，鄉試中式舉人。
十六歲	乾隆十三年，1748年	父臨終前，叮嚀翁方綱「好好讀書」
二十歲	乾隆十七年，1752年	會試中式進士，殿試受庶吉士。

〔註14〕「正月四日，太上皇帝弘曆御皇極殿開千叟宴，賜先生赴宴。御賜詩章、墨硯、箋紙、紬緞、朝珠、齋戒牌、金合等件。」沈津：《翁方綱年譜》（臺北：中央研究院中國文哲研究所，2002年），

二十二歲	乾隆十九年，1754 年	翻譯陶潛〈桃花源詩〉，以「俎豆」一連獲御試第一等第一名，散館授編修。
二十七歲	乾隆二十四年，1759 年	奉命充江西鄉試副考官，正考官錢維成對其評價「學問甚好」。
三十歲	乾隆二十七年，1762 年	奉命充湖北鄉試副考官。
三十二歲至四十歲	乾隆二十九年，1764 年至乾隆三十七年，1772 年	奉命視學廣東，長達八年。
四十歲	乾隆三十七年，1772 年	春天回京。
四十四歲	乾隆四十一年，1776 年	任文淵閣校理官。
四十七歲	乾隆四十四年，1779 年	任江南鄉試副考官。
四十九歲	乾隆四十六年，1781 年	擢國子監司業，同年五月擢洗馬。
五十一歲	乾隆四十八年，1783 年	任順天鄉試副考官。
五十二歲	乾隆四十九年，1785 年	遷少詹府少詹事。
五十四歲	乾隆五十一年，1786 年	督學江西。
五十八歲	乾隆五十五年，1790 年	擢內閣學士。
五十九歲	乾隆五十六年，1791 年	督學山東。
六十四歲	嘉慶元年，1796 年	賜千叟宴及御製詩珍物。
六十八歲	嘉慶四年，1799 年	授鴻臚寺卿。
六十九歲	嘉慶六年，1801 年	前往裕陵守護，寓馬蘭裕。
七十五歲	嘉慶十二年，1807 年	重宴鹿鳴，賜三品銜。
八十二歲	嘉慶十九年，1814 年	賜二品銜，重預恩榮宴。
八十六歲	嘉慶二十三年	先生卒。

第二章　翁方綱易學之態度

翁方綱自言其《易》學為「博綜馬鄭，勿畔程朱」，《易》學的進路上，是以考據為手段，程朱之義理為橋樑，進而達到瞭解孔子思想之本質。換言之，考據與義理是翁方綱治《易》兩大核心：

> 治經以義理為主，然而攷證、訓詁、校讎皆所必精求者。義理必資於攷證也，攷證必資於訓詁也，攷證、訓詁必資於校讎也。究其所以，攷證、訓詁、校讎者，何為也哉？曰：「欲以明義理而已。」〔註1〕

> 凡攷訂者，一以衷於義理為主。〔註2〕

> 有訓詁之攷訂，有辯難之攷訂，有校讎之攷訂，有鑒賞之攷訂，古之立言者，欲明義理而已。〔註3〕

翁方綱強調，考訂的最終目的，便是要求得義理。而義理瞭解最為通澈，則來自於宋代儒者：

> 凡為學之要，自必恪守程朱為正路也。《易》則程傳理極精醇矣。朱子時或有同異者，朱子用心尤精密也。〔註4〕

〔註1〕　〔清〕翁方綱：《蘇齋筆記》，筆記三〈治經〉，（北京：北京出版社，2000 年，收入《四庫未收書輯刊》，清宣統二年北洋官報印書局影印稿本），頁：肆輯9 ～303。筆者按：《蘇齋筆記》一書乃翁方綱由諸經諸史、詩文集、金石文字等範圍中，挑選出重要且宜記出者，撮記而成。換言之，《蘇齋筆記》可說是翁方綱學術成就的總精華節錄。

〔註2〕　〔清〕翁方綱：《復初齋文集》，卷七，〈攷訂論上之二〉，（臺北：文海出版社，1966 年），頁 301～302。

〔註3〕　〔清〕翁方綱：《復初齋文集》，卷七，〈攷訂論上之一〉，（臺北：文海出版社，1966 年），頁 306。

〔註4〕　〔清〕翁方綱：《蘇齋筆記》，筆記一〈易〉，（北京：北京出版社，2000 年，收入《四庫未收書輯刊》，清宣統二年北洋官報印書局影印稿本），頁：肆輯

千古萬古，孔孟後以程朱遍質之，雖未足以仰窺什一，然捨是更無
正路也。今日治經，試語人以恪守程朱，往往有笑其固陋者。愚竊
私記於座隅二言，曰：「博綜馬鄭，勿畔程朱」，兼斯義也。〔註5〕

治經歸本於義理，義理的選擇，以程朱為宗，乃因程朱之義理，最貼近孔子思想。透過程朱所理解的孔孟義理是一條正確的道路。治《易》的最高標準，翁方綱明白的說出，是以孔子為中心：

六經惟《易》最難領會，千載下讀者，惟賴聖人十翼為治經之指南。
〔註6〕

孔子之〈十翼〉，距今已有千載，時空背景、語言文字、文物制度，古今皆有差別。更別遑論經與傳的時間差別。〈十翼〉既然是最靠近釋經文字，又為孔子所撰，自然以〈十翼〉作為治經的手段。義理上，以宋儒程朱之路上探孔子聖人之思想精髓；字義上，倚賴考據之法，還原字義古訓，貼近經義，「博綜馬鄭，勿畔程朱」，如此才能談得上治經，談得上還原聖人本義。

由此可知，考據與義理二者皆為翁方綱重要的治《易》淵源。考據的目的在於還原字義，字義正確無誤，理解的意義才不至於空泛。義理與考據相互切合，不得偏廢。以下就翁方綱「考據」背景論之。其後，再討論以義理為本，程朱為宗的《易》學淵源。

第一節　以考據為根基

考據是翁方綱治《易》的工具，並非最終目的。藉由字書的輔助，把握古訓，還原義理。

一、《爾雅》

《爾雅》是中國最早解釋詞義的書，是中國古代的辭典，亦為十三經之一，「訓詁必首《爾雅》」。〔註7〕《漢書藝文志》載三卷二十篇，〔註8〕現存《爾雅》為十九篇。翁方綱《易附記》中有採《爾雅》解釋文字，茲列於下：

9-184。以下《蘇齋筆記》均不再注出版年、出版社。

〔註5〕 同上註，筆記一〈易〉，頁：肆輯 9-185。

〔註6〕 同上註，筆記一〈易〉，頁：肆輯 9-193。

〔註7〕 〔清〕翁方綱：《蘇齋筆記》，筆記四，〈爾雅〉，頁：肆輯 9-317。

〔註8〕 〔漢〕班固撰，〔唐〕顏師古注，楊家駱主編：《漢書》，藝文志第十·六藝略·孝經，（臺北：鼎文書局，1976 年），頁 1718。

《爾雅・釋言》：「薦、原，再也。」《注》：「《易》曰：『水薦至。』今呼『重蠶』爲『𧑅』。」〔註9〕（釋〈比〉）

《爾雅・釋地》：「廣平曰『原』。」〔註10〕（釋〈比〉「原筮」之「原」）

《爾雅・釋器》：「簀，謂之第。革中絕，謂之辨。革中辨，謂之韏。」注：「第，牀版。辨，中斷皮也。」〔註11〕（釋〈剝〉六三「剝牀以辨」之「辨」）

《爾雅・釋艸》：「莁荑，蔱薅。」〈釋木〉：「無姑，其實荑。」〔註12〕（釋〈大過〉九二「枯楊生稊」之「枯」字）

《爾雅》：「角，一俯一仰。觭。皆踴，觢。」〔註13〕（釋〈睽〉六三「其牛掣」之「掣」字）

本條出自《爾雅・釋畜》。

《爾雅・釋魚》篇末載十龜之名：「一曰神龜，二曰靈龜，三曰攝龜，四曰寶龜，五曰文龜，六曰筮龜，七曰山龜，八曰澤龜，九曰水龜，十曰火龜。」注：「山龜以下皆說龜生之處所也。」〔註14〕（釋〈損〉六五「十朋之龜」）

翁方綱引此十龜，乃是要翻駁誤用《爾雅》之文解釋「十朋之龜」的說法。馬融、鄭玄、虞翻、孔疏皆將十朋之龜，認爲是此十龜。但就《爾雅》來看，僅有「十龜」，並無「朋之」，將兩著擺在一起解釋，則爲不妥。

〔註9〕　〔清〕翁方綱，柏克萊加州東亞圖書館編：《翁方綱經學手稿五種——易附記》，頁57。

〔註10〕　〔清〕翁方綱，柏克萊加州東亞圖書館編：《翁方綱經學手稿五種——易附記》，頁60。

〔註11〕　〔清〕翁方綱，柏克萊加州東亞圖書館編：《翁方綱經學手稿五種——易附記》，頁120。原文爲卷五，〈釋宮〉：「簀，謂之第」，注：「牀版。」；「革中絕，謂之辨」，注：「中斷皮也。」，注在原文之後，翁方綱爲了方便將原文與注分開撰寫。〔晉〕郭璞注，〔宋〕邢昺疏：《爾雅注疏》。收於〔清〕阮元校勘：《重刊宋本十三經注疏附校勘記》（臺北：藝文印書館，2001年），頁81。

〔註12〕　〔清〕翁方綱，柏克萊加州東亞圖書館編：《翁方綱經學手稿五種——易附記》，頁246。

〔註13〕　〔清〕翁方綱，柏克萊加州東亞圖書館編：《翁方綱經學手稿五種——易附記》，頁358。

〔註14〕　〔清〕翁方綱，柏克萊加州東亞圖書館編：《翁方綱經學手稿五種——易附記》，頁398。

《爾雅・釋詁》:「假,大也。」又云:「格,至也。」〔註15〕（釋〈萃〉「王假有廟」之「假」字）

九三「鴻漸於陸」,《爾雅》、《說文》:「高平。」〔註16〕（釋〈漸〉九三「漸鴻於陸」之「陸」字）

出自於《爾雅・釋地》。詳見下條。

《爾雅》:「高平曰陸,大陸曰阜,大阜曰陵。」〔註17〕（釋〈漸〉九五「漸鴻於陵」之「陵」字）

出自於為《爾雅・釋地》。

《爾雅・釋丘》曰:「非人為之丘。」〔註18〕（釋〈渙〉六四「渙有丘」之「丘」）

《爾雅・釋宮》:「牖戶之間謂之扆。」《注》:「窗東戶西也。」（釋〈節〉初九「不出戶庭」之「戶」字）

《爾雅・釋器》:「輿革,前,謂之鞎。後,謂之笫。從竹。」〔註19〕（釋〈既濟〉九二「婦喪其茀」之「茀」字）

以上十二條。可見翁方綱引用《爾雅》之情形。其餘如:〈坤・象傳〉,釋「冰」字〔註20〕、〈豫・象傳〉,釋「崇」字,〔註21〕〈咸・象傳〉,釋「騰」字。〔註22〕

〔註15〕〔清〕翁方綱,柏克萊加州東亞圖書館編:《翁方綱經學手稿五種——易附記》,頁 444。

〔註16〕〔清〕翁方綱,柏克萊加州東亞圖書館編:《翁方綱經學手稿五種——易附記》,頁 558。

〔註17〕〔清〕翁方綱,柏克萊加州東亞圖書館編:《翁方綱經學手稿五種——易附記》,頁 561。

〔註18〕〔清〕翁方綱,柏克萊加州東亞圖書館編:《翁方綱經學手稿五種——易附記》,頁 651。

〔註19〕〔清〕翁方綱,柏克萊加州東亞圖書館編:《翁方綱經學手稿五種——易附記》,頁 704。

〔註20〕〔清〕翁方綱,柏克萊加州東亞圖書館編:《翁方綱經學手稿五種——易附記》,頁 928～929。

〔註21〕〔清〕翁方綱,柏克萊加州東亞圖書館編:《翁方綱經學手稿五種——易附記》,頁 969。

〔註22〕〔清〕翁方綱,柏克萊加州東亞圖書館編:《翁方綱經學手稿五種——易附記》,頁 1033。

二、《方言》

　　《方言》一書據傳爲西漢揚雄（西元前 53～西元 18）所撰，模仿《爾雅》而成。由晉郭璞（276～324）爲之作注。《易附記》引用到《方言》僅見二處：

　　　　《方言》：「壯，大也。秦晉之間，凡人之大，或謂之壯。」（釋〈壯〉）

　　　　《方言》：「抍，上拔也。出水爲抍。」（釋〈艮〉六二「不拯其隨」之「拯」）

以上兩條，可略見翁方綱引用《方言》之情形。

三、《說文解字》

　　《說文解字》一書爲東漢許愼撰，分五百四十個部首，以小篆、古籀爲主，重視本義，保留許多古代字義，對於強調「古訓」的翁方綱自然是重視有加。翁方綱大量引用《說文解字》釐清字義，引用的版本，應爲大徐本，徐鉉（917～992）所校訂的《說文解字》三十卷。

　　　　《說文》：「寋，跛也。臣鉉等案：《易》：『王臣寋寋。』今俗作謇，非。」〔註23〕

　　　　《說文》：「闚，從門臮聲。臣鉉等案：《易》：『窺其戶，闚其無人。』窺，小視也。臮，大張目也。言始小視之，雖大張目亦不見人也。義當只用臮字。苦臮切。」〔註24〕

　　　　《說文》：「顨，巽也。《易》顨卦爲長女，爲風。從丌從頁頁。臣鉉等曰：頁頁之義亦選具也。巽，具也。並蘇困切。」〔註25〕

從翁方綱引用的《說文》解字來看，引文中可見「臣鉉」之語，可見並無參照段玉裁（1735～1815）《說文解字注》之版本。從時間上推論，段玉裁《說文解字注》全書刻成爲嘉慶二十年（1815），該年翁方綱已八十三歲，當時翁方綱應已完成經學手稿，在撰寫的過程中，尙未見到此書。再從交遊上推論，徐世昌所撰的〈翁方綱傳〉中，提及翁方綱並未與段玉裁有所往來，更別說

〔註23〕　〔清〕翁方綱，柏克萊加州東亞圖書館編：《翁方綱經學手稿五種——易附記》，頁 365。

〔註24〕　〔清〕翁方綱，柏克萊加州東亞圖書館編：《翁方綱經學手稿五種——易附記》，頁 597。

〔註25〕　〔清〕翁方綱，柏克萊加州東亞圖書館編：《翁方綱經學手稿五種——易附記》，頁 617。

與之相交，「休寧戴震、歙縣金榜、金壇段玉裁，是皆惠、江氏之後出者，然吾雖皆略知其人，而未與之友也。」〔註26〕無相交，但卻可從身旁往來朋友，如盧文弨、錢大昕的口中得知段玉裁的研究情況。《易附記》中亦引到段玉裁的說法，〔註27〕但並未提及《說文解字注》一書。

綜合上述討論，翁方綱撰寫《易附記》期間，並未看到《說文解字注》一書。引用《說文解字》仍以大徐本爲主。而段玉裁與翁方綱的關係，僅止於耳聞，對於其說也略知一二而已。

引用大徐本之《說文解字》共計五十六條，以下茲舉數條：

《說文》：「朵，樹木垂朵朵也。」〔註28〕（釋〈觀〉初九，「觀我朵頤」之「朵」）

朵有垂之義，翁方綱據此釋上九一陽在眾陰之上，故有下垂之義，爲朵頤之象。觀我朵頤，即爲下觀上。

《說文》：「遯，逃也。從辵從豚。豚從象省，篆文從肉豕。」〔註29〕（釋〈遯〉）

《釋文》以遯或作「逐」。翁方綱引《說文》之說，證明此「逐」爲遯之或體，並非二字。並同時反駁惠棟將遯改爲「逐」，認爲惠棟復古、嗜奇，這樣的舉動實所不必，以遯字爲主即可。

《說文》：「益，從水皿，皿，益之意也。飲食之用器爲皿，象形。與豆同意。」〔註30〕（釋〈益〉）

本條引文共釋二字，益與皿。益爲皿上有水，故有增益之義。符合卦名之義。

《說文》：「天子朱市，諸侯赤市，分勿切韠也。篆作「韍」俗作紱。」〔註31〕（釋〈困〉九二「朱紱」）

〔註26〕徐世昌：〈翁方綱傳〉。收錄於沈津：《翁方綱年譜》（臺北：中央研究院中國文哲研究所，2002年），頁518～519。

〔註27〕此說法可見《易附記》，頁711。翁方綱同意段玉裁將《釋文》、〈弓人注〉繁誤寫爲絮。

〔註28〕〔清〕翁方綱，柏克萊加州東亞圖書館編：《翁方綱經學手稿五種——易附記》，頁231。

〔註29〕〔清〕翁方綱，柏克萊加州東亞圖書館編：《翁方綱經學手稿五種——易附記》，頁295。

〔註30〕〔清〕翁方綱，柏克萊加州東亞圖書館編：《翁方綱經學手稿五種——易附記》，頁401。

〔註31〕〔清〕翁方綱，柏克萊加州東亞圖書館編：《翁方綱經學手稿五種——易附記》，頁475。

引《說文》對「紱」字之解，證明「朱紱」與「赤紱」有別，前者王者之服，後者臣下之服。

> 《説文》：「抍，上舉也。」〔註32〕（釋〈艮〉六二「不拯其隨」之「拯」）

「拯」又作「抍」，此二字皆爲拯救之義。翁方綱引馬融、《說文》、《方言》之說法，證明此二字字義相同。

> 《説文》𥸸：「屋也。從宀豐聲。《易》曰：『𥸸其屋。』」〔註33〕（釋〈豐〉上六「豐其屋」之「豐」）

翁方綱從其義，將豐解釋成大屋之義。但不從其「𥸸」之字。翁方綱云：「此則但以《說文》爲字義之證，非必字以從宀爲正耳。」〔註34〕翁方綱考量是正確的。在其後段玉裁的《說文解字注》中便指出大小徐本中，「《易》曰：『𥸸其屋』之𥸸爲繆。」於段玉裁的《說文解字注》以「豐其屋」爲正。〔註35〕

> 《説文》：「門從二戶，戶以單門。」〔註36〕（釋〈節〉初九、九二「戶」、「門」）

戶與門有別，戶爲單，門爲雙。引《說文》證之。

翁方綱引《說文解字》之內容來解釋文字，闡釋義理，並用《說文解字》之語來輔佐考證，如引文中的「朱紱」，又藉《說文解字》來反駁惠棟改經、嗜奇之舉，足見其推崇之心。翁方綱尊從《說文解字》，但又不盲從：

> 至於《說文》，則許叔重東漢時所作。而其中引據諸經乃時時與後來讀本不同者，此則不能一概論之。有其時傳本互異者，有必當援以正定者，有不必深泥，有當益存資考者，蓋多聞與闕疑當並用也。
> 〔註37〕

〔註32〕〔清〕翁方綱，柏克萊加州東亞圖書館編：《翁方綱經學手稿五種——易附記》，頁 545。

〔註33〕〔清〕翁方綱，柏克萊加州東亞圖書館編：《翁方綱經學手稿五種——易附記》，頁 597。

〔註34〕〔清〕翁方綱，柏克萊加州東亞圖書館編：《翁方綱經學手稿五種——易附記》，頁 597。

〔註35〕〔漢〕許慎撰，〔清〕段玉裁注：《説文解字注》，（臺北：洪葉文化事業，2001年，影印《經韻樓藏版》），頁 342。

〔註36〕〔清〕翁方綱，柏克萊加州東亞圖書館編：《翁方綱經學手稿五種——易附記》，頁 657。

〔註37〕〔清〕翁方綱：《蘇齋筆記》，筆記四〈說文〉，頁：肆輯 9-321。

《說文》中的資料並非全部都正確無誤，有些與傳本互異之處，便要細加考證，不能因《說文》記載而就以偏概全，需要更多有利旁證才能論斷。《說文》一書中，如何正確引用，需靠使用者的「多聞」與「闕疑」，而非一味盲從。

四、《釋名》

東漢劉熙（生卒年不詳）撰，《隨書‧經籍志》記載八卷。翁方綱引用次數甚少，僅見一條。

〈釋名〉云：「戶，護也。所以謹護閉塞也。」又曰：「門屏之間謂之廳，閉謂之門，宮中之門，謂之闈，衛門謂之閎，門側之堂謂之塾，又曰室中謂之時，堂上謂之行，堂下謂之步，門外謂之趨，中庭謂之走。」

引《釋名》注〈節〉六二之「戶」。

五、《廣雅》

《廣雅》仿照《爾雅》體裁進行編纂，據《隨書‧經籍志》記載為魏人張揖撰，三卷，僅見一處：

《廣雅》：「鰿，鮒也。」〔註38〕（釋〈井〉九二「井谷射鮒」之「鮒」）

《廣雅》、《釋名》皆僅引用一條。

翁方綱引用小學類字書來注經義，目的只有一個，以義理為宗。將經典的字義弄的明白清楚，就離聖人本義不遠。

六、《玉篇》

《玉篇》為南朝梁顧野王（519～581）所撰的字書，體例仿《說文解字》，共分 542 部。《玉篇》先以反切釋音，再引《說文》釋義，與《說文》先釋義有所不同。今傳《玉篇》非顧氏原書：

迨唐上元之末，孫強增多其字，既而釋慧力撰《象文》，道士趙利正撰《解疑》，至宋陳彭年、吳銳、丘雍等輩又重修之，於是廣益者眾而《玉篇》又非顧氏之舊矣。〔註39〕

〔註38〕〔清〕翁方綱，柏克萊加州東亞圖書館編：《翁方綱經學手稿五種——易附記》，頁 504。

〔註39〕〔清〕鍾謙鈞輯：《古經解彙函‧附小學彙函‧玉篇》〈重刊玉篇序〉（京都：

經過唐、宋人之手增訂、重修的本子，爲今本《玉篇》，即是《大廣益會玉篇》，爲當今流傳的本子。今本《玉篇》，爲補充校正《說文解字》及其他字書重要書籍，段玉裁《說文解字注》、王念孫《廣雅疏證》皆可見到《玉篇》發揮補充校正的功用。〔註40〕

　　《玉篇》謂：「甲也」、「大也」、「助也」、「紹也」。〔註41〕（釋〈豫〉六二「介於石」之介字。）

此說與《說文》訓「畫」，有所不同。

　　《玉篇》：「辨，車彎勒也。」〔註42〕（釋〈剝〉六三「剝床以辨」之「辨」）

　　《玉篇》：「之移切，適也。」〔註43〕（釋〈復〉初九「無祇悔」之「祇」）

　　《玉篇》：「窞，旁入也，坎中小坎也。」與今本《說文》合。〔註44〕（釋〈坎〉初六「入於坎窞」之「窞」）

　　《玉篇》：「腓腸前骨也。」〔註45〕（釋〈咸〉六二「咸其腓」之腓字）

翁方綱根據《說文》建類一首，同意相受的原則，「脛、胻、腓、腨」四字意義相互轉注，以《玉篇》：「脛，腓腸前骨也。」〔註46〕來解釋「腓」。

中文出版社，1998 年），頁 3239。

〔註40〕 對於「玉篇成書之相關問題論述」，可參看楊素姿：《大廣益會玉篇音系研究》（國立中山大學中國語文學系研究所博士論文，2002 年），頁 1～46。關於段玉裁引宋本《玉篇》校正今本《說文》得失，可參看王紫瑩：《原本《玉篇》引說文研究》（國立中央大學中國文學研究所碩士論文，1998 年），頁 171～185。

〔註41〕 〔清〕翁方綱，柏克萊加州東亞圖書館編：《翁方綱經學手稿五種——易附記》，頁 136。

〔註42〕 〔清〕翁方綱，柏克萊加州東亞圖書館編：《翁方綱經學手稿五種——易附記》，頁 200。

〔註43〕 〔清〕翁方綱，柏克萊加州東亞圖書館編：《翁方綱經學手稿五種——易附記》，頁 205。

〔註44〕 〔清〕翁方綱，柏克萊加州東亞圖書館編：《翁方綱經學手稿五種——易附記》，頁 260。

〔註45〕 〔清〕翁方綱，柏克萊加州東亞圖書館編：《翁方綱經學手稿五種——易附記》，頁 286。

〔註46〕 〔清〕鍾謙鈞輯：《古經解彙函·附小學彙函·玉篇》，卷七，肉部（京都：中文出版社，1998 年），頁 3297。

《玉篇》:「鄉,門外也,與巷同。」古訓惟此而已。〔註47〕（釋〈睽〉
九二,「遇主於巷」之「巷」)

玉篇保留古訓,故爲翁方綱所重視。

《玉篇》:「挈,或作挈。」〔註48〕（釋〈睽〉六三「其牛挈」之挈）

《玉篇》:「寋,難也。」〔註49〕（釋〈寋〉)

引《玉篇》此條,是要駁惠棟將「蹇」改爲「寋」。惠棟以「五經文字」作「寋」,
並以《說文》「寋」字下並無引《易》,故改成「寋」字。翁方綱先引《說文》
「蹇」字,證明《說文》有此字,並且也引「王臣蹇蹇」四字作爲證明。其後,
引《玉篇》「寋」字,實因《說文》內無「寋」字。《玉篇》的「寋,難也」,與
蹇,難也,的意思相同,證明二字可相通。故五經文字中的「寋」,爲「漢研隸
體,既與其通借之字,豈可爲據?」〔註50〕以此翻駁惠棟改經之舉。

《玉篇》:「諧買、居買二切,緩也、釋也、說也、散也。」〔註51〕
（釋〈解〉)

「解」有兩音,一音解,一音蟹。翁方綱認爲「古無四聲」之說,並認爲解
之義爲解散、解緩之義,並無二義,故以通讀的音,念「解」爲是。

翁方綱共引《玉篇》十六條。

七、《經典釋文》

《經典釋文》爲唐代陸德明（556~627）所撰,由於魏晉篆隸之變,字
形沒有統一規範,異體字、俗體字層出不窮,再加上方言各異,使得經義在
這樣的轉變中,有流失本義之可能。

有鑑於此,陸德明廣泛收羅漢魏至唐的音讀及字義,替《周易》、《古文尚
書》、《毛詩》、《周禮》、《禮記》、《春秋左氏》、《春秋公羊》、《孝經》、《論語》、

〔註47〕〔清〕翁方綱,柏克萊加州東亞圖書館編:《翁方綱經學手稿五種——易附
記》,頁353~354。

〔註48〕〔清〕翁方綱,柏克萊加州東亞圖書館編:《翁方綱經學手稿五種——易附
記》,頁359。

〔註49〕〔清〕翁方綱,柏克萊加州東亞圖書館編:《翁方綱經學手稿五種——易附
記》,頁365。

〔註50〕〔清〕翁方綱,柏克萊加州東亞圖書館編:《翁方綱經學手稿五種——易附
記》,頁365。

〔註51〕〔清〕翁方綱,柏克萊加州東亞圖書館編:《翁方綱經學手稿五種——易附
記》,頁371。

《老子》、《莊子》、《爾雅》等經典「正名」，以期恢復經典之「大義」。〔註52〕

翁方綱引用六十條《經典釋文》比起《說文解字》五十七條多出三條。從引用的數量上，亦可見翁方綱對此書的重視。分析其中的原因，有下列幾點：

首先是收羅了馬融與鄭玄二家的說法：

> 《釋文》云：「丈人，鄭云：『能以法度長於人。』」

> 《釋文》：「馬云：『匪，非也。』」

> 《釋文》云：「馬鄭、王肅皆云『無妄，猶望謂無，所希望也。』」

> 《釋文》：「脢，心之上，口之下。鄭云：『背脊肉也』。」

《經典釋文》中保留馬融與鄭玄的說法，六十條引文中，翁方綱引用了十三條，佔了將近全部四分之一，這與翁方綱「博採馬鄭」有相當高度關係。

其次為《經典釋文》斷句有誤，而受翁方綱批評：

> 王弼本、李鼎祚本皆以「有孚」爲句、「窒惕」爲句，陸氏《釋文》
> 始以「有孚窒」爲一句，「惕中吉」爲一句，非也。此卦正與〈需〉
> 相反，而卦辭亦與〈需〉相對。〔註53〕

〈訟〉卦辭「有孚窒惕中吉」，翁方綱指出《經典釋文》斷句「有孚窒，惕中吉」爲誤，認爲〈訟〉應與〈需〉對看，〈需〉卦辭的斷句爲「有孚，光亨，貞吉」引王弼、李鼎祚之說佐證。

又如〈師〉卦辭：

> 陸氏《釋文》必以「貞丈人」三字爲句，亦不然也。〔註54〕

陸德明以「貞丈人」爲句，翁方綱以「貞，丈人」爲句。認爲陸德明「貞丈人」三字爲句爲誤。

最後爲《經典釋文》上引用《說文》，與今本《說文》有所出入：

> 《釋文》：「睽，若圭反。馬鄭、王肅、徐呂忱並音圭。《説文》云：
> 『目不相視也。』」驗今《說文》諸本及繫傳本，皆作「目不相聽也」。
> 〔註55〕（釋〈睽〉）

〔註52〕　〔唐〕陸德明：《經典釋文》（上海涵芬樓景印通志堂刊本），卷一，序錄，頁
　　　　　1～2。

〔註53〕　〔清〕翁方綱，柏克萊加州東亞圖書館編：《翁方綱經學手稿五種——易附
　　　　　記》，頁41。

〔註54〕　〔清〕翁方綱，柏克萊加州東亞圖書館編：《翁方綱經學手稿五種——易附
　　　　　記》，頁49。

〔註55〕　〔清〕翁方綱，柏克萊加州東亞圖書館編：《翁方綱經學手稿五種——易附

《釋文》引《說文》對「睽」字的解釋「目不相視」，但翁方綱考察現今《說文》版本，卻爲「目不相聽也」。「視」與「聽」一個是眼睛，一個是耳朵。乍看爲「目不相視」爲合，但翁方綱認爲《釋文》之記載有誤，仍以「聽」字爲確。根據的來源，即爲《說文解字》的本身內部的線索，首先睽字，《說文解字》放在目部，說文解字的一條體列，即爲「建類一首，同意相授」，翁方綱考察目部字之編排，多與「見」有所關聯，睽之前的字爲「覩」、「睹」，皆與看見有關，而「睽」與「眛」二字相排，「眛」爲不明之義，睽之義，當與不明有關，故「目不相聽也」之聽，是「目之精神不相系屬，非聽聞之聽也。」〔註56〕翁方綱以此推斷《釋文》所引的《說文》此句有誤，推測爲「校《說文》者，以意改聽爲視矣。」〔註57〕翁方綱對於「聽」的解釋，與段玉裁的看法一致。段將聽字解爲順，並引《易》「二女同居，其志不同行」爲證。〔註58〕除釋〈睽〉引用《說文》有誤外，〈坎〉初六、〈漸〉六四亦可見到此情形。

　　《經典釋文》的價值在於「采眾本之音切爲群經原文及注文注音，兼載諸儒訓詁」、「收異音異文，存佚音佚文，辨字音字形之是非，是後世研究古語言的寶藏」，〔註59〕《釋文》多方面收錄，讓人得以見到古時不同說法，對於重視古訓，欲還原經義本身的翁方綱而言，這無異是珍貴的參考資料。

　　以下茲舉數例見翁方綱引用之狀況：

　　　　《釋文》：「休否，虛虯反，美也。」又：「許求反，息也。」〔註60〕

　　　　（釋〈否〉九五「休否」之「休」）

「休」字，《經典釋文》有兩種意義，一爲美，一爲息，二說《釋文》並未有所從，翁方綱批評其「無所定見」。〔註61〕

　　　　記》，頁349。
〔註56〕〔清〕翁方綱，柏克萊加州東亞圖書館編：《翁方綱經學手稿五種──易附記》，頁349。
〔註57〕〔清〕翁方綱，柏克萊加州東亞圖書館編：《翁方綱經學手稿五種──易附記》，頁349～350
〔註58〕〔漢〕許慎撰，〔清〕段玉裁注：《說文解字注》，（臺北：洪葉文化事業，2001年，影印《經韻樓藏版》），頁133。
〔註59〕尚建春：〈《經典釋文》評述〉《成都理工大學學報》第13卷第4期（2005年12月），頁49～51。
〔註60〕〔清〕翁方綱，柏克萊加州東亞圖書館編：《翁方綱經學手稿五種──易附記》，頁105。
〔註61〕〔清〕翁方綱，柏克萊加州東亞圖書館編：《翁方綱經學手稿五種──易附

「童牛之牿」。《釋文》云：「《九家》作告。」〔註62〕（釋〈大畜〉
六四「童牛之牿」）

〈大畜〉六四爻辭「童牛之牿」，翁方綱引《釋文》之說，載《九家易》爲「告」。

《釋文》：「損，虧減之義，又訓失。」〔註63〕（釋〈損〉）

《釋文》：「簋，蜀才作軌。」〔註64〕（釋〈損〉「二簋可用享」之「簋」）

亨字，《釋文》云：「王肅本同馬、鄭、陸、虞等，並無此字。」〔註65〕
（釋〈萃〉「萃，亨。」）

《釋文》：「『資斧』如字。」《子夏傳》及眾家竝作「齊斧」。張軌云：
「齊斧，蓋黃鉞斧也。」張晏云：「整齊也。」應邵云：「利也。」
〔註66〕（釋〈旅〉九四「得其資斧」的「資斧」）

翁方綱對《經典釋文》的引用是很全面性的，包含對句讀、音讀、訛字、字
義、詞義上，並不是單純的將《釋文》一書當作釋音讀的工具書而已，而是
透過《釋文》的記載，在前人紀錄的腳步上，不盲目同意《釋文》之說法，
但也不隨意批評，有追隨、有批評，從而探求經文之本義。

八、《廣韻》

《廣韻》全名爲《大宋重修廣韻》，宋眞宗大中祥符元年（1008 年），陳
彭年、丘雍等人奉旨於前代韻書的基礎上編修而成，爲北宋官修的韻書。翁
方綱引用《廣韻》的次數並不多，列舉如下：

《廣韻》：「炭，傷也。」又「炭炭束帛」兒，《易》曰：「束帛炭炭。」
〔註67〕（釋〈賁〉六五「束帛」）

記》，頁 105。

〔註62〕〔清〕翁方綱，柏克萊加州東亞圖書館編：《翁方綱經學手稿五種——易附
記》，頁 225。

〔註63〕〔清〕翁方綱，柏克萊加州東亞圖書館編：《翁方綱經學手稿五種——易附
記》，頁 387。

〔註64〕〔清〕翁方綱，柏克萊加州東亞圖書館編：《翁方綱經學手稿五種——易附
記》，頁 390。

〔註65〕〔清〕翁方綱，柏克萊加州東亞圖書館編：《翁方綱經學手稿五種——易附
記》，頁 444。

〔註66〕〔清〕翁方綱，柏克萊加州東亞圖書館編：《翁方綱經學手稿五種——易附
記》，頁 611。

〔註67〕〔清〕翁方綱，柏克萊加州東亞圖書館編：《翁方綱經學手稿五種——易附

《廣韻》引《說文》作「耳不相聽也」。字亦從耳旁。〔註68〕（釋〈睽〉）

《廣韻》以脫、散義，屬佳買反。〔註69〕（釋〈解〉）

以上三條，可見翁方綱引用《廣韻》之情況。

第二節　求義理爲目的

翁方綱自言其《易》學來自程朱，首重義理。本小節試著從翁方綱引《易》類書籍中，看出其《易》學思想淵源。使用簡單的統計分析，看出其中脈絡。根據翁方綱引用每家的說法，逐條紀錄，整理爲下表，分別爲表格1、表格2、表格3，附上翁方綱對每家之說所引用次數，更能明白且清楚的看出這之間的消長關係。

本表格所統計的範圍，涵蓋《易附記》中三大部份，「經」、「象」、「象」三部份。

統計翁方綱引用數據，以直接引用爲主，間接引用之說不納入統計範圍。筆者所界定的直接引用，係指直接引用該書之說法，例：

孟喜《章句》：「莧陸獸名，夬有兌，兌爲羊也。」〔註70〕

胡氏《通釋》曰：「應四萃之主爻，則初之『有孚』專指四爲得之。」

〔註71〕

《朱子語錄》謂：「『田有禽』，須是此爻有此象，但今不可考。」

〔註72〕

以上二條，皆爲翁方綱直接引用之範例。翁方綱直接提到其名或其書，可知爲直接引用。

記》，頁186。

〔註68〕〔清〕翁方綱，柏克萊加州東亞圖書館編：《翁方綱經學手稿五種——易附記》，頁349。

〔註69〕〔清〕翁方綱，柏克萊加州東亞圖書館編：《翁方綱經學手稿五種——易附記》，頁371。

〔註70〕〔清〕翁方綱，柏克萊加州東亞圖書館編：《翁方綱經學手稿五種——易附記》，頁426。

〔註71〕〔清〕翁方綱，柏克萊加州東亞圖書館編：《翁方綱經學手稿五種——易附記》，頁446。

〔註72〕〔清〕翁方綱，柏克萊加州東亞圖書館編：《翁方綱經學手稿五種——易附記》，頁53。

　　筆者界定的間接引用，係指此說法是從他人之書而來，從人他之書而引用的，筆者不予記入，例：

　　　　漢上又引《施氏易》作：「山本允升。」又引荀爽曰：「一體相從，
　　　　允然俱升。」〔註73〕

　　　　惠氏《辯證》曰：「雙湖謂蹇成解，亦自蹇變。然蹇解者，反對之卦，
　　　　屯蒙以下皆反對，豈蒙自屯來耶？此卦例所無，恐未然。」〔註74〕

朱震（漢上朱氏）所引《施氏易》、荀爽之說，非翁方綱直接引《施氏易》、荀爽二書之說法，筆者歸入間接引用，不將《施氏易》、荀爽之說歸入。同樣的，惠棟《周易本義辯證》一書，引用胡一桂之說，胡一桂之說為間接引用。不將胡一桂之說歸入。但是翁方綱引了朱震、惠棟二人之說，筆者視朱震與惠棟二人之說為直接引用。

　　表格 1 為總表，統計歷朝各代出現人物、著作，在《易附記》中出現的次數

表格 1　總表（人物，著作，引用次數）

朝代	姓　名	著　作	合計	經	象	爻
西漢	孟喜	孟喜章句	1	1	0	0
西漢	馬融（79～166）		5	5	0	0
東漢	鄭玄（127～200）		38	30	6	2
東漢	荀爽（128～233）		31	19	3	9
吳	虞翻（164～233）		68	53	8	7
魏	王弼（226～249）	王弼注	67	57	4	6
晉	干寶（320 前後）	周易注	8	5	2	1
晉	佚名	荀爽九家易	8	5	1	2
晉	蜀才（西元？～318）		4	2	0	2
唐	孔穎達（274～648）	周易正義	92	64	11	17
唐	李鼎祚	周易集解	33	23	5	5
唐	郭京	周易舉正	5	3	1	1

〔註73〕〔清〕翁方綱，柏克萊加州東亞圖書館編：《翁方綱經學手稿五種——易附記》，頁 458～459。

〔註74〕〔清〕翁方綱，柏克萊加州東亞圖書館編：《翁方綱經學手稿五種——易附記》，頁 373。

宋	張載（1020～1077）	橫渠易說	9	9	0	0
宋	程頤（1033～1107）	周易程傳	125	78	28	19
宋	蘇軾（1036～1101）	東坡易傳	22	20	0	2
宋	朱震（1072～1138）	漢上易傳集	44	33	3	8
宋	李衡（1100～1178）	周易易海撮要	1	1	0	0
宋	郭雍（1103～1187）	郭氏傳家易說	25	23	1	1
宋	鄭汝諧（1126～1205）	東谷易翼傳	15	15	0	0
宋	朱熹（1130～1200）	周易本義 朱子語類	180	125	22	33
宋	呂祖謙（1137～1181）	周易繫辭精義	10	5	3	2
宋	項安世（1153～1208）	周易玩辭	251	182	39	30
宋	趙彥肅	復齋易說	7	4	1	2
宋	王應麟（1223～1296）	周易鄭康成注 困學紀聞	7	4	2	1
宋	王宗傳	童溪易傳	49	37	6	6
元	胡一桂（1247～？）	周易本義附錄纂注	3	2	1	0
元	吳澄（1249～1333）	易纂言	4	4	0	0
元	胡炳文（1250～1333）	周易本義通釋	96	83	6	7
宋	俞琰（1258～1314）	周易集說	54	39	6	9
元	蕭漢中	讀易攷原	2	2	0	0
明	來知德（1525～1604）	周易集注	17	11	4	2
清	錢澄之（1612～1693）	田間易學	2	2	0	0
明	顧炎武（1613～1682）	易音	15	8	5	2
清	李光地（1642～1718）	禦纂周易折中	4	1	3	0
清	查慎行（1650～1727）	周易玩辭集解	92	69	10	13
清	胡煦（1655～1736）	周易函書 易約注	11	8	2	1
清	徐文靖（1667～1756）	周易拾遺	4	3	1	0
清	惠棟（1697～1758）	易漢學 周易本義辯證 周易述	133	97	15	21
合計			1542	1135	196	211

　　上述統計表格再做分析，比較其歷朝朝代學者引用次數：

表格2 歷朝各代引用人物、次數

	漢	魏	吳	晉	唐	宋	元	明	清	總計
人物	4	1	1	3	3	14	4	2	6	39
次數	75	67	68	20	130	799	105	32	246	1542

下兩圖爲表格數據的圖表化，分別是各朝代人物引用與各朝代引用次數：

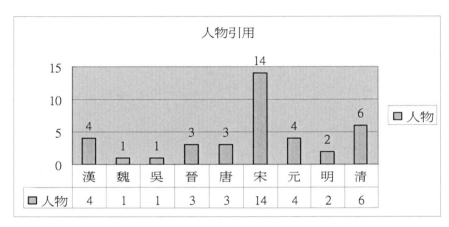

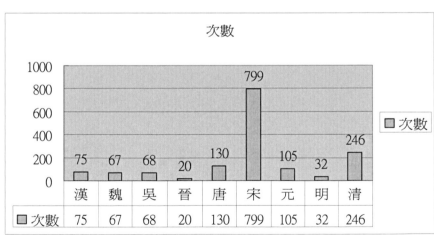

一、歷朝各代引用人物、次數表分析

從表格2可得知：

（一）宋代引用最多，799次（52%）

翁方綱治《易》以義理爲宗，宋代義理高於前人，翁方綱屢次稱讚，如

「宋儒義理之精，固不待言」〔註75〕、「所貴乎尊宋儒者，原以義理之精耳。」〔註76〕在其《易》學的思想傾向中，宋《易》的比重極大。宋《易》中，又以項安世、朱熹、程頤、胡炳文等四人引用次數爲多，可見表格3。（見頁30）

（二）清代次高，246 次（16%）

翁方綱所引用的清人六位當中，其中五位與宋《易》有所關聯。唯一的一位惠棟，則與漢代《易》學有密切關係。反映出的現象是，翁方綱對於漢代《易》學也有關注。

（三）唐元兩代，相差不多。唐代 130 次（8%），元代 105（7%），其中又以唐代略高於元代

1、唐　代

唐代的《易》學，以王弼注與鄭玄注兩家爲主，王弼之說，已被孔穎達《周易正義》所疏，流行於全國，爲唐代開科取士的重要教科書。《周易正義序》亦指出「義理可銓，先以輔嗣爲本」，〔註77〕表明以王弼爲主的義理《易》作爲闡發的主要對象，並讚揚「王輔嗣之注，獨冠古今」。〔註78〕《周易正義》一書，不僅「引申舊注未盡之義」，〔註79〕使人對王弼注有更深入之體會外，又能「詳疏舊注之所略」，〔註80〕使王弼注一書能夠得到更全面的理解，對於保留王弼注中的義理思想，有著極大貢獻：

> 繼承並開拓了魏代王弼所開倡的《周易》義理學之先河，擴充了義理學說的研討領域，爲宋代《周易》義理學的全面發展充當了不可或缺的橋樑作用。〔註81〕

〔註75〕〔清〕翁方綱，柏克萊加州東亞圖書館編：《翁方綱經學手稿五種——易附記》，頁353。

〔註76〕〔清〕翁方綱，柏克萊加州東亞圖書館編：《翁方綱經學手稿五種——易附記》，頁354。

〔註77〕〔魏〕王弼、〔晉〕韓康伯注，〔唐〕孔穎達疏：《周易正義》。收於〔清〕阮元校勘：《重刊宋本十三經注疏附校勘記》（臺北：藝文印書館，2001年），頁2（下）

〔註78〕〔魏〕王弼、〔晉〕韓康伯注，〔唐〕孔穎達疏：《周易正義》。收於〔清〕阮元校勘：《重刊宋本十三經注疏附校勘記》（臺北：藝文印書館，2001年），頁2（上）

〔註79〕張善文：《象數與義理》（臺北：洪葉文化事業，1997年），頁182。

〔註80〕張善文：《象數與義理》（臺北：洪葉文化事業，1997年），頁184。

〔註81〕張善文：《象數與義理》（臺北：洪葉文化事業，1997年），頁192。

治《易》以義理爲本的翁方綱，對於義理《易》的先河自是多有吸收。唐代主要以義理《易》爲主，象數《易》在歷經魏晉南北朝，時至唐代，已逐漸走向衰亡的命運。

　　唐代李鼎祚《周易集解》大量輯錄了漢代至唐代的《易》學說法，以荀爽、虞翻之象數《易》爲主，〈周易集解序〉成書宗旨「集虞翻、荀爽三十餘家，刊輔嗣之野文，補康成之逸象」，更可見其對象數《易》的重視。「刊輔嗣之野文」指的是「否定王弼掃象之野文，然於義理可取者，包括王、韓注及孔疏」，〔註 82〕「補康成之逸象」，指的是「若鄭玄《易注》以律曆爲主，其餘卦爻的變化，重制器與乾馬坤牛的易象，尚未及虞、荀《易》的完備」。〔註 83〕《周易集解》中，引用子夏、孟喜、焦延壽、京房、馬融、鄭玄、荀爽、虞翻、干寶、侯果、崔憬等人，以象數《易》爲大宗。對於保留象數《易》功不可沒，《四庫全書總目》云：

> 蓋王學旣盛，漢《易》遂亡，千百年後學者，得考見畫卦之本旨者，
> 惟賴此書之存矣。是眞可寶之古笈也。〔註 84〕

欲瞭解象數《易》的學說，除了從惠棟學說得知，尚可由李鼎祚《周易集解》得知，藉《周易集解》的輯錄，上探漢《易》之風貌。

　　綜合上述之討論，唐代引用數量僅次於宋、清，原因即爲唐代於象數《易》與義理《易》上皆有可觀之作。翁方綱於《周易正義》引用 92 條，《周易集解》引用 33 條，依舊是義理之數量勝過於象數。

2、元　代

　　元代的引用，集中在胡一桂、胡炳文父子，以及俞琰、蕭漢中四人身上。但考其引用條數，胡一桂 3 條，胡炳文 96 條，吳澄 2 條，蕭漢中 2 條，明顯集中在胡炳文身上。胡炳文所著《周易本義通釋》闡發朱熹之《易》學深入且有見地，筆者已於第四章胡炳文一節中提及。

（四）其餘諸家，皆不超過一成

　　其餘諸家共十一家，分別爲孟喜、馬融、鄭玄、荀爽、虞翻、干寶、《九家易》、蜀才等象數《易》爲主。王弼義理《易》。來知德以中爻之象解《易》，

〔註 82〕潘雨廷：《讀易提要》（上海：上海古籍出版社，2006 年），頁 81。

〔註 83〕潘雨廷：《讀易提要》（上海：上海古籍出版社，2006 年），頁 81～82。

〔註 84〕〔清〕永瑢，紀昀等撰：《四庫全書總目》，卷一，經部・易類一（臺北：臺灣商務印書館，《景印文淵閣四庫全書》，1983～1986 年），頁 1～60。

即為漢《易》中互體之說。顧炎武《易音》一書討論音韻問題，以考據見長。

孟喜至蜀才，時間距今較久，其書其說，亡佚者亦多，賴後人輯錄，方能見其梗要。因此，漢至魏晉南北朝這段期間的象數《易》學者，學說多見於《周易集解》、惠棟著作當中，故直接引用的數量較少。雖然引用較少，亦可見翁方綱對於象數《易》說法有所關注。王弼注一書，已有《周易正義》為疏，翁方綱引《周易正義》為主，王弼注較少。

對歷朝各代的引用次數有基本認識後，以下表格3，對各朝代各人物引用次數，逐次比較：

表格3　人物引用次數

排名	1	2	3	4	5	6	7	8
姓名	項安世	朱熹	惠棟	程頤	胡炳文	查慎行	孔穎達	虞翻
次數	251	180	133	125	96	92	92	68
朝代	宋	宋	清	宋	元	清	唐	漢
排名	9	10	11	12	13	14	15	16
姓名	王弼	俞琰	王宗傳	朱震	鄭玄	李鼎祚	荀爽	郭雍
次數	67	54	49	44	38	33	31	25
朝代	魏	宋	宋	宋	漢	唐	宋	宋
排名	17	18	19	20	21	22	23	24
姓名	蘇軾	來知德	沈該	鄭汝諧	顧炎武	胡煦	呂祖謙	張載
次數	22	17	16	15	15	11	10	9
朝代	宋	明	宋	宋	明	清	宋	宋
排名	25	26	27	28	29	30	31	32
姓名	干寶	荀爽九家	趙彥肅	王應麟	馬融	郭京	蜀才	吳澄
次數	8	8	7	7	5	5	4	4
朝代	晉	晉	宋	宋	漢	唐	晉	元
排名	33	34	35	36	37	38	39	合計
姓名	李光地	徐文靖	胡一桂	蕭漢中	錢澄之	孟喜	李衡	39
次數	4	4	3	2	2	1	1	1542
朝代	清	清	元	元	清	漢	宋	見表格2

下圖為表格數據的圖表化，依照引用次數多寡排列：

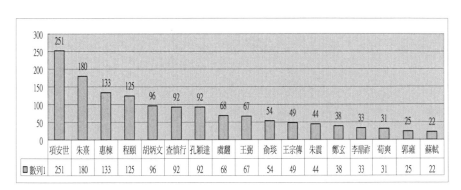

	項安世	朱熹	惠棟	程頤	胡炳文	查慎行	孔穎達	虞翻	王弼	俞琰	王宗傳	朱震	鄭玄	李鼎祚	荀爽	郭雍	蘇軾
數列1	251	180	133	125	96	92	92	68	67	54	49	44	38	33	31	25	22

二、人物引用次數

從表格 3 可得知：

（一）引用次數最多，為宋代項安世《周易翫辭》，251 條。

從表格 2 的結論，翁方綱引用宋代的次數最多，而在宋代當中，又以項安世的說法引用次數最多，根據這兩則線索，翁方綱對於項安世的說法是極為重視的。在翁方綱《易》學淵源裡，有其重要的地位。根據第四章的項安世一節當中，翁方綱對於項安世的義理十分推崇，將他與胡炳文並提，認為他是朱門之功臣。解釋程朱之說，鞭辟入理：

> 先生此書不特有禪於程子七分之《傳》，當時往復學朱子之門，其於《本義》多所發明，惜成書於《本義》二十年之後，惜朱子未及見也。〔註85〕

除了有自己的見解外，亦能補充程朱不足之處，於不足之處，大力闡釋，並且融合〈十翼〉之說，還原經義原有面貌。

項安世的治《易》方向，與翁方綱的治《易》方向基本上是切合的。二人同樣都宗程朱之學，重視〈十翼〉，強調〈彖〉〈象〉有別。這幾點，讓翁方綱在引用眾多學者看法意見時，首重項安世之說。然項安世《易》學中，不單只有義理，亦有象數之成份。項安世為南宋時人，《周易翫辭》一書雖以《程傳》為主而進行撰寫，但與程傳重義理輕象數有所不同：

> 大抵程氏一於言理，盡略象數，而此書未嘗偏廢。程氏於小〈象〉

〔註85〕〔清〕朱彝尊原著，許維萍等點校：《點校補正經義考》（臺北：中央研究院文哲所，1997 年），頁 642。

頗欠發明，而此書爻象尤貫通。〔註86〕

在《程傳》的基礎上進行撰寫，然而不盡然全以義理來作解說。仍舊兼採象數進行卦爻辭的分析。象數上，項安世又以虞翻之學吸收最多，〔註87〕以象數爲手段，對義理進行疏解。項安世以象數爲手段進行義理詮釋，亦得到虞集、馬端臨的肯定：

> 外有以采擇諸家之博聞，內有以及乎象數之通變，奇而不鑿，深而不迷，詳而無餘，約而無闕，庶幾精微之道焉。〔註88〕

> 平庵項公《玩辭》一書，義理淵源伊、洛，而於象變之際，紬繹由精，明暢正大，無牽合傅會之癖。〔註89〕

項安世的象數《易》，奇、深、詳、約，又能不落繁瑣，明暢正大，象數之造詣深獲學者肯定。翁方綱對於象數並不反對，他所反對的是，聖人所無之言。非聖人所言的「逸象」、「卦變」、「卦氣」，皆出自後人的推衍之說，翁方綱所反對的是，項安世吸收了虞翻的卦變、逸象、旁通之說，但這些皆聖人所無：

> 然卦變之說，宋儒取以釋經，雖易道無所不該，而卦變究非經之正旨，必無聖人當日經文以卦變爲義者。〔註90〕

既爲聖人所無，便非解經的重點。項安世對於象數的把握與理解，雖然得宜、恰當，亦能夠詮釋義理，然而就翁方綱的治《易》的準則標準──（十翼）並無談論相關內容，就需割捨。

（二）引用次數第二高，為朱熹《周易本義》、《朱子語類》，180 條。引用次數第四高，為程頤《周易程傳》，125 條。引用次數第五高，為胡炳文《周易本義通釋》，125 條。

〔註86〕〔清〕朱彝尊原著，許維萍等點校：《點校補正經義考》（臺北：中央研究院文哲所，1997 年），頁 640。

〔註87〕「項安世引述（案：虞翻）頗多，可以略見虞氏卦變、旁通、互體、逸象及訓詁之大體面貌，而項氏《易》學之特色，實亦取資於此。」賴貴三：《項安世周易玩辭研究》（臺北：國立臺灣師範大學國文研究所碩士論文，1990 年），頁 192。

〔註88〕〔清〕朱彝尊原著，許維萍等點校：《點校補正經義考》（臺北：中央研究院文哲所，1997 年），頁 644。

〔註89〕〔清〕朱彝尊原著，許維萍等點校：《點校補正經義考》（臺北：中央研究院文哲所，1997 年），頁 641。

〔註90〕〔清〕翁方綱，柏克萊加州東亞圖書館編：《翁方綱經學手稿五種──易附記》，頁 568。

　　這三人以程頤最早，其後朱熹，最後爲胡炳文。朱熹的學問來自於程頤，胡炳文又替朱熹作《通釋》，這三人的關係，皆源自程頤。程頤與朱熹並稱程朱，程朱亦爲翁方綱治學之根基，與程朱的關係密不可分。這三位治《易》的共同特色，便是重視義理。

> 凡爲學之要，自必以恪守程朱爲正路也。《易》則《程傳》，理極精醇矣。朱子時或有因異者，朱子用心尤精密也。惟是就其大端言之，則朱子有過信邵子處，如〈說卦傳〉萬物出乎震節，及以邵子所謂先天方位疑《易》卦之方位，此則害經之最甚矣。恐《本義》是朱子未定之本耳。項氏《玩辭》、胡氏《通釋》二書皆朱子之功臣也。〔註91〕

程頤的義理精醇，朱熹用心尤密，於義理皆有獨到之處。項氏《玩辭》、胡氏《通釋》二書，闡發程朱之學，功不可沒。此四位翁方綱給予高度評價，故在引用次數上佔了大部分。

　　朱熹義理用心尤密，「過信邵子」則爲其弊。朱熹以邵雍先天八卦方位之說疑《易》，「害經最甚」，原因在於〈十翼〉之說，乃孔子所著，聖人之言，豈可懷疑？若是懷疑〈十翼〉之說，那麼翁方綱所相信的根本價值——聖人之言，就會立於無根之基。朱熹的疑經，翁方綱是反對的。除了疑經之外，朱熹亦以卦變、卦圖之說解釋卦的由來，翁方綱亦加以翻駁：

> 惟《易》卷前之卦變圖則可無庸作也。惟卦變圖，即先天方圖，圖亦無庸也。大約後人治《易》者，每好作圖，亦治經一累耳。〔註92〕

對於卦變、卦圖之說翁方綱認爲實所不必，六十四卦即從三畫卦而來，非由其他卦所演變來。至於卦圖，乃是爲瞭解說卦變，更不需要，只是「治經一累耳。」這僅針對治《易》而言，翁方綱對於古人左圖右史的觀念亦贊同：

> 古人左圖右史，圖亦治經所必需也。楊氏《六經圖》雖略具其概，而其中未嘗無分別觀者。楊信齋《儀禮圖》則專以圖成帙矣。即陳詳道、聶崇儀（筆者案：應爲義）之《禮圖》亦何嘗不資考證乎？近日胡東樵禹貢水道之圖數十幅矣。又近日江愼修有《鄉黨考》、戴東原有《考工記圖》……不得謂其不必圖也。〔註93〕

〔註91〕　〔清〕翁方綱：《蘇齋筆記》，筆記一〈易〉，頁：肆輯 9-184。
〔註92〕　〔清〕翁方綱：《蘇齋筆記》，筆記三〈治經〉，頁：肆輯 9-311。
〔註93〕　〔清〕翁方綱：《蘇齋筆記》，筆記三〈治經〉，頁：肆輯 9-311。

圖是治經所需，圖需建立在考證之上，有憑有據，宋人楊甲所撰的《編經世類纂本六經圖》、宋人楊信齋《儀禮圖》等皆有所考。然卦變圖則是來自於己意的推衍，無憑無據，更別說有任何考據上的根據了。翁方綱反對朱熹之卦圖解《易》已詳述於第四章朱熹一節當中。

程頤義理「精醇」，舉大〈象〉以釋卦名則有不妥：

> 惟每卦之大〈象〉一條，此聖人特起推舉之義，亦有與卦義正相系者，亦有不必與卦義正相系者，此在每卦中須善會聖人用意處，而《程傳》凡卦皆舉大〈象〉以蔽其全義，是《程傳》之未深體聖言爾。〔註94〕

〈彖〉與〈象〉有別，前者與吉凶禍福六爻有相關，後者則為聖人觀象而推舉人事，勉人朝此方向定可致吉而無禍害。聖人言〈彖〉與〈象〉意義不同，以〈彖〉來解釋卦名才能切合聖人之意。然程頤常將彖、象合併，解釋卦名、卦辭，翁方綱認為「《程傳》之未深體聖言爾」。對於此點，亦於第四章程頤一節中詳述。

（三）象數《易》惠棟引用 133 條，居冠；虞翻引用 68 條，居次。

表格 3 中，惠棟排名第三，翁方綱亦引用相當多關於惠棟的說法。但多數的說法以反對為主，同意處較少。因此在引用上惠棟引用次數雖多，但很明顯的是翁方綱持反對意見，而非同意看法。惠棟說法當中，又特以虞翻為重，因此為探究惠棟所瞭解的虞翻說法正確與否，翁方綱對虞翻之說也多加引用。同時，虞翻亦是集兩漢象數《易》大成者，所留《易》學著作，相較其他漢魏象數《易》學家完整，亦反應在其引用次數上。

虞翻、惠棟二人，一位是集大成者，一位是樸學之風吳派領袖，在領導時代風氣上皆起了一定的作用。虞翻集兩漢象數《易》大成，惠棟《易漢學》、《周易述》恢復漢《易》風貌，一前一後，都大大拓展象數《易》的深度與廣度。翁方綱引這兩家的說法，具代表性作用。從翁方綱對二人的引用來分析，翁方綱對漢《易》具有一定的熟悉程度，首先對於象數《易》中，重視的「象」：

> 易之取象，惟卦之象辭，爻之象辭有之。至夫子〈十翼〉之文，則其中未有別生取象之說。〔註95〕

〔註94〕〔清〕翁方綱：《蘇齋筆記》，筆記一〈易〉，頁：肆輯 9-180。
〔註95〕〔清〕翁方綱：《蘇齋筆記》，筆記一〈易〉，頁：肆輯 9-181。

象最初來自於大〈象〉、小〈象〉二者，〈十翼〉之中，亦有專論象的內容，如〈說卦傳〉，但並未超出大〈象〉、小〈象〉的範圍太多。象數的象，亦是由此而產生，然象數派卻將這些象做了過多比擬，而陷溺於此，爲了附會象而產生的說法，並非適當：

> 如漢學者處處求其取象，甚至〈繫辭傳〉亦謂中有取象，則謬矣。然即卦辭、爻辭，漢儒處處泥於取象，亦多失其指，且即以〈說卦傳〉所舉〈乾〉爲天、爲圜之類，特行撮其概言之耳，而爲漢學若必處處泥執之，則亦非也。

象雖於經義所本有，但漢學家往往處處取象，逸象之說，反而裹足不前，造成流弊。象數《易》除了重視「象」之外，也常使用卦變、卦氣來說解，但這些都流於主觀的推衍，而無客觀證據，更無聖人之意在其中，義理的成份小，附會的成份大，這些都爲「漢學者之弊」，〔註96〕已詳述於第三章漢《易》一節。

（四）義理《易》引用，查慎行引用 92 次，排名第五。

查慎行，生於順治七年（1650 年），卒於雍正五年（1727 年），初名嗣璉，字夏重，海寧人，爲朱彝尊的表弟。康熙二十八年（1689 年）國喪期間，牽涉洪昇（1645～1704）《長生殿》的國恤張樂事件，後更名慎行，字悔餘，號初白、查田，又號他山，改籍貫爲錢塘。其《易》受學於黃宗羲（1610～1695）。以詩聞名，趙翼（1727～1814）《歐北詩話》「要眞功力之深，則香山、放翁後一人而已。」此一人即爲查慎行。查慎行以宋詩爲效法對象，生平詩作甚多，著有《蘇詩補注》、《敬業堂集》、《敬業堂文集》等。《易》學則有《周易玩辭集解》、《易說》。〔註97〕

翁方綱引查慎行著作，以《周易玩辭集解》爲主，並無見到對《易說》的引用。《周易玩辭集解》一書爲查慎行七十五歲所成，自序其書「務於聖人之辭，字字求著落」，〔註98〕著書上以「先考之注疏，復參以諸儒之說，不敢偏徇一解，亦非敢妄立異同。平心和氣，惟是之歸管窺蠡測，亦間附一二。」

〔註96〕〔清〕翁方綱：《蘇齋筆記》，筆記一〈易〉，頁：肆輯 9-183。
〔註97〕查慎行生平可見徐海榮主編：《中國茶事大典》（北京：華夏出版社，2000 年），頁 545。嚴文鬱編：《清儒傳略》（臺北：臺灣商務印書館，1990 年），頁 122。趙爾巽等同編撰，洪北江主編：《清史稿》，列傳 271，文苑 1（臺北：洪氏出版社，1981 年），頁 13366。
〔註98〕〔清〕查慎行：《周易玩辭集解》（臺北：臺灣商務印書館，《景印文淵閣四庫全書》，1983～1986 年），頁 47-429。

〔註99〕就治《易》來看，與翁方綱是相似的。博採眾說，兼論己義。眾說當中，《本義》一書在《周易玩辭集解》出現至少 360 次，《程傳》一書出現至少 156 次，可見，查慎行治《易》頗重程朱之說。對於京房、虞翻等人次數出現較少，8 次、9 次。

　　《周易玩辭集解》一書，先解釋眾多概念，〈河圖說〉、〈橫圖圓圖方圖說〉、〈卦變說〉、〈天根月窟考〉、〈八卦相錯說〉、〈辟卦說〉、〈中爻說〉、〈中爻互體說〉、〈廣八卦說〉，再對各卦進行解釋。從這些概念看來，查慎行對於象數《易》亦有重視。河圖、卦變之說，則與朱熹不同：

> 注《易》之家，自漢唐以下，未有列圖于經之前者。朱子指河圖爲聖人所作易之由，獨創此例，後來科舉之學遵用《本義》，遂無敢異辭。愚據繫辭傳攷之，竊謂河圖之數，聖人非因之以作《易》，乃因之以用著者也。〔註100〕

> 客有難余曰：「因圖畫卦，夫子所不言固已，然則朱子之臆說乎？」曰：「非也。其說出於劉歆，衍於緯書而傳于邵氏。朱子特篤信弗疑焉爾。」〔註101〕

> 薛河東以卦變爲孔子之《易》。愚竊謂：卦變乃朱子之《易》也。又按：《程傳》謂：「卦變皆自乾坤來」……故余于雙溪王氏之言易獨有取焉？曰「卦變之說，存而勿論可也。」〔註102〕

朱熹認爲河圖爲「聖人作易之由」，後世學子陳陳相因，對於朱熹之說亦無翻駁。然查慎行認爲，河圖之數，作易之由，而是用著之法，與卜筮有關聯。在此，亦可看出，《易》的卜筮成份，查慎行是同意的。對於卦變之說，查慎行以爲「存而勿論」，這個看法與翁方綱一致。查慎行對於卦變的體認，主張「往來之義」，以「以反對言」，翁方綱相當推崇，於〈解〉云：

> 查氏曰：「往來之義，原從反對卦言之。不必以卦變言。《本義》謂：

〔註99〕　〔清〕查慎行：《周易玩辭集解》（臺北：臺灣商務印書館，《景印文淵閣四庫全書》，1983～1986 年），頁 47-429。

〔註100〕　〔清〕查慎行：《周易玩辭集解》，〈河圖説一〉（臺北：臺灣商務印書館，《景印文淵閣四庫全書》，1983～1986 年），頁 47-429（下）。

〔註101〕　〔清〕查慎行：《周易玩辭集解》，〈河圖説二〉（臺北：臺灣商務印書館，《景印文淵閣四庫全書》，1983～1986 年），頁 47-430（上）。

〔註102〕　〔清〕查慎行：《周易玩辭集解》，〈卦變說〉（臺北：臺灣商務印書館，《景印文淵閣四庫全書》，1983～1986 年），頁 47-434（上）。

『自〈升〉來，三往居四，入於坤體，二居其所，而又得中。』據
朱子此說，自〈萃〉來，以二五互換，於來得中之義，似較明白。」
按：查氏此條駁〈升〉來之說，是矣。而謂自〈萃〉來則互易者，
二五兩爻於四無涉，四居其所，又未嘗變也。則於往字指九四之義，
又不合矣。總之，以反對言，不以卦變言，足以掃盡葛藤。〔註103〕
「往來之義，以反對言」這個觀念翁方綱相當認同，「蓋〈象〉傳以往來言，則
莫若反對之義最爲明確。」〔註104〕〈解〉（䷧）與〈蹇〉（䷦）兩卦爲反對卦，
但不必因此便說〈解〉自〈蹇〉來，若某卦自某卦來，則淪爲卦變之說，且「〈屯〉
〈蒙〉以下皆反對，豈〈蒙〉自〈屯〉來耶？此卦例所無，恐未然。」〔註105〕

　　翁方綱對查慎行的引用，偏重在義理部份，茲舉兩例：

查氏曰：「小〈象〉就爻辭以釋之，曰：『無交害，謂無交，亦無害。』
所以堅其克艱之志也。」查氏此說尤爲明確。〔註106〕（釋〈大有〉
初九）

查氏慎行曰：「君子未嘗一日忘世，〈剝〉之時正當轉亂爲治，而曰：
『不利有攸往。』非教人徘徊觀望也，只爲氣運至此，天時人事無
一可爲耳。」按：查氏此條與〈象〉傳：「順而止之，觀象也。」義
最合。〔註107〕（剝卦辭）

查慎行雖有重視象數《易》的一面，但其義理亦有可觀之處。對往來之說與
卦變關係更受翁方綱重視。

（五）義理《易》引用，孔穎達與王弼，排名第六、第七。

　　孔穎達的《周易正義》闡發王弼注《易》，兩者關係已於表格2中唐代一
小節中論述之。

〔註103〕〔清〕翁方綱，柏克萊加州東亞圖書館編：《翁方綱經學手稿五種——易附
　　　　記》，頁373。
〔註104〕〔清〕翁方綱，柏克萊加州東亞圖書館編：《翁方綱經學手稿五種——易附
　　　　記》，頁373。
〔註105〕〔清〕翁方綱，柏克萊加州東亞圖書館編：《翁方綱經學手稿五種——易附
　　　　記》，頁373。
〔註106〕〔清〕翁方綱，柏克萊加州東亞圖書館編：《翁方綱經學手稿五種——易附
　　　　記》，頁120。
〔註107〕〔清〕翁方綱，柏克萊加州東亞圖書館編：《翁方綱經學手稿五種——易附
　　　　記》，頁191。

（六）象數《易》引用，朱震《漢上易傳》，引用 44 條，排名第三。

朱震，字子發，荊門軍人。生於宋神宗熙寧五年（1072 年），卒於宋高宗紹興八年（1138 年），年六十七。著有《漢上易集傳》或稱《漢上易傳》、《漢上易卦圖》、《漢上易叢說》，三書皆完成於宋高宗紹興四年（1134 年）。《漢上易傳》中詳述宋代象數《易》之演變：

> 陳摶以「先天圖」傳種放，放傳穆脩，穆脩傳李之才，之才傳邵雍。放以「河圖」、「洛書」傳李溉，溉傳許堅，許堅傳範諤昌，諤昌傳劉牧。穆脩以「太極圖」傳周惇頤，惇頤傳程顥、程頤。是時，張載講學於二程、邵雍之間。故雍著《皇極經世書》，牧陳天地五十有五之數，惇頤作《通書》，程頤著《易》傳，載造〈太和〉、〈參〉兩篇。臣今以《易》傳爲宗，和會雍、載之論，上采漢、魏、吳、晉，下逮有唐及今，包括異同，庶幾道離而復合。〔註108〕

然考察先天圖、河圖洛書、太極圖的傳承關係，僅以先天圖的傳承較爲合理且可信，其餘河圖洛書、太極圖的傳承，可信度皆不高。種放（966～1015）卒，周敦頤（1017～1073）僅十六歲，盡得其蘊，尚有商榷餘地。河圖洛書傳至李溉、許監、範諤昌等人，年歲皆佚，僅劉牧可考。〔註109〕但朱震所整理出的三個圖書流派，「雖有可議之處，但大致上符合北宋圖學的發展」，〔註110〕於《易》學史亦有著重要意義：

> 就易學史說，他對漢《易》和北宋的象數作了一次總結，爲象數派的《易》學提供了一套理論體系。他不僅初步整理漢解釋了漢《易》的卦氣說、納甲說、飛伏說、五行說、互體說和卦變說，而且對北宋劉牧的河洛說，李之才的卦變說，周敦頤太極圖和邵雍的先天圖都做了介紹和評論。其對象數學派觀點的整理和介紹，有一定的史料價值，這對清代漢學家研究漢易和圖書學派的演變，起了很大的影響。〔註111〕

〔註108〕〔宋〕朱震：《漢上易傳》（臺北：臺灣商務印書館，《景印文淵閣四庫全書》，1983～1986 年）

〔註109〕潘雨廷：《讀易提要》（上海：上海古籍出版社，2006 年），頁 132～133。

〔註110〕曾復琪：《朱震易學研究》（銘傳大學應用中國文學系碩士論文，2007 年），頁 10。

〔註111〕朱伯崑：《易學哲學史——第二卷》（臺北：藍燈文化事業，1991 年），頁 374～375。

朱震爲翁方綱象數《易》引用排名第三。虞翻爲集大成者，朱震爲承上起下的關鍵人物，接著爲惠棟，於清代發揚漢《易》。朱震占翁方綱象數《易》引用第三名，在歷時性有其重要性，在共時性上，同爲宋《易》學者，不免受到義理影響，但仍以象數爲重。

雖爲程頤弟子，但治《易》卻以象數見長，但卻過度附會卦象：

> 所以，漢儒解《易》必以某義取某爻、某象；某字取某爻、某體者，皆所不必也。即如諸家言取象者，以艮爲求、以震爲筮，而《漢上易傳》疏之曰：「艮爲手，有求之象；震爲草，以手持草，筮也。」如此曲解轉而相之，豈非所謂扣槃捫籥者乎？〔註112〕（蒙〈象〉傳）

蒙（䷃）爲上艮下坎之卦。〈象〉傳中並未提及艮爲手、震爲草之象，然朱震卻強加附會，將上艮下坎之卦與卜筮之舉動相連在一起，如此只是「曲解」、「扣槃捫籥」罷了。對於這樣的牽強附會，翁方綱於《蘇齋筆記》中又重提一次：

> 宋人惟朱氏《漢上易傳》多申明漢學取象之說，如〈蒙・象〉：「初筮告」一條言：「以艮爲求，以震爲筮」，漢上朱氏疏之曰……如此曲解，以傅會取象之說，爲漢學者其亦當知所別擇否？〔註113〕

對漢學家附會取象之說，進而區解經義，實爲不智。又如〈旅〉九四

> 漢上朱氏又謂：「兌爲贏，貝爲資，離爲共，巽爲木，貫之爲斧。」紛歧紆曲，均無當也。〔註114〕

旅（䷷）爲上離下艮之卦，朱震（漢上朱氏）卻以互體、逸象之說來詮釋，「紛歧紆曲」，與經義不合。翁方綱並非盲目、絕對的反對朱震之象數，對於合理之象數，亦讚同，如〈鼎〉九三：

> 「方雨虧悔」，諸家皆空言其用，惟虞仲翔變坎爲雨之說，漢上朱氏從之，此正解也。〔註115〕

〔註112〕〔清〕翁方綱，柏克萊加州東亞圖書館編：《翁方綱經學手稿五種——易附記》，頁33。

〔註113〕〔清〕翁方綱：《蘇齋筆記》，筆記一〈易〉，頁：肆輯9-181。

〔註114〕〔清〕翁方綱，柏克萊加州東亞圖書館編：《翁方綱經學手稿五種——易附記》，頁611。

〔註115〕〔清〕翁方綱，柏克萊加州東亞圖書館編：《翁方綱經學手稿五種——易附記》，頁525。

將坎解釋成雨，符合坎卦原本之象，亦合於爻辭之義，鼎（䷱）九三，三爻變則下卦爲坎，有將雨之象。虧悔則爲「方將欲雨而有漸損其悔之占」，〔註116〕終能獲吉。

　　雖以象數爲重，時代氣氛與師承關係，讓朱震思想中亦有義理成份，不全然以象數之法治《易》，如〈解〉六五「君子維有解」、〈損〉卦辭：

> 漢上朱氏曰：「小人退而不疑，是以險去難解。」此皆深得君子維有解之義。」〔註117〕

> 漢上朱氏曰：「損六爻皆應有孚也。凡損之道以誠，則上下內外無不信，乃可損。」〔註118〕

治《易》思想中，亦存有義理存在，不單純是象數爲主：

> 就哲學史說，朱震作爲一位解《易》的經師，在理論上創見雖不多，但由於堅持取象說，並受程、張二家的影響，一方面以氣解釋太極，一方面又闡發程氏的體用一源說，對宋明哲學中的本體論的發展起了一定的影響。〔註119〕

朱震之《易》學無論在《易》學史與哲學史上都有其重要貢獻，從翁方綱所引的內容來看，對象數之批評，尤以逸象之說，過度附會，勝過其對義理的評價。在此看來，朱震於宋代象數《易》學上有著重要地位，整理漢《易》象數有功，並對北宋圖學的流派做了整理，這些價值有其不可抹滅之功，但就翁方綱而言，非聖人之言，皆爲後儒之推衍，非聖人之旨，便非解經之正。

　　從上述的討論與分析，翁方綱治《易》漢宋兼採，比例與次數上，以義理爲主，象數爲輔。義理上，尤以宋儒程頤、朱熹、項安世三人爲多，並輔以王弼、孔穎達、俞琰、王宗傳等人之說；象數上，尤以虞翻、朱震、惠棟三人爲主，並輔以李鼎祚之《集解》上探漢魏六朝之象數內容。對於治易觀點的取捨，歸本義理，爲程朱之學。象數亦有引用，象數合理可觀處，並不反對。但孔子所未言之象數《易》部份則「存而勿論」，認爲「非解經之正」。

〔註116〕〔清〕翁方綱，柏克萊加州東亞圖書館編：《翁方綱經學手稿五種——易附記》，頁525。

〔註117〕〔清〕翁方綱，柏克萊加州東亞圖書館編：《翁方綱經學手稿五種——易附記》，頁382。

〔註118〕〔清〕翁方綱，柏克萊加州東亞圖書館編：《翁方綱經學手稿五種——易附記》，頁390。

〔註119〕朱伯崑：《易學哲學史——第二卷》（臺北：藍燈文化事業，1991年），頁375。

就治《易》方法上，重視考據，不廢古訓，藉此矯正宋儒治《易》衍繹字義，
不重字義之流弊。務其以古訓、考據之客觀證據，豐富義理詮《易》，而不流
於空說義理，無所憑據。

第三章　翁方綱《易附記》概論

第一節　《易附記》寫作背景

　　清代是一個總結歷代學術精華的朝代，不僅在舊的經典上有所整理、考據、輯佚，也在治學方法上有所創新，開啓與突破。

　　清代的樸學風氣會興起，是從明末心學流弊而起。明代中葉開始，以王陽明心學在學術界一枝獨秀，但是到了心學末流，汎講心性，束書不觀，終至滿清大舉攻入山海關，明朝滅亡，儒生才痛定思痛。從近乎清談的心學，轉變成「窮經究史」、「經世致用」的樸學。從黃宗羲主張「窮經」、「經世」，顧炎武「篤志經史」、「明道救世」、「博學於文」，再到閻若璩、胡渭、毛奇齡、陳起源等人的考據之學，最後滿清入主中原，加諸在士人身上的文字獄，終使學風由經世與考據相互結合，形成清代著名的樸學。

　　翁方綱便在此一環境中出生。在此氛圍之下，翁方綱的思想中，揉雜了各朝代的學術精華總結，同時亦面臨到清人無法避免的漢宋之爭。官方政府所提倡，乃是具有傳統封建思想的程朱之學，民間學者卻因宋學以來產生的流弊而轉向經世致用的樸學。翁方綱在清朝擔任官職的時間多達六十年之久，多次擔任地方考官，自然對政府所提倡的程朱思想內容瞭解甚深，同時民間樸學的思想也對翁方綱起著一定的作用。二者交互影響下，構成了翁方綱的學術底蘊。

　　以下就從翁方綱與時代的脈絡關係，先釐清翁方綱在時代背景下，所受到的思想影響。再提出翁方綱寫作《易附記》的動機，明白翁方綱所處的時代與他成書的背景有何關聯。

一、清初經學背景

梁啓超在《中國近三百年學術史》云：

自康雍以來，皇帝都提倡宋學——程朱學派，但民間——以江浙爲
中心，「反宋學」的氣勢日盛，標出漢學名目與之抵抗。到乾隆朝，
漢學派殆占全勝。〔註1〕

清初的學術思潮，地方民間與官方政府儼然是兩條平行線，上位者崇尚宋明
理學，民間則以漢學爲主要思潮。而到乾隆中葉以後，乾隆亦從理學轉而爲
支持漢學，促使樸學成爲主要學術思潮。

翁方綱出生於清代雍正十一年（西元 1733），卒於嘉慶二十三年（西元
1818）。歷經雍正、乾隆、嘉慶三朝。出生於雍正的逝世前兩年，讓翁方綱免於
清世宗雍正的陰狠殘苛以及闇於易理〔註2〕的毒害。而在雍正之前，清世宗康
熙皇帝已奠定良好政治、經濟環境，〔註3〕替研究學術的環境打下一個根基。
到了翁方綱求學之時，醞釀已久的乾嘉學風也在民間逐漸開始了，而到後來，
更是成爲舉足輕重的一股學術思想，對清代甚至後代，都有著巨大的影響。

（一）民間乾嘉學派興起

乾嘉學派主要可以分爲兩大派：

一派是以惠棟爲主的吳派，其他吳派著名人物還有沈彤、江聲、王鳴盛、
錢大昕等。吳派治經的重點放在《周易》、《尙書》。

一派則是以戴震爲主的皖派，其他皖派著名人物段玉裁、王念孫、王引
之、焦循、阮元等。治經的重點放在《三禮》、小學身上。

惠棟出生書香世家，經學底子深厚，尤以治易爲長。祖父惠周惕長於考
證，著有《易傳》，父親惠士奇主張以訓詁上求經義，著有《易說》。惠棟深
受家學影響，治學方法與態度上深受漢學影響。治經最大特色就是「尊古崇

〔註1〕 梁啓超：《中國近三百年學術史》（臺北：臺灣中華書局，1969 年），頁 21。

〔註2〕 徐芹庭著：《易學源流》（臺北：國立編譯館，1987 年），頁 996。

〔註3〕 康熙四十八年十一月，户部庫存銀五千萬兩，「時當承平，無軍旅之費，又
無土木工程，朕每年經費，極其節省，此存庫銀兩，並無別用，去年蠲免錢
糧八百萬兩，所存尚多」（《清聖祖實錄》卷 240，北京：中華書局，1986
～1987 年，頁 389（下））。

「康熙朝強調藏富於民，減免天下錢糧共達五四五次之多，其中普免全國錢糧
三次，計銀·五億兩。康熙朝國家一統、國力強盛，社會經濟經過戰亂、災
荒後，有所恢復，也有所發展。」閻崇年：《康熙大帝》（北京：中華書局，
2008 年），頁 280。

漢」、「故守舊說，述而不作」、「從文字音韻入手以探求經義」。〔註4〕對於將漢人的意見想法列為最高位，不加思索反芻，全盤接收，這種一味尊古、復古的態度是翁方綱所不欣賞的。《易附記》中（乾）卦，對於惠棟這種態度有所批評：

> 而近日，元和惠氏《易述》又執虞翻〈革〉卦，注義以為：「乾道變化，各正性命，保合太和，乃利貞。」直用〈既濟〉，以詁乾卦之義，則迂滯矣。〔註5〕

又

> 上九「亢」字，《說文》作「忼」。惠氏引汗簡云：「古用《易》如此。」按：《說文》：「忼，慨也。從心，亢聲。一曰《易》：『忼龍有悔』。」此引《易》加「一曰」字，是許氏非專主此義，以解「忼」字也。特古本有作忼者耳，惠氏必執此以為復古，所以必至於三爻增入「黌」字，因以傅會易音，皆非也。〔註6〕

惠棟引用《說文》，但卻是以復古為路線。認為現在沒有的「忼」字才是古，才是真。而沒有去深究《說文》「一曰」代表的是另外一種看法，就貿然下結論。

　　《四庫全書總目》對惠棟的評價是：「其長在博，其短亦在於嗜博；其長在古，其短亦在於泥古」，〔註7〕這是很中肯的。惠棟這種貿然斷定，未經詳加考察，執意復古的態度，在當時已蔚為一種風氣。這種風氣主導了當時的治學態度，對於重視考訂訓詁的翁方綱而言，對此現象是加以批評的並且不能容忍的。

　　戴震擅長考據與義理，從考據入手，探求義理，〔註8〕過去的學者著重在

〔註4〕　吳雁南、秦學頎、李禹階主編：《中國經學史》（臺北：五南圖書，2005年），頁417。

〔註5〕　〔清〕翁方綱，柏克萊加州東亞圖書館編：《翁方綱經學手稿五種——易附記》，收入柏克萊加州東亞圖書館編：《翁方綱經學手稿五種》（上海：上海古籍出版社，2006年），頁5。

〔註6〕　〔清〕翁方綱，柏克萊加州東亞圖書館編：《翁方綱經學手稿五種——易附記》，收入柏克萊加州東亞圖書館編：《翁方綱經學手稿五種》（上海：上海古籍出版社，2006年），頁9。

〔註7〕　〔清〕永瑢，紀昀等撰：《四庫全書總目》，卷二十九，經部・春秋類四（臺北：臺灣商務印書館，《景印文淵閣四庫全書》，1983～1986年），頁1-598。

〔註8〕　「經之至者，道也，所以明道者，其詞也，所以成詞者，未有能外於小學文字者也。由文字以通乎語言，由語言以通乎古聖賢之心志」參見〔清〕戴震，張岱年主編：《戴震全書六》〈古經解鉤沈序〉（合肥：黃山書社，1995年），

字義上的考證，《方言》、《爾雅》、《說文》等書，皆是探求字義的經典著作。戴震不同的是，能在這個基礎上，「開闢了一條從字音中探求詞義的新途徑，他對於聲韻、文字和訓詁三者之間的關係具有非常精到的認識。〔註9〕」換言之，形音義三者的結合，是他所強調的。前代學者較不重視的聲韻，卻是戴震一項有利的治學工具。他提出「於聲音求訓詁」，主張想要探求前人的本義，需要由聲音上入手，文字上的聲音寄託了意義，才能使本義明白，形音義三者的結合，才能使古人的真義透徹。〈答江慎修先生論小學〉中提到：「文字既立，則聲寄於字，而字有可調之聲；意寄於字，而字有可通之意，是又文字之兩大端也。因而博衍之：取乎聲諧曰諧聲，聲不諧而會合其意曰會意。」〔註10〕考據是一種治經的手段，最終的目的是義理，藉由考據這條路，還原古代典籍的真面目。〔註11〕

　　戴震與惠棟在治學方式的不同處，在於對材料的處理與觀點。戴震認為「學者當不以人蔽己，不以己自蔽。不為一時之名，亦不期後世之名。」強調客觀事實必須公平客觀評斷，不應該為了任何名利、偏見而失去了原本的正確性。這點與惠棟「凡古必真，凡漢皆好」〔註12〕的材料選用觀念，就有著相當大的不同。循著這樣的思路，兩人對於漢學與宋學的態度也是截然不同。戴震評論：「漢儒得其制數，失其義理；宋儒得義理，失其制數。」〔註13〕漢宋各有所長，不可偏執，正確的結果應該由形音義三者的統合探究，才能得到。而不能固守偏見使真理不能明白。

（二）官方程朱理學

　　在官方政府方面，滿清入關後，科舉制度以及經學的態度則多半沿襲明代，以程朱為主：

　　　頁 378。
〔註9〕 吳雁南、秦學夷、李禹階主編：《中國經學史》（臺北：五南圖書，2005 年），
　　　頁 425。
〔註10〕〔清〕戴震，張岱年主編：《戴震全書三》〈答江慎修先生論小學書〉（合肥：
　　　黃山書社，1995 年），頁 333～334。
〔註11〕「經之至者，道也；所以明道，辭也；所以成辭者，字也。必由字以通其辭，
　　　由辭以通其道，乃可得之。」江藩：《國朝漢學師承記》，卷五〈戴震〉，（北
　　　京：中華書局，1983 年），頁 88。
〔註12〕梁啓超：《清代學術概論》（臺北：臺灣商務，1985 年），頁 53。
〔註13〕〔清〕戴震，張岱年主編：《戴震全書六》〈與方希元書〉（合肥：黃山書社，
　　　1995 年），頁 375。

> 自唐以後，廢選舉之制，改用科目，歷代相沿。而明則專取四子書
> 及易、書、詩、春秋、禮記五經命題試士，謂之制義。有清一沿明
> 制，二百餘年，雖有以他途進者，終不得與科第出身者相比。〔註14〕

> 有清科目取士，承明制用八股文。取四子書及易、書、詩、春秋、
> 禮記五經命題，謂之制義。三年大比，試諸生於直省，曰鄉試，中
> 式者為舉人。次年試舉人於京師，曰會試，中式者為貢士。天子親
> 策於廷，曰殿試，名第分一、二、三甲。一甲三人，曰狀元、榜眼、
> 探花，賜進士及第。二甲若干人，賜進士出身。三甲若干人，賜同
> 進士出身。鄉試第一曰解元，會試第一曰會元，二甲第一曰傳臚。
> 悉仍明舊稱也。〔註15〕

清史稿的選舉志紀錄，滿清選取人才，沿用明制，考取八股文，以四書五經
為考試內容。沿襲的原因一則是陽明心學空疏無用，導致明代滅亡。二則是
程朱理學強調儒家思想，儒家重視倫常觀念、君臣之別、封建階級等有利於
統治階級鞏固權利的學說，自然受到官方政府的歡迎。

清世祖入關後，仍沿襲明制，科舉考試仍以程朱為主；聖祖康熙則是樹
立朱子的正統學術地位，命人編寫《日講易經講義》，康熙更命李光地以程朱
為折中，撰寫《周易折中》；「康熙帝後來下令編纂《朱子全書》，將朱熹在孔
廟的地位由兩廡提升到大成殿十哲之次，同時重用一批理學明臣，應該說是
順應學術潮流的。」〔註16〕上述舉動，都可見官方重視程朱的立場。

高祖乾隆，早期接受理學，所著《明道程子論》、《跋朱子大學章句》、《動
亦定靜亦定論》，都與理學息息相關。而至後期，「乾隆三十八（1773 年）年
以後，乾隆對理學及理學家的態度跟以前相比，是有所不同」。〔註17〕因「理
學家妄議朝政」、「理學家標榜門戶」，〔註18〕避免政治上產生不良影想，後期

〔註14〕 趙爾巽等同編撰，洪北江主編：《清史稿》，（臺北：洪氏出版社，1981 年），
頁 3099。

〔註15〕 趙爾巽等同編撰，洪北江主編：《清史稿》，（臺北：洪氏出版社，1981 年），
頁 3147。

〔註16〕 武道房：〈從宋學到漢學：清代康、雍、乾學術風氣的潛移〉，《學術月刊》第
四十卷（2008 年 10 月），頁 141。

〔註17〕 夏長樸：〈乾隆皇帝與漢宋之學〉（收錄於彭林編：《清代經學與文化》，北京：
北京大學出版社，2005 年），頁 164。

〔註18〕 武道房：〈從宋學到漢學：清代康、雍、乾學術風氣的潛移〉，《學術月刊》第
四十卷（2008 年 10 月），頁 144。

遂轉向「反理學」之路。

由此可知，官方思想早期仍是以程朱理學爲主，時至乾隆後期才有所轉變。

二、清初經學思想與翁方綱關係

翁方綱出生於這樣的經學氛圍當中。思想中有著重視復古的吳派惠棟，也有漢宋兼采的皖派戴震，更有著朝向仕進之路朱熹之學思想。三者密切相容，在翁方綱的思想中各佔有一席之地。

（一）程朱理學底子深厚

程朱的思想，爲官方考試所必備的條件。翁方綱乃清代重要高級官員，「乾隆十七年壬申進士，改庶起士，授編修。歷充考官，督學政，官至內閣學士。」〔註19〕對於官方之程朱學問自然是熟悉不過。

從翁方綱學問來看，在禦試時有著突出表現：

> （乾隆二十四年）三月，禦試，開列試差諸臣，題「富而可求也，館人求之弗得」，賦得「披沙揀金」。先生列一等第五名。（《翁譜》，頁19）

> （乾隆二十七年）五月，迎上於涿州城南。禦試，開列試差諸臣，題「先之勞之，請益至於日至之時」，賦得「竹箭有筠」，得「如」字。先生列一等一名，引見於勤政殿。上曰：「翁方綱學問甚好。」（《翁譜》，頁23）

> （乾隆三十八年）九月二十五日，內閣奉上諭，授先生爲翰林院編修。「內閣奉上諭，辦理《四庫全書》處現有分纂之翁方綱，因前在學政任內緣事降三級調用，其處分本所應得，第念其學問尚優，且曾任學士，著加恩授爲翰林院編修。」（《翁譜》，頁23）

翁方綱自身擔任過江西、湖北、江南、順天等地鄉試正、副考官的翁方綱，也受到時人以及皇帝稱讚：

> 六月，奉命充江西鄉試副考官，少司空錢維城爲正考官。二人於江西所寫試題皆同，彼此合作相洽。「錢以內廷侍郎奉差，例得具摺入謝召見。上問：『汝副考官學問何如？』對曰：『臣實不知，據今歲考列一等前列，想其學問當好。』上曰：『汝亦久爲翰林，何以不知？』

〔註19〕沈津：《翁方綱年譜》（臺北：中央研究院中國文哲研究所，2002年），頁505。

> 對曰：『此人日日閉户讀書，不與人酬接，是以不知。』上領之。（《翁譜》，頁 19）

> 六月二十二日，奉命充江南鄉試副考官，謝墉爲正考官。時謝隨駕在熱河，陛辭，上問：「翁方綱是汝同年否？」墉對：「是。」上曰：「其學問在北方中所少。」墉對：「即在南方亦所少。」（《翁譜》，頁 135）

從上述的資料來看，「學問甚好」是大家對翁方綱的一致評價。這個學問的根基，從進士、編修、考官等官職，都與官方之學——程朱理學有著密切關係。

在求學之路上，翁方綱亦深受程朱理學的影響：

> 千萬世仰瞻孔、孟心傳，自必恪守程、朱，爲指南之定程。士人束髮受讀，習程、朱大儒之論，及其後博涉群籍，見聞日廣，遂有薄視宋儒者，甚且有倍畔程、朱者，士林之蠹弊也。（《翁譜》，頁 476）

翁方綱推崇孔孟地位，重視程朱對孔孟儒學的詮釋，認爲在束髮求學階段，應熟讀程朱之學，才是求學之正路。由此可見，程朱在翁方綱求學過程中的重要性。在《易附記》中，翁方綱所引用的說法當中，便以程朱二人以及程朱學說之繼承者，項安世、胡炳文引用的資料比例最高。數據討論，可參見第五章第二節。

求學之路的程朱學問奠基，進入官方政府後，所任官職亦與程朱之學內容有所關聯，而晚年成書的《易附記》中又大量引用程朱之學，皆可見翁方綱於程朱理學底子深厚。

（二）訓詁考據的重視

宋學治經，主觀意味濃厚，往往不依注疏之說，根據己意說經。這樣的結果，便形成一股疑經、改經的風氣。以《易》爲例，有歐陽修撰《易童子問》：

> 童子問曰：「〈繫辭〉非聖人之作乎？」曰：「何獨〈繫辭〉焉，〈文言〉、〈說卦〉而下，皆非聖人之作；而眾說淆亂，亦非一人之言也。」
> 〔註20〕

歐陽修認爲〈繫辭〉、〈文言〉、〈說卦〉以下，皆非聖人之作。此爲疑經之說。又如改經：

〔註20〕〔宋〕歐陽脩：《易童子問》（臺北：成文出版社，1976 年，《無求備齋易經集成》影印民國十五年「歐陽文忠集」排印本），頁 19。

如馮椅的厚齋易學，改彖曰、象曰、爲贊，以繫辭之卦爲彖，繫爻
之辭即爲象，認爲王弼本彖曰、象曰、乃孔子釋彖、象。又改繫辭
傳上下爲説卦上中。李過的西谿易説，於乾卦彖辭下，便撥入〈彖〉
傳，〈彖〉傳內便撥入文言，釋象處繼以大〈象〉，又分爻辭附於小
〈象〉，又附入文言。〔註21〕

改經之風僅以《易》爲例，除《易》之外，改《尚書》、《詩經》、《禮經》、《春
秋》、《孝經》、《四書》皆有。葉國良在《宋人疑經改經》也統計相當多的數
據，皆可證明宋人疑經改經之風氣盛行。

　　疑經、改經的風氣，從好的一面來看，便是能夠跳脱前人思維，但從壞
的一面來看，即是宋學的一大弊病，也是翁方綱有所批評的，便是忽視古訓。
翁方綱云：

義理至宋儒日益精密矣，而宋時諸儒自持見理之明，往往或蔑視古
之訓詁，即如《爾雅》、《説文》，實經訓所必資，豈可忽略？且如《詩
經》內訓釋，出自古所師承者，豈可據後人習用之文義以改古訓乎？
（如〈齊風〉『猗嗟名兮』，此毛《傳》在於目上謂之名，《爾雅》豈
可作名稱之名解乎？）古人師承，自有來歷，不可用後人習見之文
義以概之。（《翁譜》，頁 476～477）

古訓不可廢，乃因古訓有所師承，宋人因以己意解經，屏棄古訓不論，這樣
會流於「空談義理」。義理之學不能空談，考訂的目的正是「欲明義理」，與
義理的理解並不衝突：

考訂者，對空談義理之學而言之也。凡所爲考訂者，欲以資義理之
求是也。〔註22〕

有訓詁之考訂，有辨難之考訂，有校讎之考訂，有鑑賞之考訂。古
之立言者，欲明義理而已，不知後之人有考訂也。古之爲傳注者，
欲明義理而已，不知後之人有考訂也。〔註23〕

古人作注疏，目的便是「明義理」，並無「訓詁」、「考訂」的名詞出現，古人

〔註21〕李威熊：《中國經學發展史論（上冊）》（臺北：文史哲出版社，1988 年），頁
　　　299。
〔註22〕〔清〕翁方綱：《復初齋文集》，卷七〈考訂論上之一〉，（臺北：文海出版社，
　　　1966 年），頁 296～297。
〔註23〕〔清〕翁方綱：《復初齋文集》，卷七〈考訂論中之一〉，（臺北：文海出版社，
　　　1966 年），頁 306～307。

所注、所述，皆是要貼近聖人之旨意。而後人對這些「注疏」的考訂，事實上也是要確認「注疏」可靠、眞實度爲何，進而釐清經傳本義。所做的事情，亦是還原聖人旨意，這點與千百年前的學者如出一轍。從這個角度來看，古代的學者亦是在作「考訂」，清代的學者亦是在考訂。考訂當然有其必要性，不可輕忽，因爲他是貼近聖人旨意的重要過程，這也是翁方綱所重視強調的。

（三）復古、嗜博、嗜奇的反對

翁方綱所撰的《易附記》中，常常可見翁方綱對於當時學風的不滿，這些不滿，都是因爲「復古」、「泥古」、「嗜博」、「嗜奇」的學風。這股風氣的帶動者，便是惠棟：

> 惠氏嗜奇，必以「邌」爲古字。〔註24〕

> 此則惠氏嗜奇多事，本不必與之置辨者耳。〔註25〕

> 陸氏《釋文》亦未嘗援引，而惠氏嗜奇，必以茍爲定本。〔註26〕

> 今惠氏《易述》已有刊本，外間嗜爲博聞者，往往爭羨之。〔註27〕

> 近日惠棟……此眞扣槃捫籥，傅會可笑至於如此。而居然自以爲說經。此等言語誣設經傳，本不足置辯，特表出之以告世之嗜奇驚博者，戒之戒之。〔註28〕

「凡古必眞，凡漢皆好」這是吳派惠棟的治學態度，這個態度就是一種「復古」、「泥古」。《四庫全書總目》亦評惠棟「其長在古，其短亦在於泥古。」〔註29〕當時惠棟引領吳派，成爲一股學術風氣，這樣無條件的崇古，早已非悖離治經乃是要還原聖人本意的目的，已成爲一種弊病：

> 在惠棟這種復古、泥古的思想影響下，一些乾嘉學者幾乎是嗜古成

〔註24〕〔清〕翁方綱，柏克萊加州東亞圖書館編：《翁方綱經學手稿五種——易附記》，頁60。詳見注5，以下出現《易附記》，僅寫作者、書名及頁碼。

〔註25〕〔清〕翁方綱，柏克萊加州東亞圖書館編：《翁方綱經學手稿五種——易附記》，頁77。

〔註26〕〔清〕翁方綱，柏克萊加州東亞圖書館編：《翁方綱經學手稿五種——易附記》，頁84。

〔註27〕〔清〕翁方綱，柏克萊加州東亞圖書館編：《翁方綱經學手稿五種——易附記》，頁218。

〔註28〕〔清〕翁方綱，柏克萊加州東亞圖書館編：《翁方綱經學手稿五種——易附記》，頁507。

〔註29〕〔清〕永瑢，紀昀等撰：《四庫全書總目》，卷二十九，經部·春秋類四（臺北：臺灣商務印書館，《景印文淵閣四庫全書》，1983～1986年），頁1-598。

癖，譬如江聲，生平竟不作楷書，與人通信也寫古代的篆字，看他
書信如觀天書符籙。不少學者也有泥古不化的怪癖。其次，由於乾
嘉學者強調博證，進而走向嗜博煩瑣一途。本來，旁徵博引應以研
究論證問題的需要為轉移。但在博證風的影響下，有些乾嘉學者，
謂考證而考證，賣弄博洽，故弄玄虛。往往「繁稱千言，始曉一形
一聲之故。」〔註30〕

翁方綱並不排斥復古，翁方綱亦強調「古訓不可廢」，但是復古不是全盤接收，
而是需要挑沙揀金；嗜博、嗜奇本意極佳，使人以不同角度詮釋經典、證明經
典，但是以嗜博、嗜奇的風氣取代了本有的經義內容之詮釋，豈不捨本逐末？
這種風氣為翁方綱所惡，以為解經不該如此。翁方綱雖然不滿復古之風，但惠
棟治經的方式也有他讚賞之處。翁方綱在解釋〈屯〉九五，徵引了惠棟的說法：

「屯其膏，膏謂雨，坎在下為雨，雷雨解是也。在上為雲，雲雷屯
是也。密雲不雨，故曰：『屯其膏。』《詩》曰：『陰雨膏之。』雲行
雨施，〈象〉曰：『施未光。』」按：惠氏此條本於虞翻云：「坎雨稱
膏。」《詩》：「陰雨膏之。」是其義也。漢學取象之說，若皆以此條，
則又何所疑乎？〔註31〕

惠棟解釋《易》經往往採用虞翻的說法，對於虞翻的說法皆是全盤接收，甚
至虞翻說法有誤之處，惠棟也是堅信不疑。尤其對於卦象的附會，不得其義
甚至曲解、誤解的解經方式，讓翁方綱不能接受。翁方綱反對的是全盤接受
的復古，但若是復古的說法合乎義理，又有何不可？

惠棟以積雨不下之象來形容〈屯〉九五，九五處在上卦之中，上卦為坎，
下卦為雷，上六與六四二陰包圍九五，九五困在險中，無所發揮，只能「屯
其膏」將下卦的坎水囤積，而終至成為密雨不雲的情況，雨水欲下而不能下，
暗示欲有作為，但陷於險中而無法發揮能力，只好囤積實力，待適當時機發
揮，呼應〈象〉「雷雨之動滿盈」的意義。用雨欲下而未下之象，也符合了〈屯〉
九五所處的位置、以及〈象〉傳「施未光」的解釋。但若能夠降下，也就表
示「動乎險中，大亨貞」，動則能夠大亨貞，也就能夠「施光」。不僅是九五
這個職位的使命，更是主爻所被賦予的使命。

〔註30〕王俊義：《清代學術探研錄》（北京：中國社會科學，2002 年），頁 234。
〔註31〕〔清〕翁方綱，柏克萊加州東亞圖書館編：《翁方綱經學手稿五種——易附
記》，頁 30。

用雨之象來解釋，符合義理，又能充分解釋〈彖〉、〈象〉間的關係，這樣的取象才是翁方綱所認同的。而不是一味復古，「凡古皆好」的偏執觀。

（四）漢宋之學的相容

民間的考據之學為一股強大而不可忽視的力量，同時，長年浸淫在程朱思想的翁方綱，深知宋學與漢學之優缺。因此，在他的學術思想當中，融合這兩家之長，不偏廢其中一家：

> 聖人在上，實學光照乃得。萃漢儒之博贍與宋儒之精微，一以貫之。學者束髮受書皆從朱子章句集註始，及其後，見聞漸廣，必從事於攷證焉。則博綜漢唐注疏以旁及諸家遞述之所得，皆所以資辨訂而暢原委也。顧其間師友所問難名義、所剖析漸多，漸衍緒言日出，則攷證之途，又慮其旁涉，必以衷於義理者為準，則博綜馬鄭，而勿畔程朱。〔註32〕

「博綜馬鄭，勿畔程朱」為翁方綱的準則。聖人之學，事實上是漢儒與宋儒的精華，要學習漢人之學二者不可偏廢。學習開始以宋學為主，其後以漢學考證作為佐證，如此才能辨析真意。

衷於義理的考證，是翁方綱所強調的。學習義理的過程中，不免會有疑義處，有疑義處，並非以己意解經，而是尋求一種客觀的手段，以漢學考證之法，探究聖人之旨。二者皆不可偏廢，若只重視其中一種，甚至往而不返，都會產生弊病：

> 故其墨守宋儒，一步不敢他馳。而竟致有束漢唐注疏於高閣，叩以名物器數而不能究者，其弊也陋，若知其攷證矣。而騁異聞，侈異說，漸至自外於程朱而恬然不覺者，其弊又將不可究極。〔註33〕

翁方綱清楚的強調，固守宋學，不思考證，名物器數等考證內容，全然無所知，此弊為陋；堅守漢學，一味考證，追求異文、異說，忽略義理於不顧，這種弊端比起固守宋學的陋習，更為巨大，危害更為嚴重。

「泥守宋儒與泥執漢學者，厥弊均也。」〔註34〕、「博綜馬鄭，勿畔程朱」，

〔註32〕　〔清〕翁方綱：《復初齋文集》，卷十一，〈與曹中堂論儒林傳目書〉（臺北：文海出版社，1966年），頁426～427。

〔註33〕　〔清〕翁方綱：《復初齋文集》，卷十一，〈與曹中堂論儒林傳目書〉（臺北：文海出版社，1966年），頁427。

〔註34〕　〔清〕翁方綱：《蘇齋筆記》，筆記三，〈治經〉，（北京：北京出版社，2000年，收入《四庫未收書輯刊》，清宣統二年北洋官報印書局影印稿本），頁：

治學應取漢宋之長。唯有兼採,格局才不會狹隘,視野才能宏闊。聖人之學既是萃漢宋之精,研究聖人之學的學者,更應該相容漢宋,才能眞正瞭解聖人之學。

第二節　翁方綱《易附記》內容及寫作特色

一、《易附記》內容

關於《易附記》內容,本小節主要針對兩個方向進行討論。第一部份爲《易附記》的實際卷數,第二部份爲每卷的大體內容。

(一)《易附記》實際卷數

上海古籍出版社所出版的《易附記》總共兩冊,一千一百三十二頁,存卷爲「十一卷」。與沈津先生在《翁方綱年譜》中所記載的「十六卷」有些微出入:

> 先生在馬蘭峪三年,惟每月朔望暨恭逢忌辰節候上陵行禮外,其餘月日無酬應,併無唱酬題詠之件,專心將數十年來溫肄諸經所記,條件分卷寫稿,共得《易附記》十六卷、《書附記》十四卷、《詩附記》十卷、《春秋附記》十五卷、《禮記附記》十卷、《大戴禮附記》一卷、《儀禮附記》一卷、《周官禮附記》一卷、《論語附記》二卷、《孟子附記》二卷、《孝經附記》一卷、《爾雅附記》一卷。(《家事略記》)

沈津先生的資料來源是翁方綱所著的《家事略記》,此書記載著《易附記》有十六卷。

根據翁方綱在《易附記》中,對於手稿內容的說明:

> 《易附記》十六卷、又後上下二卷,共十八卷,合裝八冊。上經百卅七頁、下經二百廿三頁、《象上傳》四十五頁、《象下傳》五十一頁、《象上傳》五十三頁、《象下傳》五十二頁、《繫詞傳上》廿五頁、《繫詞傳下》廿九頁,又加篇七張。《文言》十八頁、《說卦傳》十九頁、《序卦傳》二頁、卷後上十七頁、後下三十五頁。約計七百頁有零、每頁二十行、每行約廿六、七字。〔註35〕

肆輯 9-302。

〔註35〕 〔清〕翁方綱,柏克萊加州東亞圖書館編:《翁方綱經學手稿五種——易附記》,頁 14。

從上述兩條資料來看，《易附記》原有「十六卷」，而在《家事略記》一書完成後，翁方綱又增加上下兩卷，共爲「十八卷」。

上海古籍出版社所印製的柏克萊加州大學東亞圖書館稿抄僅有「十一卷」，足足少了七卷之多。現存的「十一卷」僅有上經三卷、下經四卷、象上下傳共兩卷、象上下傳共兩卷。缺少的部份爲「繫辭傳上下」、「文言」、「說卦傳」、「序卦傳」、「上下二卷」。〔註36〕遺失的七卷可能與翁方綱死後手稿輾轉經人收藏有關。翁方綱死後，手稿全數歸給門生，而非翁方綱後人保存：

> 晚年頗窘，歿後僅存一子，諸孫幼弱，門人杭州孫侍禦烺，購以千金，完厥藏事，所藏經拓及手稿（四十巨冊）均歸之。手稿四十鉅冊，按年編次，內缺十餘年，詩文聯語筆記全載，後歸續語堂魏君稼孫，再歸之藝風堂繆丈小珊。〔註37〕

手稿在翁方綱死後，傳給門人孫侍禦烺，此時的手稿已有部份散失，但散失的部份是否爲《易附記》的內容，則無直接證據可以證實。手稿經門生之手，再輾轉流傳至續語堂、藝風堂。或許就是在這樣的過程當中，手稿散失，而成爲今日的十一卷。加上手稿在當時並未刊刻，保存更是不易。

（二）《易附記》各卷大要

《易附記》大致可分爲上經、下經，卷一至卷七，共七卷。〈象〉傳卷八至卷九，共兩卷。〈象〉傳卷十至卷十一，共兩卷。上經、下經在內容上，主要先釋卦名，次釋卦辭，最後釋爻辭。〈象〉傳針對字句進行疏解。〈象〉傳內容上，先釋大〈象〉次釋小〈象〉。

翁方綱論述的段落，僅以段與段之間的空白做爲分段，表示一個段落的結束。

1、上經與下經

上下經的每卦主要內容，可爲卦名、卦辭、爻辭三部份。〈象〉傳與《大〈象〉》兩部份雖有獨立卷次進行討論，但在釋卦名的當下，翁方綱亦會舉用，俾使義理明白。有時卦名的意義，即爲卦辭的內容。卦辭與卦名兩者同時解

〔註36〕《易附記》手稿，並未提及「雜卦」，是否有收入進去，不得而知。筆者查閱「中國國家圖書館中國古籍善本書目——聯合導航系統」，發現手稿本中存有「系辭〔上、下傳〕文言、說卦、序卦、雜卦」等部份，今存於天津市人民圖書館。

〔註37〕沈津著：《翁方綱年譜》（臺北：中央研究院中國文哲研究所，2002 年），頁493。

釋，也常見於書中。最後爲解釋爻辭。但爻辭並非每條爻辭翁方綱皆作解釋。
例〈益〉卦：

> 《説文》：「益，從水皿。皿，益之意也。飲食之用器爲皿。象形與
> 豆同意。」按：此字皿上加水，即增益之義也。近日光山胡氏乃謂：
> 「水在器皿而益，後加水作溢。」此臆説耳。〈繫辭傳〉曰：「益，
> 長裕而不設。」又曰：「益，以興利。」覘此長字、興字，即〈象〉
> 傳其益無方之義。即卦辭疊言利之義也。雲峯胡氏《通釋》曰：他
> 卦言利往者，不言利涉，益獨兼之，所謂亦以興利也。益以興利之
> 義，即於初九先見之。

> 白雲郭氏曰：「初九爲益之始。當興利之初，故利用爲大作也。」或
> 專以耕植之事言。此義猶未該備，又或以爲營造動眾之事，則更作
> 非也。〔註38〕

本條釋卦名，先釋其形次敘義。卦名結束後，再敘卦辭。卦辭完畢後，再敘
述初九爻辭。以上爲翁方綱撰寫上下經中每卦的大致規則。

2、彖 傳

翁方綱解釋〈彖〉傳爲逐句分析，如〈損〉彖傳「其道上行」：

> 聖人之道，時而已矣。未有道而不困乎時者，未有因時而非道者。
> 故損之名義非貶辭也。〈彖〉傳曰：「其道上行」，曰：「與時偕行」
> 義相備也。〔註39〕

翁方綱解析相當明白，〈損〉卦給予人的第一印象爲虧損、損失之義，於義而
言並非好事。然而，將損的情況放在聖人身上，聖人之所以爲聖人，與凡人
最大不同之處，便是於損之時能堅定其志，朝目標邁進，不被外在勢力所脅
迫，故以「其道向上」釋之。身於此時，向上之道，亦是解決困境的方法，
故又稱「與時偕行」。

又如〈恆〉彖傳「道」字：

> 道字，即在久字內。聖人之久道也。「天地之道，恆久而不已。」即
> 久於其道之實義也。日月久照四時，皆含道字在內，故曰：「觀其所

〔註38〕 〔清〕翁方綱，柏克萊加州東亞圖書館編：《翁方綱經學手稿五種——易附
記》，頁 401。

〔註39〕 〔清〕翁方綱，柏克萊加州東亞圖書館編：《翁方綱經學手稿五種——易附
記》，頁 847。

恆，」不曰：「觀其所久」，恆字包括久於其道也。所恆所字，即指

道也。〔註40〕

「道」字無所不該，但道無法可見，卻存在於時間之中，故於「久」字見道。恆，其實就是一種「久」的表現，「久」於恆中可見。於人，在聖人身上看見；於造化中，在天地間四時運行規律中見「道」。最後推論出，恆即爲道。

3、象　傳

翁方綱解釋〈象〉傳，由大〈象〉至小〈象〉，以下先討論大〈象〉，再論小〈象〉。例如

〈象〉傳：「雷雨作」即〈象〉傳之雷雨作。《本義》所以不特釋作字，其實此「作」字，與離象「明兩作」作字無異也。《程傳》自誤讀離〈象〉傳耳。

六三爻辭「致寇」，〈象〉傳則曰：「致戎」。即〈繫辭傳〉「奪伐」二義，俱該攝矣。〔註41〕

先大〈象〉再小〈象〉，爲翁方綱〈象〉傳的基本模式。亦有沒有釋大〈象〉就直接釋小〈象〉的，如〈蹇〉卦，直接釋小〈象〉而無大〈象〉的說解。

綜觀翁方綱上下經、〈象〉傳、〈象〉傳的內容，逐條逐句說明，內容井然有序，除了自己意見之外，亦加入諸家說法而成。

（三）《易附記》完成時間

《易附記》的成書時間，翁方綱在書中並無確切道出。翁方綱僅在第一卷、第二卷中，第三卷、第四卷中，第五卷、第六卷，及第七卷中有標注何時覆核。從第八卷起至第十一卷，翁方綱並無記載覆核時間。

易附記第一卷第二卷，紀錄著庚申閏四月四日覆核此冊一遍。癸亥六月三日覆核。壬申六月十九日覆核是日交付。己亥六月三日覆核。

易附記第三卷第四卷，紀錄著庚申閏四月六日覆核此冊。癸亥六月五日覆核。乙亥六月四日覆核。

易附記第五卷第六卷，紀錄著庚申閏四月初八日覆核此冊。癸亥六月六日覆核。乙亥六月六日覆核。

〔註40〕　〔清〕翁方綱，柏克萊加州東亞圖書館編：《翁方綱經學手稿五種──易附記》，頁825～826。

〔註41〕　〔清〕翁方綱，柏克萊加州東亞圖書館編：《翁方綱經學手稿五種──易附記》，頁1055。段與段的空白，即是翁方綱分段的表示。

易附記第七卷，紀錄著庚申四月九日覆核此冊。癸亥六月七日覆核。乙亥六月六日覆核。

從第八卷開始到第十一卷，皆無記載。

從這些資料來看，翁方綱共有四次覆核本書。第一次在西元一八零零年，嘉慶五年之時，翁方綱六十八歲。四月四日覆核第一卷至第二卷。四月六日覆核第三卷至第四卷。四月八日覆核第五卷到第六卷。四月九日覆核第七卷。

第二次在西元元一八零三年，嘉慶八年之時，翁方綱七十一歲。六月三日覆核第一卷至第二卷。六月五日核第三卷至第四卷。六月六日覆核第五卷到第六卷。六月七日覆核第七卷。

第三次在西元一八一二年，嘉慶十七年之時，翁方綱八十歲，僅於六月十九日覆核第一卷至第二卷。

第四次在西元一八一五年，嘉慶二十年之時，翁方綱八十三歲，六月三日覆核第一卷至第二卷。六月四日核第三卷至第四卷。六月六日覆核第五卷到第七卷。

上述資料，以表格呈現，即為：

次數、年份 ＼ 卷數	年齡	第一卷 至 第二卷	第三卷 至 第四卷	第五卷 至 第六卷	第七卷
第一次 （1800/嘉慶五年）	68	四月四日	四月六日	四月八日	四月九日
第二次 （1803/嘉慶八年）	71	六月三日	六月五日	六月六日	六月七日
第三次 （1812/嘉慶十七年）	80	六月十九日	無覆核		
第四次 （1815/嘉慶二十年）	83	六月三日	六月四日	六月六日	

從表格來看，可知翁方綱覆核的習慣，覆核並非雜亂無序，而是由第一卷開始，依次覆核。平均 1.5～2 天會進行下一次的覆核。雖然從第八卷開始，翁方綱皆無記載覆核日期，但可推測的是，會是在第七卷之後，1.5～2 天開始進行接下來的覆核工作。

從這些資料看來，翁方綱最晚在六十八歲的時候，完成了《易附記》。否

則他無法從第一卷開始進行覆核的工作。至於何時開始動筆，並無明確記載。
《翁方綱年譜》一書中，亦未提到動筆時間。

在沈津《翁方綱年譜》的記載著關於翁方綱易附記完成的時間：

> 先生在馬蘭峪三年，惟每月朔望暨恭逢忌辰節候上陵行禮外，其餘
> 月日無酬應，併無唱酬題詠之件，專心將數十年來溫肄諸經所記，
> 條件分卷寫稿，共得《易附記》十六卷、《書附記》十四卷、《詩附
> 記》十卷、《春秋附記》十五卷、《禮記附記》十卷、《大戴禮附記》
> 一卷、《儀禮附記》一卷、《周官禮附記》一卷、《論語附記》二卷、
> 《孟子附記》二卷、《孝經附記》一卷、《爾雅附記》一卷。

此段記載爲嘉慶九年甲子（一八〇四），翁方綱七十二歲之時。若對照《易附
記》的覆核時間，則會產生矛盾。《易附記》最早的覆核時間是嘉慶五年，翁
方綱六十八歲之時，與年譜所載的七十二歲有所出入。

現有的文獻中，對此方面的紀錄甚少，對於這樣的現象，筆者以爲，七
十二歲之時，是指「所有的」附記完稿，至於是何本附記在此年完稿，則不
得而知。因爲按照常理推斷，不可能在同一年當中，一次完成這麼多的內容。

因此，筆者大膽以爲，六十八歲這年，翁方綱一定完成《易附記》，前後
至少經歷三次作全書的總修訂。六十八歲、七十一歲，這兩年翁方綱皆有覆
核紀錄，在短短的三年間，做了兩次覆核，可見《易附記》本身內容尚具有
較多需要修改與訂正之處，因此第一次在六十八歲這年做了初步修訂後，六
十九歲時，翁方綱因衰老的理由被派至裕陵守護，裕陵是乾隆陵寢，來到此
處，翁方綱有更多時間來作學術研究的工作。故於七十一歲再次進行覆核工
作。七十二歲之時，其他附記也陸續完成，故有此一紀錄。爾後，又於八十
三歲作覆核。七十一歲到八十三歲的十二年間，翁方綱是否有在小規模的修
改，《易附記》上則未紀錄，但並不排除這一可能性。

二、《易附記》寫作特色

翁方綱在寫作手法上，主要可以分爲四部份討論：

（一）集解的模式

《易附記》一書中，處處可見以集解方式來解《易》。以下就針對釋卦名、
卦辭、爻辭、〈彖〉傳、〈象〉傳來討論：

1、釋卦名

翁方綱釋〈大壯〉卦名：

> 《說文》：「壯，大也。從士爿聲。」《方言》：「壯，大也。秦晉之間，凡人之大，或謂之壯。」《釋文》，「壯，威盛張猛之名」。鄭云：「氣力浸強之名。」王肅云：「盛也。」《廣雅》云：「健也。」〔註42〕

翁方綱引《說文》、《方言》、《釋文》、鄭玄、王肅等五種說法解「大壯」之義，無論是那一種說法，根本意義依舊脫離不了〈彖〉傳「壯，大也」。又如釋〈艮〉：

> 《說文》：「匕從反人。目匕從目匕。」按：匕從反人，即具艮其背之義。魏氏校曰：「天文左右前，皆動也。惟北辰不動，人身背亦如之。故其字從北從月。」〔註43〕

本條爲翁方綱解〈艮〉卦之義，引《說文》、魏氏二家說法。從兩條引文來看，後者魏氏的說法，是根據《說文》作進一步的闡發。

2、釋卦辭

翁方綱釋「小畜：亨。密雲不雨，自我西郊。」：

> 朱子《本義》：「畜未極，而施未行。故有『密雲不雨，自我西郊』之象。蓋『密雲』，陰物；『西郊』，陰方；『我』者，文王自我也。文王演《易》於羑裏，視「岐周」爲西方，正〈小畜〉之時也。」李氏《義海撮要》一條云：「小畜所聚者，寡不能博施；密雲而不雨，不能澤徧天下也。」此說正與《本義》相足。近日，查氏引董次公云：「『文王』、『岐周』之義，似非取象之旨，〈小過〉六五爻辭，與此同。亦豈周公自稱爲『我』，而以『岐周』爲『西方』耶？」〈蒙〉卦：「匪我求童蒙，童蒙求我。」兩「我」字，指本卦主爻而言，〈小畜〉一陰爲卦主，當屬六四言之。項氏亦云：「凡論全卦之義，皆以主爻爲『我』。〈蒙〉稱『我』者，九二也；〈小畜〉稱『我』者，六四也。〈頤〉以上九爲主，初九所稱『我』即上九也；〈小過〉以六五爲『我』；〈中孚〉以六二爲『我』，皆統言一卦之義。」〔註44〕

〔註42〕〔清〕翁方綱，柏克萊加州東亞圖書館編：《翁方綱經學手稿五種——易附記》，頁309。

〔註43〕〔清〕翁方綱，柏克萊加州東亞圖書館編：《翁方綱經學手稿五種——易附記》，頁545。

〔註44〕〔清〕翁方綱，柏克萊加州東亞圖書館編：《翁方綱經學手稿五種——易附記》，頁73。

本條翁方綱以朱熹《周易本義》、李衡《周易義海撮要》二者說法相近，查慎行《周易翫辭集解》、項安世《周易翫辭》二家說法相近，共四家兩種的說法論之。

翁方綱解〈離〉卦辭「利貞在亨上」：

> 孔《疏》：「柔則近於不正。此以柔義反別貞字也。」胡氏《通釋》：「麗則易，至於不正，以麗義反別貞字也。」童溪王氏曰：「附麗之道，易失於不正。況於其質失柔乎？」項氏曰：「所惡於柔順者，爲其麗於耶也？」此二說則皆兼於麗與柔二義言之矣。至於白靈郭氏云：「柔中失之無守。」此說仍併中字，亦作反別義，斯失之矣。俞氏云：「六二居下，離之中，則正；六五居上，離之中，則不正。正則亨，不正則不亨。故戒之曰：利貞亨。」

引用了孔《疏》、胡煦、王童溪、項安世、郭雍、俞琰各家不同說法。孔《疏》與胡煦二家說法爲相似，王童溪與項安世說法相似，郭雍與俞琰二家說法與上述兩組皆爲不同。

3、釋爻辭

翁方綱釋〈萃〉六二「引吉，無咎」：

> 王注云：「見引是爲五所引之義。」項氏曰：「六二與九五正應，下爲上所引，故吉。以中相引，故無咎」是也。程朱皆云：「相牽引。」胡氏《通釋》曰：「牽引上下以萃於五。」梁氏寅又謂：「能自引拔」皆非也。惠氏辯證主王氏爲吉所迎之說。不特誤解引字，且誤解吉字矣〔註45〕

引王弼注、項安世、程朱、胡炳文四家說法。又如〈夬〉九四：

> 王注：「陽者，牴狠難移之物，謂五也。五爲夬主，非下所侵，若牽於五可得。悔無此說是也。謂四當從五也。兌爲羊，而五爲兌體，居中之主，」王注以五爻當之，是也。項氏謂：「牽於二陽，則以下三、上五兩爻言之，不特於羊。象未允，且不得牽字之義也。牽者，牽制之義。非牽引之義。是從九五之義，非從眾陽之義。」朱子所謂牽羊者，「當其前，則不進。」其說得於許慎之。〔註46〕

引王弼注、項安世、朱熹三家說法。

〔註45〕〔清〕翁方綱，柏克萊加州東亞圖書館編：《翁方綱經學手稿五種——易附記》，頁447。

〔註46〕〔清〕翁方綱，柏克萊加州東亞圖書館編：《翁方綱經學手稿五種——易附記》，頁424。

4、釋彖傳

〈彖〉傳的解釋，翁方綱以逐句解釋居多，文句簡單而無特別需要討論者，多由翁方綱自行解釋。對於特別需要解釋的文句，亦是引用多家說法，使該文句的義理更為明白。如〈賁彖傳〉「剛柔交錯」：

> 王弼注：「語也」。至徐氏云：「天文也。上脫剛柔交錯四字。」王昭素、胡安定皆用此說。朱子《本義》據之。〔註47〕

以王弼、徐氏兩家說法為主，併言其他學者意見。又如〈旅彖傳〉「順乎剛」：

> 王注專指「順承上爻之剛」。汴水趙氏乃指「三四兩爻之剛者」，非也。然〈彖〉傳就「外體以言得中」，自以程朱謂：「順上下九四、上九兩爻之剛」為定說。〔註48〕

引王弼、汴水趙氏、程朱四家說法，以程朱說法為依歸。

5、釋象傳

翁方綱〈象〉傳中含有大〈象〉與小〈象〉，先釋大〈象〉次敘小〈象〉。以下先討論大〈象〉，如〈訟〉大〈象〉「天與水違行。訟，君子以作事謀始。」：

> 陸氏《易解》曰：「天道西行，水東流，其路背也。外象乾，西北方之卦。內坎水，正北方之卦。其流東也，二氣不交，故曰訟。」愚按陸說是已。必濟之以項氏翫辭之說乃足。項氏曰：「乾陽生於坎子，坎水生於天一。乾坎本同氣而生者，一動之後，相背而行，遂有天潤之隔，由是觀之天下之事，不可以細微而不謹也。不可以親暱而不敬也。禍難之端，豈在大哉？」此說更為明白。〔註49〕

本條先引陸德明的看法釋「天與水違行」，違行之理在於「二氣不交」。再引項安世的說法進行延伸，從「二氣不交」到「君子以作事謀始」。

又如〈大畜〉大〈象〉「天在山中」：

> 朱子謂不必實有是事，而陽遵道所錄陳瑩中一條，有芥子須彌之喻，似皆非也。是以諸家此句多略而不敢質言。

> 惟來氏云：「天者，一氣而已。氣貫乎地中，天依乎地，地附乎天

〔註47〕〔清〕翁方綱，柏克萊加州東亞圖書館編：《翁方綱經學手稿五種——易附記》，頁793。

〔註48〕〔清〕翁方綱，柏克萊加州東亞圖書館編：《翁方綱經學手稿五種——易附記》，頁893。

〔註49〕〔清〕翁方綱，柏克萊加州東亞圖書館編：《翁方綱經學手稿五種——易附記》，頁945。

空。雷自地出，凡地下空處、深處，皆天，故曰天在山中。」此
說是也。

《黃氏日抄》謂：「居四山之中，而仰視天，亦可言天在山中。」亦
尚未合。〔註50〕

本條引朱熹、來知德、黃震三家說法，以來知德解釋爲依歸。以上兩則釋大
〈象〉，引用諸家說法，小〈象〉亦是如此，如〈屯〉「君子以經綸」：

陸氏《釋文》作「經論」，云：「音倫，鄭如字，謂論撰書禮樂政事，」
黃穎云：「經論，主濟也。本亦作綸。」

孔《疏》注：「『經』謂經緯，『綸』謂綱綸，言君子法此屯象有爲之
時，以經綸天下，約束於物，故云『君子以經綸』也。

姚信云：「綸謂綱也，以織綜經緯。」此君子之事，非其義也。

劉表、鄭元云：「以綸爲論字」，非王本意也。」

項氏《翫辭》曰：「綸《釋文》作論，論亦綸也。」項氏此言約而該
矣。

本條主要討論「君子以經綸」的綸字，是否可以作爲「論」字。陸德明主「經
論」與鄭玄同。黃穎、孔《疏》主張爲「綸」。項安世統合各家，綸與論皆通。
又如〈未濟〉「暉光也」：

《程傳》云：「光之散也。」此即《玉篇》「暉，燿光也」之義。

項氏謂：「光中之氣」

則張氏振潤曰：「光而暉，昭其盛也。貞吉之吉，吉在五暉吉之吉，
吉在天下，」此則合九二言之，即合諸爻以言之矣。

但項氏又引《周禮》眂祲十煇。

按：周禮眂祲十煇，注煇謂「日光炁也」，炁本亦作氣。而《疏》謂：
「就十等之中，五曰闇以言之。且煇字音運」。而俞氏又取日南之光
之義以言，與之比者皆吉，則涉於支衍耳。

本條解「暉」字，引《程傳》之說，並附《玉篇》說法作爲佐證。此後，引
項安世、俞氏之說來作闡釋。

〔註50〕　〔清〕翁方綱，柏克萊加州東亞圖書館編：《翁方綱經學手稿五種──易附
記》，頁 1011。

（二）直接評述

翁方綱撰《易附記》時，會使用「直接評論」來抒發自己的意見。「直接評論」的方式以下分作四種種討論：

1、不引用他人說法，直接陳述己見

翁方綱直接對文本進行解釋，直接陳述自己的意見。並無引用各家說法在進行評論的情況，也無使用案語等形式。如釋〈小畜〉卦名：

> 凡《易》之道，陽爲大，陰爲小。此卦以「小畜」名者，謂以「小」畜「大」也。至「所畜者小」，又其中所具之義。蓋此卦與〈大畜〉，名卦之義雖同，而立言則微有不同。〔註51〕

本條翁方綱自釋卦名，主張「陽稱大，陰爲小」，本卦爲一陰統五陽，故小（陰）畜。

又如〈象〉上傳的〈剝〉：

> 不曰順而止曰順而止之，此則全就人事言矣。所以六十四卦無非觀象而獨於此特言觀象者，聖人之爲君子謀也，至深切矣。下句方正接君子。其實「順而止之，觀象也。」全就君子言之，非僅他卦之專就卦體言者矣。〔註52〕

解釋〈剝〉卦〈象〉傳，翁方綱無引用他人說法，純粹就以自身意見抒發。

又如〈象〉下傳，釋六四小〈象〉「入于左腹，獲明夷之心，出於門庭」：

> 「入于左腹，獲心意也。」蓋於出門庭之義，即收在「獲明夷之心」句內也。「獲明夷之心」，即於「入于左腹」見之也。聖言之切指，以示人如此。故曰：「獲心意也。」心字配入意字，乃文勢之自然也。
>
> 〔註53〕

「入于左腹，獲心意也。」翁方綱認爲「出於門庭」便涵蓋「獲明夷之心」，而「獲明夷之心」從「入于左腹」可見。〈象〉傳與〈象〉傳二者的詮釋緊密，爲翁方綱解易最爲注重的部份。

此種方式較容易看出翁方綱自己的易學面貌，也含有較多翁方綱自己詮

〔註51〕〔清〕翁方綱，柏克萊加州東亞圖書館編：《翁方綱經學手稿五種──易附記》，頁71。

〔註52〕〔清〕翁方綱，柏克萊加州東亞圖書館編：《翁方綱經學手稿五種──易附記》，頁795～796。

〔註53〕〔清〕翁方綱，柏克萊加州東亞圖書館編：《翁方綱經學手稿五種──易附記》，頁1045。

釋義理的觀點。

2、引用他人說法，直接表示同意

如〈屯〉卦辭的解釋：

> 郭氏雍《傳家易說》曰：「屯爲人道之始，繼〈乾〉〈坤〉，具四德。」
> 此說是也。〔註54〕

引用郭雍說法，對於這個說法表示贊成。由此條可知，翁方綱解〈屯〉的看法爲繼〈乾〉〈坤〉後萬物復蘇之象。

翁方綱使用對引文以「此說是也」來作爲評論，表示對該說法的贊同。其他表示贊同的評論，還有「此說極當」、「此義是也」、「此一句足該多少訓」、「此定說」、「此說極得」、「此說得之」、「此說甚是」、「可從」、「此說最得體矣」、「此條甚善（是）（合）（當）」、「此說尤爲明確」、「此說於義大精」等來對該家說法表示認同。

> 項氏《翫辭》曰：「爲寇，謂侵人也。凡兵入他境者，皆謂之寇；禦寇者，則止於吾境而已。聖人恐人以擊蒙爲往而擊之，故立此以示訓。」項氏此說極得之。（蒙‧上九）〔註55〕

> 俞氏《集說》：「孚，信也。九五與九二同德相信，是爲有孚。」此說得之。（需卦辭）〔註56〕

> 李氏《集解》曰：「坎爲血卦，血以喻陰。」此說是也。勝於以「殺傷」爲訓者矣。（需‧六四）〔註57〕

> 查氏曰：「小〈象〉就爻辭以釋之，曰：『無交害，謂無交，亦無害。』所以堅其克艱之志也。」查氏此說尤爲明確。（大有‧初九）〔註58〕

> 朱子以「或益十朋之龜」七字爲句。「弗克違」三字又爲句。此定說。

〔註54〕〔清〕翁方綱，柏克萊加州東亞圖書館編：《翁方綱經學手稿五種——易附記》，頁23。

〔註55〕〔清〕翁方綱，柏克萊加州東亞圖書館編：《翁方綱經學手稿五種——易附記》，頁35。

〔註56〕〔清〕翁方綱，柏克萊加州東亞圖書館編：《翁方綱經學手稿五種——易附記》，頁37

〔註57〕〔清〕翁方綱，柏克萊加州東亞圖書館編：《翁方綱經學手稿五種——易附記》，頁38。

〔註58〕〔清〕翁方綱，柏克萊加州東亞圖書館編：《翁方綱經學手稿五種——易附記》，頁118。

足釋諸家以岐惑矣。（損・六五）〔註59〕

上六爻辭，《程傳》謂：「聖人深慮遠戒，專言『師終』之義，不取爻義，蓋以其大者。」此《程傳》之說最為得體矣。（師・上六）〔註60〕

荀慈明曰：「獨行謂一爻，獨上與陰相應，為陰所施，故遇雨。雖為陰所濡，能慍不悅得無咎也。」荀氏此條甚善。（夬・九三）〔註61〕

以上幾條，皆是引用說法，而對該項說法表示贊同。這種方式能夠間接得知翁方綱贊同的解《易》觀點為何，瞭解贊成背後的原因，便能進一步推論出翁方綱的看法。同時，瞭解翁方綱這樣的寫作方式，對於我們在閱讀資料上，很容易掌握到哪部份是引用的說法，而不會與翁方綱對該引文的評述有所混淆。

3、引用他人說法，直接表示反對

例如〈蒙〉卦卦辭：

俞氏《集傳》引或說「亨行二字衍文」者，其說非也。〔註62〕

解釋〈蒙〉卦卦辭時，引用學者說法，對於這個說法表示不贊成。翁方綱使用「其說非也」來作為評論。如：〈師〉九二對漢上朱氏、資州李氏、朱升三人的說法，提出了不同的見解：

漢上朱氏以「伏巽」為命，又資州李氏以二互體震，震木數三，為三錫之象，指〈巽〉、指〈震〉，似皆一偏之辭。朱升《旁注》兼二、三、四、五互震伏巽言之，然猶未合也。〔註63〕

其他表示不贊同的評論，還有「謬」、「妄」、「誤也」、「非經義所有」、「不切（合）」、「未合」、「不可從」等用語。

惟查氏云：「小人雖害君子，而弗克，」則謬矣。（大有・九三）〔註64〕

〔註59〕〔清〕翁方綱，柏克萊加州東亞圖書館編：《翁方綱經學手稿五種——易附記》，頁394。

〔註60〕〔清〕翁方綱，柏克萊加州東亞圖書館編：《翁方綱經學手稿五種——易附記》，頁56。

〔註61〕〔清〕翁方綱，柏克萊加州東亞圖書館編：《翁方綱經學手稿五種——易附記》，頁422。

〔註62〕〔清〕翁方綱，柏克萊加州東亞圖書館編：《翁方綱經學手稿五種——易附記》，頁31。

〔註63〕〔清〕翁方綱，柏克萊加州東亞圖書館編：《翁方綱經學手稿五種——易附記》，頁51

〔註64〕〔清〕翁方綱，柏克萊加州東亞圖書館編：《翁方綱經學手稿五種——易附記》，頁121。

虞氏又以九五婦人指初，可謂謬矣。（恆・六五）〔註65〕

至近日，惠棟撰《易述》，則直用《説文》所引，改經語曰：「屯如
亶如，乘馬驙如。」則可謂妄矣。（屯・六二）〔註66〕

中四爻皆言「顛拂」。而「拂經」與「拂頤」不同。「拂經」則就其
所處時位言之，「拂頤」則全失之矣。王弼注：「仍以六五拂經爲拂
頤之義。」《孔疏》亦隨而釋之，誤也。（頤・六二）〔註67〕

惠又引許慎《五經異義》曰：「爻位三爲三公，曰：『食舊德』，食父
故祿也。乾爲父，三失位，動而承乾，有食舊德之象。」此説於訟
卦爻義亦不切。（訟・六三）〔註68〕

「裕父之蠱，往見吝。」東萊呂氏謂：「當優遊寬裕，以處其父之事。」
與「往見吝」一正一反相對説。此説亦未嘗不可通，但於〈象〉傳：
「往未得也。」直承「裕父之蠱」句，文義未合，亦不如仍舊説爲
是也。（蠱・上六）〔註69〕

梁氏《參義》謂：「諸爻言往者，去九五而不助之言；來者，來助於
九五也。」梁氏此説於初爻、三爻、上爻來字皆未合。（蹇・六四）
〔註70〕

上述幾條，爲翁方綱引用該家説法，對於該説法表示不認同所使用的方式。
從這樣的方式，我們可以間接得知翁方綱所不認同易學觀點爲何。

4、相互補充之説法

各家説法，可做補充者，翁方綱會合併觀之。例如：翁方綱在解釋〈咸〉
卦辭中，徵引不同説法，這兩種説法是相同的，可以互相補充：

〔註65〕〔清〕翁方綱，柏克萊加州東亞圖書館編：《翁方綱經學手稿五種——易附
記》，頁292。

〔註66〕〔清〕翁方綱，柏克萊加州東亞圖書館編：《翁方綱經學手稿五種——易附
記》，頁28。

〔註67〕〔清〕翁方綱，柏克萊加州東亞圖書館編：《翁方綱經學手稿五種——易附
記》，頁232。

〔註68〕〔清〕翁方綱，柏克萊加州東亞圖書館編：《翁方綱經學手稿五種——易附
記》，頁45。

〔註69〕〔清〕翁方綱，柏克萊加州東亞圖書館編：《翁方綱經學手稿五種——易附
記》，頁160。

〔註70〕〔清〕翁方綱，柏克萊加州東亞圖書館編：《翁方綱經學手稿五種——易附
記》，頁368。

鄭康成曰：「〈艮〉爲山，〈兌〉爲澤。山氣下澤，氣上二氣，通而相應，以生萬物，故曰：『咸。』」此即孔《疏》兌柔在上，艮剛在下之說。朱子《本義》所用也。虞仲翔曰：「坤三之上成女，乾上之三成男。乾坤氣交以相應。」此義與前說本相融貫，然此義仍即該於前說之中，不必分爲二說也。〔註71〕

〈咸〉卦辭爲：「咸：亨，利貞，取女吉。」〈彖〉傳爲：「咸，感也。柔上而剛下，二氣感應以相與，止而說，男下女，是以亨利貞，取女吉也。天地感而萬物化生，聖人感人心而天下和平；觀其所感，而天地萬物之情可見矣。」爲了要解釋這些說法，列舉了鄭康成、虞仲翔二者的說法。以二家的說法當作自己對本卦的詮釋。鄭康成的說法涵蓋了卦象、卦名的詮釋，用自然之象相感，生出萬物，得到了翁方綱的認同。虞仲翔的說法亦是對卦象與卦名進行詮釋，只是虞仲翔以男女關係來做說明，雖然也詮釋了「咸，感也」的意義，但就根本來說，鄭康成的山氣下澤，能夠推演出男女關係，因此虞仲翔的說法可作爲鄭康成的補充。

引用完說法後，翁方綱也做了一個簡單的評論。在鄭康成的說法後，翁方綱進一步點出此一說法被後來的大學者孔穎達、朱熹所用，可使人瞭解說法的源頭在何處，該說法的被引用情況。引用虞仲翔之說法，引用完後，認爲此說法與鄭康成說法相融。

又如〈豫‧九四〉，解釋「朋盍簪」：

「朋盍簪」，王注：「簪，疾也。」《釋文》引《子夏傳》：「疾也。」鄭云：「速也。」蓋「疾速」之訓，最古矣。項氏曰：「王弼作《易傳》，盡廢先儒之說，獨『簪』字仍訓『疾』，蓋古訓有不可易者，此類是也。」〔註72〕

以王注、《釋文》、鄭注三家訓簪的意義，表示簪訓疾爲最早說法。最後再引項氏說法，來表明正確性。

又如〈漸‧初六〉：

初爻取「小子」者《通釋》謂：「艮少男固有小子象。」《纂注》蔡

〔註71〕〔清〕翁方綱，柏克萊加州東亞圖書館編：《翁方綱經學手稿五種——易附記》，頁279。

〔註72〕〔清〕翁方綱，柏克萊加州東亞圖書館編：《翁方綱經學手稿五種——易附記》，頁137。

氏曰：「小子，幼稚也。柔居初故稱小子。」二說可相備也。〔註73〕
解釋〈漸·初六〉「小子厲」，胡氏《通釋》從卦象風山漸的角度切入，認爲初六爲下卦之初，下卦又爲艮象，艮少男，又居最下，故有小子之象。又引《纂注》說法，《纂注》從所處的位置解釋，認爲初六爲最初，又爲陰爻，故稱小子。《通釋》與《纂注》的說法是可互相參照，故翁方綱並列兩種說法，互相補充。

　　除了使用「相備」、「相融貫」來表示兩家說法互相補充外，翁方綱亦使用「相參」，如〈睽·九四〉：

> 雲峰後一說云：「九若居五，則相比不孤，今九來居四，則上孤，而四亦孤矣，故曰：『四上兩爻皆云睽孤。』」此說是也。又白雲郭氏曰：「凡睽皆孤獨於九四，上九稱睽孤者，蓋上居睽極。四近君而不得。」此二語甚是。非若初之自復，二之遇主，三之有終也。故稱睽孤。此說亦可與雲峰後說相參。〔註74〕

胡雲峰認爲九四與上九中間隔了一個六五，讓兩個陽爻不能相鄰而變孤。這是從兩陽爻沒有相鄰的角度來說明。而郭雍進一步從所處的位置來解釋，上九因處最高處，九四因爲處在四爻靠近九五卻不得信任，亦是孤。郭雍從所處位置來說明，補足了胡雲峰的說法，讓睽孤的解釋更爲豐富。故用相參來表示兩種說法皆有可取之處。

　　徵引諸家說法，相互補充或是彼此驗證，在翁方綱的附記相當多見，其他例如〈比〉九五〔註75〕、〈豫〉六五〔註76〕、〈蠱〉卦義〔註77〕、〈臨〉上六

〔註73〕　〔清〕翁方綱，柏克萊加州東亞圖書館編：《翁方綱經學手稿五種——易附記》，頁557。

〔註74〕　〔清〕翁方綱，柏克萊加州東亞圖書館編：《翁方綱經學手稿五種——易附記》，頁361。

〔註75〕　「舍」字自是上聲（取與舍對）。《釋文》乃以注中舍之音「赦」。而項氏又言：「不必用上聲讀。」其說皆非也。「邑人不誡」，《程傳》、《朱義》二說不必分別，蓋《程傳》云：「不煩誡約。」與《朱義》云：「不相警備。」即「有聞無聲」之義，皆可融會也。〔清〕翁方綱，柏克萊加州東亞圖書館編：《翁方綱經學手稿五種——易附記》，頁69。

〔註76〕　六五：「貞疾」之義，《程傳》以四爻爲專權受制，不若王氏《宗傳》以四爻爲法家拂士，此與何氏楷云：「常如疾病在身，所謂生於憂患者。」義正相合。〔清〕翁方綱，柏克萊加州東亞圖書館編：《翁方綱經學手稿五種——易附記》，頁139。

〔註77〕　〈蠱〉卦之義，當合《序卦傳》云：「以喜隨人者，必有事，故受之以蠱。蠱

〔註78〕、〈頤〉初九〔註79〕、〈大過〉九五、〈咸〉九五、〈恆〉上六、〈大壯〉初九、〈晉〉初六、〈明夷〉九三、〈家人〉初九、〈家人〉六二、〈家人〉九三、〈家人〉六四、〈睽〉九四、〈明夷〉六四、〈升〉上六等等。

5、說法優劣之分

引用某家說法，但認爲此種說法不如某家說法來得佳。翁方綱常用「不如」二字，如〈屯·六三〉：

> 六三：「即鹿。」王輔嗣以就五爻言，不如項安世以就上爻爲是；「幾」作辭也，不如作「見幾」爲是；「舍」作止，不如作「舍置」爲是。〔註80〕

項安世認爲鹿指上六，王弼認爲鹿指九五，兩種說法翁方綱認爲以項安世的說法爲勝，但並沒有解釋爲何較好的理由。同樣的在該爻辭當中的解釋，「幾」與「舍」的解釋認爲「見幾」與「舍置」爲佳。但這選擇的理由，翁方綱卻未多加解釋。

例如：〈蒙·六三〉：

> 六三之「不有躬，行不順」，全以本爻之陰柔、不中不正言之。「金夫」，注、疏作「剛夫」解，自不如程、朱作「賂己」說爲是。而《程傳》以「金夫」指二，又不若《王注》指上爻矣。〔註81〕

〈蒙·六三〉爲陰爻，爲女，陰居陽位，本身就不正，所以「見金夫」這是就卦位來說明。六三爻的這個女子「見金夫」就投懷送抱，行爲不檢點。故言「不有躬，行不順。」對於「金夫」的解釋，注疏以「剛夫」解，這是把

者，事也。」《離卦傳》：「隨，無故也；蠱，則飭也。」詳此二傳文義，則〈蠱〉之義明矣。〔清〕翁方綱，柏克萊加州東亞圖書館編：《翁方綱經學手稿五種——易附記》，頁157。

〔註78〕項氏曰：「敦者，積厚之義。」蘇氏引「敦復」、查氏引「敦艮」，皆合。〔清〕翁方綱，柏克萊加州東亞圖書館編：《翁方綱經學手稿五種——易附記》，頁164。

〔註79〕東萊呂氏曰：「自初至三，皆震體，震，動也。頤，善也。動而求養，故三爻皆凶。」鄭氏汝諧曰：「頤之上體，皆吉。下體皆凶。上體止也，下體動也。動而求養於人者，必累於口體之養。故雖以初之陽剛，未免於動其欲而觀朵頤也。」〔清〕翁方綱，柏克萊加州東亞圖書館編：《翁方綱經學手稿五種——易附記》，頁231。

〔註80〕〔清〕翁方綱，柏克萊加州東亞圖書館編：《翁方綱經學手稿五種——易附記》，頁29。

〔註81〕〔清〕翁方綱，柏克萊加州東亞圖書館編：《翁方綱經學手稿五種——易附記》，頁35。

金夫認為是九二，但六三與上九正應，上九為多金之象，有以金錢收買該女子之象，所以金夫的解釋會以「賂己」、「上九」來得好。

例如：〈蠱‧九二〉：

> 「幹母之蠱，不可貞。」諸家皆謂：「不可過剛。」獨項氏謂：「不可貞者，言其自幹母之外，他事不可守此以為常法。若幹父事如此，則不勝其任矣。」此義固可通，但於〈象〉傳：「得中道也。」不合，不如仍舊說為是。〔註82〕

傳統對於〈蠱‧九二〉的解釋強調在他的位置，認為居陽居陰位，認為九二不得過剛，需要剛柔並濟，才呼應〈象〉傳所說「不可過剛」。但項安世的解釋卻著重在「不可貞固」認為只有幹母這件事情，不需要貞固。翁方綱認為項氏所強調的說法，不如舊說來得好。

從上述所引的三條例子來看，可知翁方綱在處理不同家說法時，會使用「不如」來作一個區隔，表示說法的優劣。

（三）使用案語陳述己見

根據康熙字典對案字的解釋，「著書起義亦稱為案」，〔註83〕所謂案語，又稱按語，為「發端明義以述自義」〔註84〕的一種方式。最能看出翁方綱意見的地方，莫過於按語處。往往在按語處，可見翁方綱意見的大量論述。根據翁方綱的案語內容分析，可以分為以下幾種類形：

1、注音讀

翁方綱對於字音有所爭議時，會提出解釋，如：〈解〉卦辭：

> 孔《疏》：「解」有兩音。一音佳買反，謂解難之初；一音諧買反，謂既解之後。〈象〉稱動而免乎險，明非求難之時，故先儒皆讀諧買反。〈序卦〉解者，援也。然則解者，險難解釋物情舒緩，故為解也。《釋文》以卦辭、〈象〉傳盡初六注，皆音蟹。九四解而拇，則音佳買反。六五君子維有解，則又音蟹。按：《說文》：「解，判也，佳買反。又戶蠱切。」《玉篇》：「諧買、居買二切，緩也、釋也、說也、

〔註82〕 〔清〕翁方綱，柏克萊加州東亞圖書館編：《翁方綱經學手稿五種——易附記》，頁159。

〔註83〕 〔清〕張玉書撰：《康熙字典》，辰集中，木部（臺北：臺灣商務印書館，1968年），頁575。

〔註84〕 高樹藩編纂：《正中形音義綜合大字典》（臺北：正中，1971年），頁719。

散也。」《廣韻》以脫、散義，屬佳買反。〔註85〕

解的讀音，翁方綱以《說文》「佳買反」爲正確，讀爲上聲爲是。又如〈需・象傳〉，釋「雲上於天」的上字：

> 《釋文》：「上，時掌反。」干寶云：「雲，升也。」王肅本作「雲在天上。」俞氏《易說》：「上，上聲。與澤上於天之上同音。」竊按：王肅本既作雲在天上，則此上字，自仍應音去聲，即澤上於天，澤上於地，亦皆當音去聲。〔註86〕

翁方綱以對比的方式，舉出「澤上於天」、「澤上於地」的上字念法皆爲去聲，而非上聲。

2、釋詞義

翁方綱釋「咸」字義：

> 愚案：〈彖〉傳：「咸，感也。」於義盡之矣。《說文》：「咸，皆也。」非此卦名咸之正義，此特後人推衍之義耳。〔註87〕

翁方綱以〈彖〉傳「咸，感也。」爲正訓。不僅釋單詞解釋，卦爻辭中的詞義亦有說明，如〈大過〉九三「有它吝」：

> 按：《胡氏通釋》曰：『有他吝』，王弼以來多以它爲初。愚案：易中未有以正應爲它者。《子夏傳曰》：「非應，故稱它。」〔註88〕

「有它吝」的解釋，它所指的爻，以初爲主。翁方綱卻不認爲爲初爻，引《子夏易傳》的說法，主張「非應，故稱它。」

3、析字形

不偏廢漢學的翁方綱，對於字義上有疑義之處，亦能探究字形演變、來歷，甚至比較相似字形之不同，如〈遯〉之遯字，遯、逐、遁三者關係：

> 《釋文》，遯又做逐，又作遁，同《說文》：「遯，逃也。從辵從豚。豚從象省，篆文從肉豕。」按：《漢書》此字作逐者，其下從豕，其

〔註85〕〔清〕翁方綱，柏克萊加州東亞圖書館編：《翁方綱經學手稿五種——易附記》，頁371。

〔註86〕〔清〕翁方綱，柏克萊加州東亞圖書館編：《翁方綱經學手稿五種——易附記》，頁939。

〔註87〕〔清〕翁方綱，柏克萊加州東亞圖書館編：《翁方綱經學手稿五種——易附記》，頁284。

〔註88〕〔清〕翁方綱，柏克萊加州東亞圖書館編：《翁方綱經學手稿五種——易附記》，頁248。

> 上半夕，即肉字。猶夫篆文日月之月，或書爲夕。非朝夕之夕字，
> 亦非象上半之夕字，此仍是從肉、從豕耳。是逸即遯之或體。非二
> 字也。近之嗜奇如惠氏者，必改作逸，以爲復古。實所不必。〔註89〕

本條主要針對惠棟任意改經而發，惠棟將遯改爲逸，但事實上遯由辵、肉、豕三個部件組成，逸與遯二字部件相同，只是擺放位置不同。一方面以此反對惠棟改經，另一方面也解析了這二字的關係。又如〈噬嗑〉「明罰勑法」的「勑」字：

> 《釋文》：「勑，恥力反。此俗字也。《字林》作勅」。按今所行經籍
> 皆作「勑」。《説文》：「勅，從攴束聲，恥力切，誡也。勑，從力來
> 聲，勞也。」從束者從攴，乃是此敕誡字，與從來以力者不同，故
> 《釋文》以勑爲俗字。至從束從力，則無此字也。漢韓勑、史晨碑
> 皆作勑。〔註90〕

又如〈革象傳〉「水火相息」，辨息、熄二字：

> 按：陸氏《釋文》云：「息，馬云滅也。《説文》作熄。」攷《説文》
> 息在心部，喘也。熄在火部，畜火也。亦曰：「滅火。」據此熄字，
> 亦曰滅火則火之止息，可作熄字，而水之止息，豈可亦作熄字乎？
> 陸氏蓋見《説文》熄字偶具滅義，遂謂此經息字在《説文》是熄字
> 者，非也。

翁方綱辨「息」與「熄」的不同。息與心相關，爲喘之意。熄與火相關，爲火之止息之意。

4、補充說明

《易附記》中，翁方綱引用某家說法，會於按語之處再提出進一步的說明。按語的內容上或贊成、或摘要、或不完全贊同、或全然反對等四種形式。

如〈明夷〉九三，屬於贊成該說法：

> 俞石硐引僕園趙氏曰：「南狩之志，先儒或指爲武王伐紂，不可以訓，
> 非聖人之意也。」按：此於〈象〉傳「南狩之志，乃大得也」，極有
> 體會。〔註91〕

〔註89〕〔清〕翁方綱，柏克萊加州東亞圖書館編：《翁方綱經學手稿五種——易附記》，頁 295。

〔註90〕〔清〕翁方綱，柏克萊加州東亞圖書館編：《翁方綱經學手稿五種——易附記》，頁 988～989。

〔註91〕〔清〕翁方綱，柏克萊加州東亞圖書館編：《翁方綱經學手稿五種——易附

南狩之志，翁方綱並不主張以史事來解說，既非文王伐崇也非武王伐紂，這些說詞「聖人」並無明確的指出，貿然就將史事與爻辭聯結在一起，是有待商榷的。在按語部份，翁方綱以〈象〉傳爲他的論述核心，給予「極有體會」四字的結論。所謂「極有體會」是指回歸爻辭與〈象〉傳本身去看，志爲應，九三與上六爲應，爲闇首，下三爻爲離，爲光明之象，光明與黑暗，爲應；南狩之志，即是「得其大首」，亦爲應。從以上的線索來推論，與史實是不相干的。

又如〈明夷〉六四，將各家的說法作重點的摘要：

> 邱氏之言意若可取者，曰：「入于左腹者，六四入坤體之下也。坤爲腹左者，僻處也。上傷人之明者，而六四與之同體能深入其腹，而得其傷明之心，故知其不可輔而去之。此出其門庭，微子去紂之義也。」海寧查氏曰：「《程傳》以此爻爲奸邪得君之深，然爻象皆無貶詞，正合微子去商之象。下三爻離與坤異體、異姓之臣也，故曰：翼曰股，四與上同坤體，同姓之親也，故曰：『腹』、曰：『心』。微子心在門庭內，似無可去之理。故不曰：『行』而曰：『出』。《尚書》所謂遯荒也。蓋微子知紂之必亡而謀於箕子、比干。箕子勸其行遯以存商祀而微子之意始決，故曰：『獲心意也』。遯荒之心何等艱苦？似非得意遠去之謂。」右二家之說，可謂精矣。竊按：邱氏謂得其傷明之心。查氏謂自決其行遯之心，二義尚微有別。查氏謂自得行遯之心，是即求仁得仁之字也。而邱氏謂得其傷明之心於入左腹獲心意亦爲切合。蓋二意雖有彼此之別，而其爲知幾察微則一也乎。

〔註92〕

翁方綱引兩家說法，一家爲邱氏，一家爲項氏。在按語部份，翁方綱準確的把握住兩家說解的重點，一方面點出二人說法上的不同，另一方面也將根本的相同處點出來。

翁方綱在按語處，往往會有對於一個引用的說法，有一半肯定，一半否定。肯定處，是看出該學者正確的地方，否定處是該學者不足或是需要修正的地方。對於說法，並非抱持著全對或全錯的角度在思考。如〈坎〉六四，是對講家說法有不認同的部份，但亦有贊同之處：

記》，頁 334。

〔註92〕〔清〕翁方綱，柏克萊加州東亞圖書館編：《翁方綱經學手稿五種——易附記》，頁 336～338。

> 項氏又曰：「簋缶牖咎，於韻爲協。」《惠氏辯證》中之曰：「簋，古
> 音九也。」按：皆爲韻矣。又豈必簋字亦韻耶？此皆誤執上三字爲
> 句之說耳。〔註93〕

項安世與惠棟傾向於將〈坎〉六四爻辭的斷句斷爲「樽酒簋，貳用缶，納約
自牖，終無咎。」翁方綱不認爲需要爲了用韻的關係，就將句型割裂。缶牖
咎簋四字雖押韻，但從上下文意的脈絡來看，沒有必要因爲簋字押韻，刻意
改成「樽酒簋，貳用缶」。翁方綱並無直接批評簋字押韻爲誤，而是對於斷句
方式有所不能認同。類似的例子，如〈晉〉初六：

> 鄭氏讀如「南山崔崔之崔」。按：《鄭氏易》注久無全文，今諸家所
> 傳鄭氏說，止此一句。未知鄭意云何也。或謂因初居卑下，而益覺
> 四之崇高，此未知鄭意果然否矣？而遽以釋經可乎？〔註94〕

初六爻辭「晉如摧如」，鄭玄對摧字，僅有「南山崔崔之崔」寥寥數語。翁方
綱認爲，未有足夠的線索與証據，不能妄加斷言。翁方綱並未直接批評其他
學者對鄭玄注的猜測，翁方綱所反對的並不是這些臆測的說法，而是臆測的
說法這樣的方式是否是一個正確的解經方式，這是值得令人思考的。

又如〈明夷〉初六，諸家解三日不食都不能提出一個令人滿意的解釋：

> 「三日不食」之取象，則諸家皆未言。蓋初去上體遠，而與下體三
> 爻相連，則三日或以下三爻取象歟？沈氏《易小傳》獨取《春秋》
> 傳卜楚邱之說曰：「日之數十，故有十時，亦當十位。自王以下其二
> 爲公，其三爲卿，旦日爲三，故曰三日不食。」杜注：『旦位在三，
> 又非食時，故曰三日不食。』《疏》：『旦未至食時，則無可食也。』
> 按：此在春秋時卜師必有所受，然特因莊丱爲卿位之卜以斷其餒兆
> 之言。是以有此說耳。非必援以釋此經也。〔註95〕

沈該引《左傳》「三日不食」之說解。《左傳》之意爲未到時間，不可飲食。
翁方綱對於《左傳》的說法並無批評，也說明《左傳》的解釋存在著時間的
脈絡背景。但這個具有固定時空脈絡背景下，解釋而成的「三日不食」，與爻

〔註93〕〔清〕翁方綱，柏克萊加州東亞圖書館編：《翁方綱經學手稿五種——易附記》，頁266。

〔註94〕〔清〕翁方綱，柏克萊加州東亞圖書館編：《翁方綱經學手稿五種——易附記》，頁319。

〔註95〕〔清〕翁方綱，柏克萊加州東亞圖書館編：《翁方綱經學手稿五種——易附記》，頁328～329。

辭的「三日不食」是有所不同的。即是翁方綱所言：「然而經有各見之時，地有各見之指歸，若必以彼經所云及此經也，將執一而不能權兩安，其立無偏乎？」〔註96〕翁方綱本身對於《左傳》的說法並無批評，而是「以經解經」的方法在此處並非適用。

翁方綱進行引文後議論，對引文的內容是採取全然反對的，如〈井〉六四：

> 《黃氏日抄》引徐氏曰：「此在井壁，恐有井谷之處。因勉以『井甃，無咎』。」愚按：「六四下應於初，則以舊井對甃井，其義爲合。又近比於三，則以渫對甃，其義亦合。獨與二，實無關涉。不當以井谷相牽也。且井谷者，以水陋取喻之辭，徐氏語並不得井谷二字義矣。《釋文》、《字林》云：「甃，井壁也。」徐氏乃云：「此在井壁」，抑並不得井壁二字義矣。黃氏乃引此說，何也。〔註97〕

爻辭的「井甃」與《釋文》、《字林》所解釋的「甃」是兩個不同的語詞，意義也不相同。「甃」爲井壁，井甃則是經過修治過的井。以「井甃」來解說，則與舊井、井渫相應。對於《黃氏日抄》所引的井壁，於爻辭中解釋並不通順，翁方綱對此說法是反對的。又如〈解〉九四：

> 項氏曰：「以初爲朋，以拇即指四。云而者，汝也。四在震足之下，故爲拇。」按：此說既知而爲汝，而又以四爲拇，則於而字義不順矣。〔註98〕

項安世說法於字義不順，翁方綱亦以反對言之。

5、考證詳實

翁方綱重視出處的來源，若無來歷，則無法成爲舉證。對於來源的出處，翁方綱皆會善加比對、考證，以求來源之確實，如〈萃〉卦辭中，《本義》所引用的來源，翁方綱變作了詳細的考證：

> 《本義》引《祭義》「公假於太廟」。按：此在於〈祭統〉·衛孔悝之鼎銘曰：「六月下丁亥，公假於太廟。注：假，至也。」至於太廟，

〔註96〕〔清〕翁方綱：《復初齋文集》，卷一，〈經解目錄序二〉（臺北：文海出版社，1966年），頁93。

〔註97〕〔清〕翁方綱，柏克萊加州東亞圖書館編：《翁方綱經學手稿五種——易附記》，頁508。

〔註98〕〔清〕翁方綱，柏克萊加州東亞圖書館編：《翁方綱經學手稿五種——易附記》，頁380。

謂以夏之孟夏禘祭。然此在鐘鼎疑識之文，蓋多有之。〔註99〕

朱熹的《本義》中僅提到《祭義》的一小部份，翁方綱卻能明白指出於何處、何句，讓人見識到其治學嚴謹的程度。

又如〈鼎〉上九中的「鉉」字：

> 《釋文》鉉一音古螢反。按：此即扃字。《考工記》：匠人廟門，容大扃，七個闈門；容小扃，參個。注：大扃，牛鼎之扃，長三尺，每扃爲一個，七個丈一尺；小扃月鄉鼎之扃，長二尺，參個六尺。《儀禮·士冠禮》：設扃鼏。《釋文》：扃，古螢反；鼏，扛也。鼏，亡歷反。鼏，覆也。

翁方綱考「鉉」與「扃」之關係。引《釋文》、《考工記》、《儀禮·士冠禮》對鉉字義做了一番詳細考察。

（四）徵引的廣博

翁方綱於《易附記》中援引相當多的古籍，經史皆可見其採摭。十三經的部份，《詩經》、《尚書》、《春秋》、《左傳》、《論語》、《三禮》、《孟子》；易類相關書目，從兩漢到清代，是翁方綱引用比例最高的項目，亦是構成此書最主要的內容部份。小學方面：《爾雅》、《說文解字》、《方言》、《玉篇》、《字林》、《經典釋文》、《廣韻》；史書方面：《史記》《漢書》《後漢書》、《唐書》。

1、十三經

經類，在詩經爲：《詩·小雅》、《詩·采邑》、《詩·車攻》、《詩·斯干》、《詩·采薇》、釋〈困〉九二「朱紱方來」；《詩·豳風》釋〈漸〉九三「鴻漸於陸」

《書經》引《書·洪範》釋〈乾〉上九「亢龍有悔」。

《春秋經》釋〈益〉六四「利用依遷國」、釋〈困〉六三「困於石」。

《左傳》釋〈晉〉六二「愁如」。

《論語》釋〈睽〉六二「遇主於巷」。

《孟子》釋〈謙〉六五「不富，以其鄰」、釋〈隨〉「官有渝」。

《周禮》釋〈比〉卦辭、釋〈鼎〉上九「鼎玉鉉」。

《儀禮》〈士冠禮〉釋〈鼎〉上九「鼎玉鉉」、〈聘禮〉釋〈豐〉初九、〈觀禮〉釋〈豐〉九三。

〔註99〕〔清〕翁方綱，柏克萊加州東亞圖書館編：《翁方綱經學手稿五種——易附記》，頁443。

《禮記》〈祭統〉釋〈晉〉卦辭「康侯用錫馬」、〈明堂〉釋〈困〉九二「朱紱方來」。

2、易類相關著作

易學相關書籍，先秦：子夏

兩漢：孟喜、京房、荀爽、馬融、鄭玄、虞翻。

魏晉六朝：魏王肅、魏王弼，晉干寶、晉蜀才。

唐代：孔穎達、李鼎祚、郭京。

宋代：張載、程頤、朱熹、項安世、蘇軾、郭雍、朱震、李衡、黃震、
　　　趙彥肅、呂祖謙、王應麟、王宗傳、鄭汝楷、沈該、俞琰。

元代：胡一桂、胡炳文、吳澄、吳草廬、蕭漢中、王申子。

明代：來知德、顧炎武。

清代：惠棟、李光地、查慎行、徐文靖、胡煦。

整理為下表：

易 類 書 籍 引 用 書 目					
朝代	人　名	書　籍	朝代	人　名	書　籍
先秦	子夏	子夏易傳			
漢	孟喜	孟氏章句	漢	京房	京氏易傳
	馬融	馬氏易傳		鄭玄	鄭氏易傳
	荀爽	荀氏易傳		虞翻	虞氏易傳
魏	王肅	周易注	魏	王弼	周易注
晉	佚名	九家易	晉	蜀才	周易注
	干寶	周易注		王廙	周易注
唐	孔穎達	周易正義	唐	郭京	周易舉正
	李鼎祚	周易集解			
宋	張載	橫渠易說	宋	蘇軾	東坡易傳
	程頤	周易程傳		朱震	漢上易傳集
	郭雍	郭氏傳家易說		沈該	易小傳
	李衡	周易易海撮要		朱熹	周易本義 朱子語類
	呂祖謙	周易繫辭精義		鄭汝諧	東谷易翼傳
	趙彥肅	復齋易說		項安世	周易翫辭
	王應麟	周易鄭康成注 困學紀聞		王宗傳	童溪易傳
	黃震	黃氏日鈔		俞琰	周易集說

元	胡一桂	周易本義附錄纂注		元	胡炳文	周易本義通釋
	吳澄	易纂言			王申子	大易輯說
	蕭漢中	讀易攷原				
明	來知德	周易集注		明	顧炎武	易音
清	李光地	御纂周易折中		清	徐文靖	周易拾遺
	惠棟	易漢學 周易本義辯證 周易述			胡煦	周易函書 易約注
	查慎行	觝辭集解			錢澄之	田間易學

3、小學類

小學類方面，翁方綱相當重視。「《說文》、《爾雅》之訓詁，《釋文》之音義，釐然具存。」〔註100〕《爾雅》、《說文》、《方言》等書內的「古訓」是解經所必備的知識。但這些「古訓」卻不受到重視：

　　　學人狃於帖括之習，言塾師音義，幾不識古字、古訓爲何物。〔註101〕

再加上「邇年士大夫則又往往侈談復古，博稽篆、籀、古隸審定；《說文》、《爾雅》闡形聲、訂同異」，對於學子們鑽研於八股科舉內容，不思古字、古訓；士大夫們又於《說文》、《爾雅》等古書內尋求怪異文字，以爲博識，造成音義正訓被棄之一旁。用這樣的態度來學習經書，是不可能學習到聖人眞正的含意的。因此，翁方綱主張「夫學問之實，惟在識力正定而已。」〔註102〕

　　《爾雅》釋〈比〉卦「比」字義、〈釋地〉釋〈比〉卦「原」之義、〈釋
　　　　器〉釋剝卦「辨」字義、〈釋艸〉釋〈大過〉卦「黃」字義。

　　《說文解字》釋〈睽〉卦「睽」字義、〈睽〉九二「巷」字義、釋〈解〉
　　　　　　卦「解」字義、〈益〉卦「益」字義、〈夬〉卦九三「頄」
　　　　　　字義、〈夬〉卦九五「莧」字義。

　　《方言》釋〈艮〉六二「拼」字義、釋〈漸〉六四「桷」字義、釋〈大
　　　　壯〉卦「壯」字義。

〔註100〕〔清〕翁方綱：《復初齋文集》，卷一，〈詩考序異字箋餘序〉（臺北：文海出版社，1966 年），頁 84。

〔註101〕〔清〕翁方綱：《復初齋文集》，卷二，〈小學考序〉（臺北：文海出版社，1966年），頁 100。

〔註102〕〔清〕翁方綱：《復初齋文集》，卷二，〈小學考序〉（臺北：文海出版社，1966年），頁 101。

《玉篇》釋〈睽〉九二「巷」字義、釋〈睽〉六三「掣」字義、釋〈蹇〉
卦「蹇」字義、〈夬〉卦辭「號」音、〈升〉卦辭「允」字義。

《字林》釋〈井〉六四「甃」字義、〈豐〉九三「沬」字義。

《經典釋文》釋〈乾〉九三「厲」字義、釋〈屯〉初九「磐桓」字義、〈屯〉
六二「乘」字義、〈井〉九二「鮒」字義、〈井〉上九「井收」、
釋〈鼎〉九四「渥」字義。〈豐〉初九「旬」字義。

《廣韻》釋〈賁〉六五「戔」字義、釋〈睽〉卦「睽」字義、釋〈解〉卦
「解」音義、釋〈豐〉初九「蔀」字義、釋〈巽〉卦「巽」字義。

整理爲下表：

小 學 類 書 籍 引 用 書 目 暨 內 容		
朝　代	書　名	內　容
西漢	方言	1、〈艮〉六二「拼」字義 2、〈漸〉六四「桷」字義 3、〈大壯〉卦「壯」字義
西漢	爾雅	1、〈比〉卦「比」字義 2、〈釋地〉釋〈比〉卦「原」之義 3、〈釋器〉釋剝卦「辨」字義 4、〈釋艸〉釋〈大過〉卦「茦」字義
東漢	說文解字	1、〈睽〉卦「睽」字義 2、〈睽〉九二「巷」字義 3、〈解〉卦「解」字義 4、〈益〉卦「益」字義 5、〈夬〉卦九三「頄」字義 6、〈夬〉卦九五「莧」字義
南朝梁	玉篇	1、〈睽〉九二「巷」字義 2、〈睽〉六三「掣」字義 3、〈蹇〉卦「蹇」字義 4、〈夬〉卦辭「號」音 5、〈升〉卦辭「允」字義
唐	經典釋文	1、〈乾〉九三「厲」字義 2、〈屯〉初九「磐桓」字義 3、〈屯〉六二「乘」字義 4、〈井〉九二「鮒」字義 5、〈井〉上九「井收」 6、〈鼎〉九四「渥」字義 7、〈豐〉初九「旬」字義

宋	廣韻	1、〈賁〉六五「箋」字義 2、〈睽〉卦「睽」字義 3、〈解〉卦「解」音義 4、〈豐〉初九「蔀」字義 5、〈巽〉卦「巽」字義

4、史籍類

史類的書籍，相較於其他種類的書目，數量是較少的。

引用《史記》：〈臨〉卦辭引《史記・敘》、〈無妄〉卦辭引《史記春申君傳》、〈晉〉六二「愁如」引《史記》「憂愁、窮愁」之語、〈歸妹〉六三引《史記・天官書》、〈未濟〉卦辭引《史記春申君傳》。

引用《漢書》：〈屯〉九五引《漢書・谷永傳》、〈比〉初六引《後漢書・魯恭傳》、〈遯〉卦辭引《漢書》、〈損〉六五引《漢書・食貨志》、〈損〉上九引《漢書・五行志》、〈震〉九四引《漢書・五行志》、〈漸〉六二引《漢書・郊祀志》、〈旅〉九四引《漢書・王莽傳》及《漢書・敘傳》

引用《後漢書》：〈遯〉上九引《後漢書・張衡傳》、〈既濟〉九三引《後漢書西羌傳》。

引用《唐書》：〈震〉六二引《唐書・天文志》、〈巽〉卦引《唐書》。

第四章 《易附記》評論漢與清人之得失

　　惠棟是清初學人，家學背景與《易》極為密切。祖父惠周惕，父親惠士奇於《易》皆有著作，惠棟在此環境薰陶下，對於《易》學也用力頗深。關於《易》學的著作眾多。

　　《易傳》三卷一冊，為惠棟與惠士奇對於京房易學的評論。《鄭氏周易》三卷，為增補之作，主要是在宋王應麟輯鄭玄易的基礎上，再進行增補。《周易鄭注爻辰圖》一卷，為解釋鄭玄「爻辰」的易學觀點。《周易述》二十一卷，解釋經文之作，主要以虞翻、荀爽、鄭玄漢學家意見為主的著作。《易微言》二卷，解釋四十三條義理名目，如：元、無、愛、微等，蒐集條目，並給予考證。《易大義》二卷，又稱《易大誼》，即是惠棟的《中庸注》。《易例》二卷、《易法》一卷，闕。漢儒詮釋《易》的本例法則。《易正訛》一卷，闕。校正文字的著作。《禘說》、《周易本義辨証》、《周易講義合參》、《五經條辨義例》、《周易古義》。

　　翁方綱於《易附記》中，引用相當多學者的看法與意見。其中，對於惠棟的引用高達八十次，相對於朱熹一百二十次以上，項安世一百次以上，孔穎達四十次以上，惠棟算是翁方綱引用比例極高的一位學者。翁方綱所引用惠棟之說，共計七十九條，其中同意惠棟觀點佔了二十二條，反對其說佔了五十七條。

　　惠棟所著的《易漢學》整理了漢代易學家的學說，使得漢代易學能夠重見於世人，在其著作當中，也廣泛地引用漢代易學家的說法。翁方綱所引用的惠棟的說法，絕大多數是來自於《周易述》以及《周易本義辨証》這兩本著作。而對於戴震之說，翁方綱則全無引用，故本章節以討論惠棟以及孟喜、京房、虞翻等漢學家。

第一節　翁方綱與漢代易學家

　　惠棟在其《易漢學》一書當中，整理了相當多漢代易學家，如：孟喜、虞翻、京房、鄭玄、荀爽諸家的學說。主要目的爲「採輯遺聞，鉤稽考證，使學者得覈見漢儒之門徑。」〔註1〕根據惠棟的整理，主要的內容可以分爲：

　　　　在其《易漢學》中，其孟喜《易》二卷，通過卷上對卦氣、消息、四正、十二消息、辟卦、雜卦、卷下對推卦用事之例、六十四卦用事之例等問題之搜考，使孟氏《易》學以占驗災異爲主之特色得以重現；其虞翻《易》，通過後人書中所見虞翻注《易》之例，對虞氏《易》中之八卦納甲說、陰陽五行說進行蒐集；其京房《易》，對京房治《易》之納甲說與陰陽五行說相配合之思想予以發掘；其鄭玄《易》主論鄭氏之爻辰說，並對《鄭氏易注》、《乾鑿度鄭氏注》亦有所輯佚；其荀爽《易》，輯〈乾〉升〈坤〉降，《易》尚時中、九家逸象等說。在惠棟之努力下，漢代學者注《易》之源流與主張得以再現。〔註2〕

孟喜以「卦氣、消息、四正、十二消息、辟卦」內容構成其主要易學體系。虞翻以「八卦納甲說」爲其代表。京房則以「八卦六位圖」、「八宮卦次圖」、「世應」、「飛伏」爲主要核心。鄭玄以「爻辰說」爲其代表。荀爽以「升降說」、「易尚時中」爲代表。

　　惠棟《易漢學》一書中對孟喜、虞翻、京房、鄭玄、荀爽五人的學說做了詳盡的解釋，以下就根據《易漢學》的考察，對這五人的學說做一概要說明：

一、孟　喜

（一）卦氣圖說

　　西漢孟喜字長卿，東海蘭陵人，〔註3〕惠棟《易漢學》對西漢孟喜的主要學說內容在其「卦氣圖說」上。

〔註1〕　〔清〕永瑢，紀昀等撰：《四庫全書總目》，卷六，經部·易類六（臺北：臺灣商務印書館，《景印文淵閣四庫全書》，1983～1986年），頁1-151。

〔註2〕　尹彤雲：〈惠棟《周易》學與九經訓詁學簡評〉《寧夏社會科學》，第1期總80期，頁90，1997年。

〔註3〕　〔漢〕班固撰，〔唐〕顏師古注，楊家洛主編：《新校本漢書》（臺北：鼎文書局，1976年），頁3599。

卦氣圖說的內容包含了「消息」、「四正」、「十二消息」、「辟卦雜卦」、「推卦用事日」、「六十卦用事之月」、「唐一行開元大衍曆經」「七十二候」、「漢儒傳六日七分學」。根據惠棟所繪製的六日七分圖：〔註4〕

六日七分圖

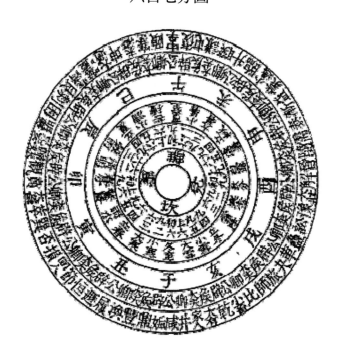

四正卦，即爲圖中最內部的圓。圓上代表春夏秋冬四個季節的卦，分別爲〈震〉、〈離〉、〈兌〉、〈坎〉四卦。此四卦，即爲四正卦。四正卦中，每卦六爻，共二十四爻，配以二十四節氣。剩下的六十卦（六十四卦扣除四正卦），即爲雜卦。而在雜卦（六十卦）中，以十二卦代表一年十個二月，此十二卦即爲十二消息卦，又稱爲十二辟卦。消爲陰長陽弱，息爲陽長陰弱。十月〈坤〉（䷁）爲純陰之卦，十一月陰消爲〈復〉（䷗），依此類推，十二月爲〈臨〉（䷒），一月爲〈泰〉（䷊），二月爲〈大壯〉（䷡），三月爲〈夬〉（䷪），四月爲〈乾〉（䷀）純陽之卦，從四月開始爲陰消，五月爲〈姤〉（䷫），六月爲〈遯〉（䷠），七月爲〈否〉（䷋），八月爲〈觀〉（䷓），九月爲〈剝〉（䷖）。十二卦中的每爻（6*12＝72）即和七十二候相配，「七十二候，即一年十二月

〔註4〕 〔清〕惠棟：《易漢學》（上海：商務印書館，1937年），頁2。

風雨寒溫規則反應於各類物候的總稱」，〔註5〕如惠棟所繪下圖〔註6〕所示：

卦氣七十二候圖

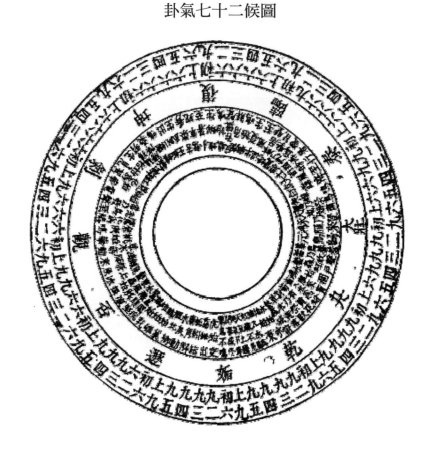

　　七十二候除了以十二消息卦的每一爻作爲搭配，亦有主張與辟卦六十卦相互搭配，即是「唐一行開元大衍歷經」所記載。將六十卦中的公爵等第「侯」的部份，一共有 12 處，「侯」位的十二卦分作內與外，即可順利成爲「七十二候」。一年三百六十五天，與六十卦相配，則每一卦得到的是六又八十分之七天，故稱爲六日七分。

（二）翁方綱評論

　　翁方綱引用《孟喜章句》的資料，僅有一條，〈夬‧九五〉：

　　　　孟喜章句：「莧陸獸名，夬有兌，兌爲羊也。」〔註7〕

〔註5〕　張善文：《象數與義理》（臺北：洪葉文化事業，1997 年），頁 96。

〔註6〕　〔清〕惠棟：《易漢學》（上海：商務印書館，1937 年），頁 5。

〔註7〕　〔清〕翁方綱，柏克萊加州東亞圖書館編：《翁方綱經學手稿五種——易附

翁方綱引此條來證明許慎《說文》「莧，山羊細角者，從兔足。讀若丸。」的說法爲正確。

《孟氏易》的引用並不多，這與《孟氏易》「隋唐後全書皆佚」〔註8〕的關係有關。根據《漢書・藝文志》的記載：「《易》章句孟氏二篇」。《隋書・經籍志》記載：「《周易》八卷。漢曲臺長孟喜章句，殘缺，梁十卷。」清代的考據之風大勝，輯佚工作也大有斬獲。對孟喜的輯佚有王謨輯《周易章句》一卷，孫唐輯《孟喜周易章句》一卷，張惠言輯《周易孟氏》一卷，黃奭輯《孟喜章句》一卷附逸象，胡薇元輯《周易孟喜章句附孟氏易圖》等人。相較於原本的十卷，僅輯佚至一卷，數量上是少了相當多，也難怪翁方綱在引用上的次數並不多。

孟喜學說，翁方綱僅有間接提及，並無仔細解釋，這些內容僅出現在兩處，分別是〈坤〉卦辭及〈泰〉卦辭兩處：

> 西南陰，東北陽。大義如此。其以卦位言者，亦概言象與方耳。至又以爻辰言，又以納甲、消息言者，固皆可通，而非必主爲正義矣。近日，惠氏《本義辨證》云：「〈復〉、〈臨〉、〈泰〉、〈大壯〉、〈夬〉、〈乾〉，主六月，謂之息卦；〈姤〉、〈遯〉、〈否〉、〈觀〉、〈剝〉、〈坤〉，主六月，謂之消卦。此漢儒十二辟卦之說。〈坎〉、〈離〉、〈震〉、〈兌〉爲四正卦，主四時，餘四十八卦爲雜卦。消息爲君，雜卦爲臣，四正爲方伯。此十二辟卦消息之說。

從這兩則引文來看，翁方綱對消息說、四正卦、十二辟卦等說法，並無持反對立場。第一則引文，翁方綱僅言「可通，而非必主爲正義」。可見，翁方綱是同意以這種方式來說解，但是這種方式並非「正義」。換言之，翁方綱可以接受這個說法，也同意這個說法的存在，但對於以此方式解經，翁方綱則認爲不必。第二則引文，翁方綱引惠棟《本義辨證》之語，但並未對此說法及內容有任何的批評。

二、京 房

京房（前 77～前 37 年），西漢人。京房字君明，東郡頓丘人。〔註9〕

記》，頁 425。

〔註8〕 潘雨廷：《讀易提要》（上海：上海古籍出版社，2006 年），頁 1。

〔註9〕 〔漢〕班固撰，〔唐〕顏師古注，楊家洛主編：《新校本漢書》（臺北：鼎文書

惠棟對京房的考察，主要集中在「八卦六位圖」、「八宮卦次圖」、「世應」、「飛伏」。

　　「八卦六位」是以八純卦的六爻配上五行、十天干與十二地支。惠棟根據《火珠林》所傳，製成「八卦六位圖」。每一純卦，皆引李淳風的說明作進一步說明，以下整理惠棟所繪至的「八卦六位圖」：〔註10〕

八　卦　六　位　圖							
兌屬金	艮屬土	離屬火	坎屬水	巽屬木	震屬木	坤屬土	乾屬金
▬ ▬	▬▬▬	▬▬▬	▬ ▬	▬▬▬	▬ ▬	▬ ▬	▬▬▬
丁未土	丙寅木	己巳火	戊子水	辛卯木	庚戌土	癸酉金	壬戌土
▬▬▬	▬ ▬	▬ ▬	▬▬▬	▬▬▬	▬ ▬	▬ ▬	▬▬▬
丁酉金	丙子水	己未土	戊戌土	辛巳火	庚申金	癸亥水	壬申金
▬▬▬	▬ ▬	▬▬▬	▬ ▬	▬ ▬	▬▬▬	▬ ▬	▬▬▬
丁亥水	丙戌土	己酉金	戊申金	辛未土	庚午火	癸丑土	壬午火
▬ ▬	▬▬▬	▬ ▬	▬ ▬	▬▬▬	▬ ▬	▬ ▬	▬▬▬
丁丑土	丙申金	己亥水	戊午火	辛酉金	庚辰土	乙卯木	甲辰土
▬▬▬	▬ ▬	▬ ▬	▬▬▬	▬▬▬	▬ ▬	▬ ▬	▬▬▬
丁卯木	丙午火	己丑土	戊辰土	辛亥水	庚寅土	乙巳火	甲寅土
▬▬▬	▬▬▬	▬▬▬	▬ ▬	▬ ▬	▬▬▬	▬ ▬	▬▬▬
丁巳火	丙辰土	己卯土	戊寅土	辛丑土	庚子水	乙未土	甲子水

由圖所知，第一行為八純卦，八純卦配以五行，八純卦下的六爻，由下至上分別為初爻至上九，每一爻配以五行與天干地支。

　　每卦所納的天干，〈乾〉納甲與壬，〈坤〉納乙與癸，〈艮〉納丙，〈兌〉納丁，〈坎〉納戊，〈離〉納己，〈震〉納庚，〈巽〉納辛。每爻所納的地支，此即為東漢魏伯陽、三國虞翻納甲的源頭。〈乾〉卦六爻，初六至上九，分別與子、寅、辰、午、申、戌。〈坤〉卦配未、巳、卯、丑、亥、酉。其後鄭玄爻辰之說，即從此出。

　　「八宮卦次圖」是一種六十四卦的排列方式，筆者根據惠棟所繪〈八宮卦次圖〉〔註11〕稍加修改，以利閱讀：

　　　局，1976年），頁3160。
〔註10〕本圖參考惠棟：《易漢學》的「八卦六位圖」重新繪製而成。
〔註11〕〔清〕惠棟：《易漢學》（上海：商務印書館，1937年），頁62～64。

世魂 八宮	一世（初爻變）	二世（二爻變）	三世（三爻變）	四世（四爻變）	五世（五爻變）	遊魂（四爻變）	歸魂（下卦變）
乾	姤	遯	否	觀	剝	晉	大有
震	豫	解	恒	升	井	大過	隨
坎	節	屯	既濟	革	豐	明夷	師
艮	賁	大畜	損	睽	履	中孚	漸
坤	復	臨	泰	大壯	夬	需	比
巽	小畜	家人	益	無妄	噬嗑	頤	蠱
離	旅	鼎	未濟	蒙	渙	訟	同人
兌	困	萃	咸	蹇	謙	小過	歸妹

　　左邊第一行，由〈乾〉至〈兌〉，為八純卦。〈乾〉宮初爻變，成一世卦〈姤〉；其後在一世卦的基礎上，二爻變，成為二世卦〈遯〉；三爻變，成三世卦〈否〉；四爻變，成四世卦〈觀〉；五爻變，成五世卦〈剝〉；至遊魂，上爻不變，若變則出宮，非乾宮，在五世卦的基礎上，轉而為四爻變，成〈晉〉；最後變下體三爻，成〈大有〉。由八宮卦次圖延伸出的概念有「世應」、「飛伏」。

　　所謂「世應」指的為該「世」所對應的爻，及其與之相「應」的爻。例如：乾宮的一世卦為〈姤〉，則初爻即為〈姤〉的「世」，與〈姤〉相「應」

的爻，即是四爻。同理可證，乾宮的二世卦爲〈遯〉，所變之爻爲第二爻，故第二爻爲〈遯〉之「世」，與第二爻相應的爻爲第五爻，故第五爻即爲〈遯〉之「應」。遊魂與歸魂，其世分別爲第四爻與第三爻，與四世卦與三世卦之「世」相同。遊魂與歸魂其「應」即在第一爻與第六爻。換言之，確定了「世」，即可找出「應」。一爻與四爻應，二爻與五爻應，三爻與六爻應，反之亦然。

所謂「飛伏」，朱熹的解釋爲：「凡卦見者爲飛，不見者爲伏。」〔註12〕換句話說，存在所見的稱之爲飛，消失不見者爲伏。飛伏的關係可以分爲三，第一是八純卦與八純卦之間。第二是一世卦至五世卦之間。第三是遊魂卦與五世卦的外卦二者爲飛伏；歸魂卦與遊魂卦內卦互爲飛伏。以下就分別討論這三種的飛伏關係。

第一種八純卦與八純卦之間：陰與陽相對者互爲飛伏，世爻爲上九、上六。如〈乾〉與〈坤〉陰陽相對，互爲飛伏。若〈乾〉飛則〈坤〉伏，世爻爲上九；〈坤〉飛則〈乾〉伏，世爻爲上六。同理，〈震〉與〈巽〉陰陽相對、〈坎〉與〈離〉陰陽相對、〈艮〉與〈兌〉陰陽相對。

第二種一世卦至五世卦：一世至三世內卦爲飛伏關係，四世、五世外卦爲飛伏關係。以乾宮一世卦〈姤〉爲例，一世卦表示初爻變，故內卦爲〈巽〉體，故飛在內〈巽〉，伏在內〈乾〉。再以〈震〉宮二世卦〈解〉爲例，二世卦表示二爻變，故內卦爲〈坎〉，飛在內〈坎〉，伏在內〈震〉。同理，以〈坎〉宮四世卦〈革〉爲例，四世卦表示四爻變，故外卦爲〈兌〉，飛在外〈兌〉，伏在外〈坎〉。

第三種爲遊魂卦與歸魂卦：遊魂卦爲五世卦基礎上，變動第四爻而成（爲外卦），故遊魂卦的第四爻爲飛，五世卦的第五爻爲伏（爲外卦）。換言之，遊魂卦的外卦與五世卦的外卦，前者爲飛，後者爲伏。同理可證，歸魂卦在遊魂卦的基礎上，變動下體三爻而成，故歸魂卦卦的內卦爲飛，遊魂卦的內卦爲伏。以〈巽〉宮遊魂卦爲〈頤〉爲例，〈頤〉是在五世卦〈噬嗑〉的基礎上，變動第四爻而成，故飛爲〈頤〉外艮，伏爲〈噬嗑〉內離。歸魂卦的〈蠱〉，是在遊魂卦〈頤〉的基礎上，變動下體內卦而成，故飛爲〈蠱〉的內巽，伏爲〈頤〉的內震。

翁方綱在其《易附記》當中，對於京房的世應、飛伏等重要學說內容，並無具體的引用以及提及相關說法。再加上翁方綱對京房的引用數量甚少，提出意見處更是少，因此翁方綱對京房的評價部份便不討論。

〔註12〕〔清〕惠棟：《易漢學》（上海：商務印書館，1937年），頁70。

三、鄭　玄

　　鄭玄（127〜200），東漢人。鄭玄字康成，北海高密人。〔註13〕鄭玄的學說爲「爻辰說」。「爻」，指的是〈乾〉〈坤〉兩卦的十二爻；「辰」，指的是十二爻所配的十二地支。惠棟《易漢學》中，繪製〈十二月爻辰圖〉：〔註14〕

（一）十二月爻辰圖

十二月爻辰圖

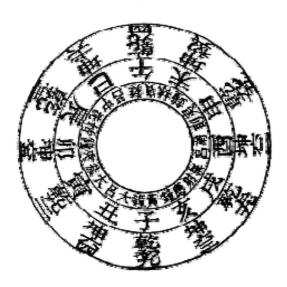

　　最外圍的爲〈乾〉、〈坤〉兩卦的十二爻，〈乾〉、〈坤〉六爻分別交錯排列。〈乾〉卦六爻配子、寅、辰、午、申、戌；〈坤〉卦六爻配未、巳、卯、丑、亥、酉。〈乾〉卦六爻與地支的搭配，與京房相同，〈坤〉卦六爻則與京房不同。最內圍的爲「十二律」，十二律爲中國音樂所使用的音律。鄭玄亦將十二律與〈乾〉、〈坤〉兩卦的十二爻相配。

　　除了〈十二月爻辰圖〉外，惠棟又繪製了〈爻辰所值二十八宿圖〉〔註15〕

　　〈爻辰所值二十八宿圖〉是〈乾〉、〈坤〉十二爻與二十四節氣、二十八宿相配。

〔註13〕〔宋〕範曄撰，〔唐〕李賢等注，楊家洛主編：《新校本後漢書》（臺北：鼎文書局，1976 年），頁 1207。

〔註14〕〔清〕惠棟：《易漢學》（上海：商務印書館，1937 年），頁 93。

〔註15〕〔清〕惠棟：《易漢學》（上海：商務印書館，1937 年），頁 95。

爻辰所值二十八宿圖

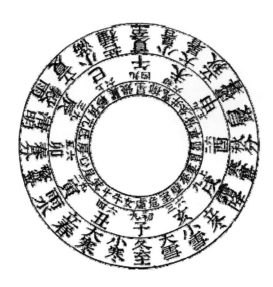

根據以上兩圖，可合併觀之，製成簡表，如下：

卦名	十二爻	十二辰	十二律	二十四節氣	二十八宿
乾	初九	子	黃鐘	大雪冬至	虛危
坤	六四	丑	大呂	小寒大寒	鬥牛女
乾	九二	寅	太簇	立春雨水	尾箕
坤	六五	卯	夾鐘	驚蟄春分	氐房心
乾	九三	辰	姑洗	清明穀雨	角亢
坤	上六	巳	中呂	立夏小滿	翼軫
乾	九四	午	蕤賓	芒種夏至	星張
坤	初六	未	林鐘	小暑大暑	鬼柳
乾	九五	申	夷則	立秋處暑	井參觜
坤	六二	酉	南呂	白露秋分	畢昂
乾	上九	戌	無射	寒露霜降	胃婁
坤	六三	亥	應鐘	立冬小雪	室壁奎

（二）翁方綱評論

翁方綱引用鄭玄的資料，主要來源有三：第一是來自於《經典釋文》、第二來自於鄭玄對三《禮》的注、第三是後人輯鄭氏《易》。

第一種，來自於《經典釋文》：

「朋盍簪」，王注：「簪，疾也。」《釋文》引《子夏傳》：「疾也。」

鄭云：「速也。」蓋「疾速」之訓，最古矣。〔註16〕〈豫・九四〉

《釋文》夷於如字，子夏作睇。鄭陸同云：旁視曰「睇」，京作「眱」。

〔註17〕〈明夷・六二〉

此外尚有〈屯〉六二、〈師〉卦辭、〈比〉上六、〈小畜〉九三、〈無妄〉卦辭、〈坎〉六四、〈咸〉六二、〈咸〉九五、〈睽〉卦辭、〈睽〉六五、〈萃〉卦辭、〈萃〉初六、〈井〉卦辭都可見《經典釋文》中引鄭注之例。

第二種，來自於鄭玄注三《禮》：

按：《禮記祭統》：「康周公，故以賜魯也。」鄭氏注：「康，猶襃大也，《易晉卦》曰『康侯用錫馬』。」鄭氏此注條云：「康，猶襃大也，」此當爲康字正解。〔註18〕〈晉卦辭〉

《觀禮・疏》云：「凡卦爻二至四，三至五兩體交互各成一卦，先儒謂之互體。」故鄭「隨其義」注云：「三〈艮〉爻，〈艮〉爲手，互體爲〈巽〉。〈巽〉又爲進退，手而便於進退，右肱也。」〔註19〕〈豐・九四〉

此外，尚有〈比〉卦辭〈坎・六四〉、〈坎・上六〉、〈咸〉卦辭、〈大壯〉卦辭、〈晉〉卦辭、〈鼎・九四〉、〈豐・九三〉、〈豐・九四〉、〈旅・六二〉、〈中孚〉卦辭、〈中孚・上九〉。

第三種，後人輯鄭氏《易》：

輯鄭氏《易》者，此一條云：「九二，〈坎〉爻也。〈坎〉爲水，上直〈巽〉。九三，〈艮〉爻也。〈艮〉爲山，山下有井，必因谷水所生魚，無大魚但多鮒魚耳。言微小也。夫感動天地，此魚之至大。射鮒井谷，此魚之至小，故以相況。」〔註20〕〈井・九二〉

〔註16〕〔清〕翁方綱，柏克萊加州東亞圖書館編：《翁方綱經學手稿五種——易附記》，頁137。

〔註17〕〔清〕翁方綱，柏克萊加州東亞圖書館編：《翁方綱經學手稿五種——易附記》，頁333。

〔註18〕〔清〕翁方綱，柏克萊加州東亞圖書館編：《翁方綱經學手稿五種——易附記》，頁316。

〔註19〕〔清〕翁方綱，柏克萊加州東亞圖書館編：《翁方綱經學手稿五種——易附記》，頁593。

〔註20〕〔清〕翁方綱，柏克萊加州東亞圖書館編：《翁方綱經學手稿五種——易附記》，頁505～506。

　　鄭氏曰：「愈上而愈不遇。」〔註21〕〈小過・上六〉

此外尚有〈小畜〉卦辭、〈同人〉卦辭、〈同人・六二〉、〈升〉卦辭、〈頤〉卦辭、〈坎・上六〉、〈咸〉卦辭、〈大壯〉卦辭、〈家人・九三〉、〈鼎・上九〉、〈豐・初九〉、〈豐・九三〉、〈未濟・九四〉。

　　集古文經、今文經之大成的鄭玄，雖遍注群經，但在治經上成就最高的是三《禮》。孔穎達曾言「禮是鄭學」，〔註22〕更看出鄭玄於三《禮》的成就非凡。「他遍注群經、精於三《禮》、是集今古文、訓詁之大成者。」〔註23〕

　　集訓詁之大成者，故翁方綱大量引用鄭玄注來注解經文，同時鄭玄喜歡以禮詁經，乃受其注三《禮》之影響。至於鄭玄的爻辰說，翁方綱則無任何相關引用。

1、引鄭注解經

　　鄭氏集訓詁之大成，其注解經文的字義，也被翁方綱所用。這與翁方綱強調「古訓不可廢」有極大關聯。翁方綱既強調「古訓不可廢」，鄭玄又是集大成者，自然鄭玄的說法就有相當高的參考價值。鄭玄注經文的字義，收錄於經典釋文之處佔了大多數：

　　《釋文》：「畜，敕六反。積也，聚也。」鄭：「許六反，養也。」〔註24〕〈小畜卦辭〉

　　「朋盍簪」，王注：「簪，疾也。」《釋文》引《子夏傳》：「疾也。」鄭云：「速也。」蓋「疾速」之訓，最古矣。〔註25〕〈豫・九四〉

　　《釋文》：枯如字，鄭音姑謂無姑山榆。稊楊之秀也。鄭作荑，木更生，音夷，謂山榆之實。〔註26〕〈大過・九二〉

〔註21〕〔清〕翁方綱，柏克萊加州東亞圖書館編：《翁方綱經學手稿五種——易附記》，頁694。

〔註22〕〔漢〕鄭玄注，〔唐〕孔穎達疏：《禮記注疏》，收入《重刊宋本十三經注疏附校勘記》（臺北：藝文印書館，1965年），頁279-1。

〔註23〕李威熊：《中國經學發展史論》（臺北：文史哲出版社，1988年），頁148～151。

〔註24〕〔清〕翁方綱，柏克萊加州東亞圖書館編：《翁方綱經學手稿五種——易附記》，頁71。

〔註25〕〔清〕翁方綱，柏克萊加州東亞圖書館編：《翁方綱經學手稿五種——易附記》，頁137。

〔註26〕〔清〕翁方綱，柏克萊加州東亞圖書館編：《翁方綱經學手稿五種——易附記》，頁245。

《釋文》：腜，心之上，口之下。鄭云：背脊肉也。〔註27〕〈咸‧九五〉

按：鄭氏曰：「鬯，秬酒芬芳條鬯，因名焉。」鄭義言秬酒芬芳則香草義，固在內矣。胡氏曰：「以鬱金草和酒。」朱子《本義》：「以秬黍酒和鬱金，」其義一也。〔註28〕〈震卦辭〉

上述四條，可見鄭玄說法被引用的情況。

2、好援禮詁經

鄭玄喜歡引《禮》注《易》，這當然與他注三《禮》有關。雖在注《禮》上面得到非凡成就，但注三《禮》與注《易》實有不同，二者不能混為一談，如〈坎〉上六：

叢棘，《孔疏》謂：「謂囚執之處，以棘叢而禁之也。」此說是也。

鄭氏謂：「三五互艮，艮為門闕，於木為多節，多節之木，是天子外朝，左右九棘之象也。」此說非也。《周官‧朝士》，鄭注亦引此，此鄭氏好援禮以詁經，其實經義不然也。〔註29〕〈坎‧上六〉。

〈坎〉上六「置於叢棘」，鄭玄以《周官‧朝士》來解叢棘二字，但經義並非如此，《孔疏》之說才符合爻義。

又如〈晉卦辭〉，以《禮記‧祭統》之語釋爻辭「康侯」：

按：《禮記‧祭統》：「康周公，故以賜魯也。」鄭氏注：「康，猶襃大也，《易晉卦》曰『康侯用錫馬』。」鄭氏此注條云：「康，猶襃大也，」此當為康字正解。〔註30〕

又如〈豐〉初九：

鄭康成曰：「初脩禮，上朝四，四以匹敵，恩厚待之，雖留十日不為咎。正以十日者，朝聘之禮。止於主國以為限，聘禮畢歸。大禮曰旬，而稍旬之外為稍，久留非常。……鄭氏每多援禮以說經，此其

〔註27〕〔清〕翁方綱，柏克萊加州東亞圖書館編：《翁方綱經學手稿五種——易附記》，頁 287。

〔註28〕〔清〕翁方綱，柏克萊加州東亞圖書館編：《翁方綱經學手稿五種——易附記》，頁 536。

〔註29〕〔清〕翁方綱，柏克萊加州東亞圖書館編：《翁方綱經學手稿五種——易附記》，頁 271。

〔註30〕〔清〕翁方綱，柏克萊加州東亞圖書館編：《翁方綱經學手稿五種——易附記》，頁 316。

允協者矣。」〔註31〕

又如〈咸〉卦辭：

> 鄭康成所謂「三十之男，二十之女」，是以嫁娶之理，當在少女、少
> 男之時。此說是也。男子三十而壯，原不盡以少男例之，然此亦大
> 概言初昏之義，猶曰：初昏之男云，亦少男少女之義，只合如此，
> 不得議。鄭氏好援禮以詁經也。〔註32〕

援禮詁經爲鄭玄解易的特色之一，晚清學者皮錫瑞在《經學通論》一書中提到：

> 鄭學最精者《三禮》，其注《易》亦據《禮》以証《易》義廣大，無
> 所不包。據《禮》証《易》，以視陰陽術數，實遠勝之。〔註33〕

援禮詁經，使得《易》義在陰陽術數之外，又增加另外一種詮釋，可讓《易》
的內容更豐富與充實。然而，以禮注易但終究非正統。從翁方綱評〈豐〉初
九言「鄭氏每多援禮以說經，此其允協者矣」可看出，鄭玄在援禮詁經上的
缺失，就是會有不允協之處。不允協，其實就是與經義有所不合。就範圍而
言，《易》的範圍包含較廣，《禮》的範圍較窄，援禮注經固然有其得宜之處，
但未必皆都適合。如果處理不當，勢必會「窄化經文」、「偏離經文」、「誤解
經文」。〔註34〕最後變成爲解經而解經，那就悖離眞正經文的意義了。

3、爻辰說無引用

爻辰一辭出現在書中，僅有兩次。一次在〈坤〉卦辭中出現，一次在〈困·
九二〉爻辭中出現：

> 西南陰，東北陽。大義如此。其以卦位言者，亦概言象與方耳。至
> 又以爻辰言，又以納甲、消息言者，固皆可通，而非必主爲正義矣。
> 〔註35〕〈坤卦辭〉

> 鄭氏注又云：「離爲火，火色赤，四爻辰在午時，離氣赤，爲朱是

〔註31〕〔清〕翁方綱，柏克萊加州東亞圖書館編：《翁方綱經學手稿五種——易附
記》，頁584。

〔註32〕〔清〕翁方綱，柏克萊加州東亞圖書館編：《翁方綱經學手稿五種——易附
記》，頁282～283。

〔註33〕〔清〕皮錫瑞：《經學通論》〈易經·論鄭荀虞三家之義鄭據禮以證易學者可
以推補不必推補爻辰〉（北京：中華書局，1954年），頁易經-二十一。

〔註34〕劉舫：〈論鄭玄的「以禮注易」〉《周易研究》第一期，（2009年），頁43～
44。

〔註35〕〔清〕翁方綱，柏克萊加州東亞圖書館編：《翁方綱經學手稿五種——易附
記》，頁17。

也。文王將王，天子制用朱韍。」據此，則鄭氏固以天子爲朱韍
矣。〔註36〕〈困・九二〉

第一條指出，以爻辰的詁經方式，「非必主爲正義」，換言之，翁方綱亦瞭解
這些說法的存在，可當或說存在而非主要解經之途。第二條僅是提到爻辰，
但翁方綱對爻辰二字並未多作解釋，僅是以鄭玄這條對朱韍看法爲何。

四、荀　爽

　　荀爽（128～190），三國時人，惠棟對荀爽的學說研究，集中在「升降說」、
「時中說」兩部份。

（一）升降說

　　所謂的「升降說」：

> 荀慈明論易，以陽在二者當上升〈坤〉五爲君，陰在五者當降居
> 〈乾〉二爲臣，蓋〈乾〉升爲〈坎〉，〈坤〉降爲〈離〉，成〈既濟〉
> 定，則六爻得位，〈乾・象〉所謂各正性命，保合太和，利貞之道
> 也。〔註37〕

荀爽的「升」指的是下卦陽爻第二爻當升至上卦五爻；「降」指的是上卦陰爻
五爻當降至下卦二爻。乾爲陽，坤爲陰，又可稱乾升坤降。

　　〈乾〉、〈坤〉二卦爲基本，由這兩卦進行升降，方能變化出六十四卦。〈乾〉
九二上升至〈坤〉六五，變成爲〈坎〉；〈坤〉六五下降至〈乾〉九二，則爲
〈離〉。上〈坎〉下〈離〉爲〈既濟〉，上〈離〉下〈坎〉爲〈未濟〉，〈既濟〉、
〈未濟〉二卦爲下經之終，〈坎〉〈離〉二卦爲上經之終，「乾坤兩卦爻位的升
降成了八卦和六十四卦的基礎，唯其『乾升坤降』，方能做到如〈乾・象〉所
說得那樣。」〔註38〕

（二）易尚時中說

　　「易尙時中說」，易道即是時與中的結合，從升降說而來，從二爻與五爻
的爻位升降，陰陽各得其位，最終以中和爲目標。〈繫辭傳〉上：「天下之理
得，而成位乎其中矣。」荀爽注：「陽位成於五，五爲上中；陰位成於二，二

〔註36〕〔清〕翁方綱，柏克萊加州東亞圖書館編：《翁方綱經學手稿五種——易附記》，頁 477～478。
〔註37〕〔清〕惠棟：《易漢學》（上海：商務印書館，1937 年），頁 105。
〔註38〕李開：《惠棟評傳》（南京：南京大學出版社，1997 年），頁 235。

爲中下，故易成位乎其中也。」〔註39〕此處，更明顯看出，藉由陰陽的升降，使陰陽得其位，如此才是理得、才是中和。

（三）翁方綱評論

翁方綱引荀爽的說法共有十九處，〈乾・九二〉、〈師・九二〉、〈比・上六〉、〈否・六三〉、〈否・九四〉、〈謙〉卦辭、〈履・九四〉、〈咸・六二〉、〈遯〉卦辭、〈家人・初九〉、〈蹇〉卦辭、〈蹇・六四〉、〈否・九四〉、〈升〉卦辭、〈升・初六〉、〈困・九五〉、〈井〉卦辭、〈渙〉卦辭、〈中孚・六三〉。這十九條中，翁方綱亦引荀爽升降說作爲解經的方式之一，但並不認爲卦爻辭皆可以升降說來解釋。換言之，翁方綱同意「升降說」的內容，也同意以「升降說」來解經。但若是每卦每爻皆使用升降說來解釋，則有泥於此中之弊。

1、引升降說解經

升降說主要是以〈乾〉升〈坤〉降作爲主要依據，亦有〈乾〉降〈坤〉升之時，如〈謙〉卦辭：

> 荀氏亦謂：「乾來之坤故下濟。」侯氏謂：「〈乾〉來居〈坤〉三，
> 是天道下濟而光明；〈坤〉上升乾位是地道卑而上行，」皆可相發。
> 〔註40〕

〈謙〉（䷎）卦，上卦爲坤，下卦爲山，〈象〉傳曰：「天道下濟而光明，地道卑而上行。」〈乾〉居坤三，雖爲〈乾〉降，但是在〈謙〉卦之中，卻是應當。象徵天的〈乾〉本應在上，但卻能夠下濟，不僅表示能謙，更能顯現出其光明。同理，〈坤〉本當降，但在〈謙〉卦當升至上卦，陰氣才能與下卦陽相交。

又如〈夬〉九三：

> 荀慈明曰：「獨行謂一爻獨上與陰相應，爲陰所施，故遇雨。雖爲陰
> 所濡，能慍不悦得無咎也。」荀氏此條甚善。〔註41〕

〈夬〉九三爻辭「獨行遇雨，若濡有慍，無咎。」以升降說來解此爻，「獨行」指的是九三陽爻，遇雨指的是上六陰陽，陽升而遇陰，陰陽相遇而成雨。雖

〔註39〕〔清〕李道平撰：《周易集解纂疏》（北京：中華書局，1994年），頁547。

〔註40〕〔清〕翁方綱，柏克萊加州東亞圖書館編：《翁方綱經學手稿五種——易附記》，頁127～128。

〔註41〕〔清〕翁方綱，柏克萊加州東亞圖書館編：《翁方綱經學手稿五種——易附記》，頁422。

被雨淋濕,生氣不悅,但依舊無咎。

2、不可過執升降之說

升降說亦能合理詮釋卦爻辭,故爲翁方綱所接受。但並非每爻都能以此方式解釋,過份拘泥於此則就有弊,如〈升〉卦辭:

> 荀爽曰:「大人、天子,謂升居五見爲大人。群陰有主,又謂二以剛居中而來應五,故能大亨。上居尊位。」凡此諸說皆泥執陽爻以言升,遂不免語有過當而不謂通經。〔註42〕

「過當」是翁方綱對荀爽解此爻的評價,「過當」表示正確但卻是超過正確。荀爽以陽爻升來解釋此卦卦辭,雖合語意,但卻過於狹隘。

又如〈履〉九四:

> 「突如其來如」五字爲句,荀氏以陽升居五爲突如之訓,又以陰退居四爲其來如之訓,非也。〔註43〕

爲了配合升降說的解釋,將斷句斷爲「突如,其來如」。事實上與爻辭本身斷句不相符,「突如其來如」五字爲句方符合爻意。

升降說爲另一種詮釋義理的方式,可以合理解釋卦爻辭時,不失爲一種詮釋方式;但若無法合理詮釋時,爲了配合這個說法,而使詮釋的範圍變得窄小或是改動經文,這都不是一個好的方式。

五、虞 翻

虞翻(170~239年),三國時吳國人。虞翻字仲翔,會稽餘姚人。〔註44〕惠棟考察其學說,主要內容爲「八卦納甲說」、「逸象說」。

(一)八卦納甲

「納甲」是將十天干與八卦二者比附的一種方法。納甲最早出現在西漢京房《京氏易傳》,其後「東漢爲伯陽作《周易參同契》,採用京說,比附月魄盈縮,以建立其鼎爐修煉的理論」,〔註45〕「虞翻的納甲條例,即直接援用

〔註42〕〔清〕翁方綱,柏克萊加州東亞圖書館編:《翁方綱經學手稿五種——易附記》,頁 457~458。

〔註43〕〔清〕翁方綱,柏克萊加州東亞圖書館編:《翁方綱經學手稿五種——易附記》,頁 277。

〔註44〕〔晉〕陳壽撰,〔宋〕裴松之注,楊家洛主編:《新校本三國志》(臺北:鼎文書局,1976 年),頁 1317。

〔註45〕張善文:《象數與義理》(臺北:洪葉文化事業,1997 年),頁 136。

《周易參同契》之說，衍生爲解《易》的一種重要手法。」〔註 46〕惠棟考察虞翻「八卦納甲」之說，繪製成下圖：〔註47〕

八卦納甲之圖

由上圖所知〈乾〉納甲與壬，〈坤〉納乙與癸，〈艮〉納丙，〈兌〉納丁，〈坎〉納戊，〈離〉納己，〈震〉納庚，〈巽〉納辛。從納甲之說，可以推衍出「五位相得而各有合」：

> 仲翔曰：五位謂五行之位。甲乾乙坤，相得合木，謂天地定位也。
> 丙艮丁兌，相得合火，山澤通氣也。戊坎己離，相得合土，水火相
> 逮也。水火相逮合土。參同契所謂二物一家，都歸戊己也。庚震辛巽，相得
> 合金，雷風相薄也。天壬地癸，相得合水。荀爽言：建亥月乾坤合居，
> 言陰陽相薄，而戰於乾，故五位相得而各有合。〔註48〕

五位爲五行，將納甲與五行比附，甲乙相合爲木，故爲東；丙丁相合爲火，故爲南；戊己相合爲土，故爲中，庚辛相合爲金，故爲西；壬癸相合爲水，故爲北。東西南北中五個方位，與五行木火土金水相配合宜，故稱「相得而各有合」。

〔註46〕張善文：《象數與義理》（臺北：洪葉文化事業，1997 年），頁 138。
〔註47〕〔清〕惠棟：《易漢學》（上海：商務印書館，1937 年），頁 37。
〔註48〕〔清〕惠棟：《易漢學》（上海：商務印書館，1937 年），頁 46。

（二）逸象說

惠棟以「虞氏逸象」來稱呼虞翻解卦時所延伸出的象。所謂「逸象」，指「在漢代《易》學研究資料中，出現了許多〈說卦傳〉中所沒有的八卦喻象，《易》學家稱之爲『逸象』。」〔註49〕根據惠棟在《易漢學》一書中，對虞氏逸象的統計，共爲「三百三十一，乾六十，坤八二，震五十，坎四十六，艮三十八，巽二十，離十九，兌九。」〔註50〕

（三）翁方綱評論

翁方綱對於虞翻在解易上，對虞翻所使用的「卦變」、「逸象」，是他堅決反對的。

1、反對卦變之說

卦變之說，如〈震〉卦辭：

> 虞仲翔謂：「〈震〉從〈臨〉來，二陽之四『虩虩』謂四也。來應初，初命四變，而來應已四，失位多懼，故『虩虩』之內曰來也。」按：虩虩，自以震驚卦義言之，豈以二四之變言之？且如〈震〉自〈臨〉來，則是八卦自六十四卦來矣，有是理乎？〈震〉來自統合全卦之義言之，而謂四爻自外之內，有是義乎？凡爲漢學者多此類也。而此尤其最著者。〔註51〕

虞翻以〈震〉自〈臨〉來，因此將「虩虩」的原因歸咎於失位。對於這樣的解釋，翁方綱有不同的看法。翁方綱認爲，「虩虩」的原因出自於「震驚」，由卦義即可看出，不必再以卦變失位之語論之。同時，〈震〉，爲八純卦之一，若說〈震〉自〈臨〉來，〈臨〉爲六十四卦之一，翁方綱認爲，豈有六十四卦先存有而後才有八純卦？以此之說駁斥卦變之說。不僅是這一條的卦變之說，凡卦變之說，翁方綱皆不同意。

2、反對逸象的使用

虞翻解易喜用「象」來解釋，但這些取象之說，多是附會、推衍而來，非該卦、該爻所有之象。如〈坤〉卦辭「利牝馬之貞」：

> 孔疏：「牝對牝爲柔；馬對龍爲順。」此兩言足矣。不必復執虞翻謂

〔註49〕張善文：《象數與義理》（臺北：洪葉文化事業，1997年），頁144。

〔註50〕〔清〕惠棟：《易漢學》（上海：商務印書館，1937年），頁53。

〔註51〕〔清〕翁方綱，柏克萊加州東亞圖書館編：《翁方綱經學手稿五種——易附記》，頁533～534。

「震爲馬」也。凡言荀、虞諸家，取象者皆視此。〔註52〕

〈坤〉卦卦辭中的「利牝馬之貞」，即以〈坤〉卦卦象言之即可，〈坤〉爲陰爲柔爲順，故以牝馬言之。而虞翻以「震爲馬，初動得正，故利牝馬之貞」〔註53〕之說，相較於直接從爻辭上來說明，來得複雜許多。

又如〈屯〉六二，虞翻指「坎爲寇」：

> 按：虞謂「坎爲寇」者，此漢儒取象之說，不必泥也。而其以寇指
> 五，則確不可易也。諸家或以匪寇指初者，皆失之矣。〔註54〕

六二爻辭「匪寇婚媾」，指出上卦五爻爲寇，故六二「匪寇」。五爻爲寇爲是，但以坎爲寇，事實上從坎卦，實在無從見到有「寇」之象。這種說法翁方綱則認爲「不必泥」。

又如〈同人〉卦辭、〈同人〉六二爻辭：

> 虞翻又以〈震〉爲人，則「人」字取象紛出矣。〔註55〕

> 至若虞翻以〈乾〉爲宗，又以〈乾〉爲門，則惠氏申之，以〈乾〉、
> 〈坤〉其《易》之門也。其支離假借至於如此。〔註56〕

上述二條，取象之說紛雜，甚至附會，翁方綱不從。

又如〈恆〉九四：

> 九四，田無禽。禽，虞氏曰：「以田指二，謂地上稱田。」此諸家所
> 不從也。然此亦漢學易家逐虛、傅會之一驗矣。〔註57〕

虞翻會以田指二，乃因二屬三才中的地。這樣的說法亦屬附會，翁方綱亦不從。

取象之說本存於十翼之中，〈象〉傳即是取象而來。翁方綱亦同意以象來解卦，但取象是有原則的：

〔註52〕〔清〕翁方綱，柏克萊加州東亞圖書館編：《翁方綱經學手稿五種——易附記》，頁16。

〔註53〕徐芹庭撰：《虞氏易述解》（臺北：五洲五版社，1974年），頁73。

〔註54〕〔清〕翁方綱，柏克萊加州東亞圖書館編：《翁方綱經學手稿五種——易附記》，頁26。

〔註55〕〔清〕翁方綱，柏克萊加州東亞圖書館編：《翁方綱經學手稿五種——易附記》，頁110。

〔註56〕〔清〕翁方綱，柏克萊加州東亞圖書館編：《翁方綱經學手稿五種——易附記》，頁113～114。

〔註57〕〔清〕翁方綱，柏克萊加州東亞圖書館編：《翁方綱經學手稿五種——易附記》，頁292。

《朱子語錄》謂：「『田有禽』，須是此爻有此象，但今不可考。」按：

朱子此言，可爲讀《易》之法矣。〔註58〕

所謂讀易之法需是有此象才可爲象，若否則不可以爲象。若是推衍、附會而來之象，更不可從：

後來講家甚至併孔子十傳之文，亦一一傅合取象，而荀九家、虞逸象推廣徵引，類出不窮。以致凡說經文者，觸目皆象，無一字一句之非象，其亦可謂固矣。〔註59〕

此處看出逸象的使用，往往非合聖人經義，已達到附會、推廣的程度，早已超出原本已存有的內容，這樣的內容不僅違反經義原有內容，更重要的是：

是乃虞氏所傳逸象之說，豈必有定例足援據乎？〔註60〕

若以逸象來釋卦，那麼根據爲何？規則從何而來？若無憑無據，單憑講家一人視卦辭、爻辭之需要，無限擴充象之可能，那這樣的解經之法是否還有令人信服之理？

　　翁方綱對於虞翻取象的態度，基本上是不贊同：

白雲郭氏曰：「《易》以象言，則一卦一爻之內，天地萬物無不具焉。聖人或取諸身，或取諸物，特舉其一以言之耳。理不能盡也，如〈艮〉，則取諸身，〈漸〉則取諸鴻。非〈艮〉之象不在物，而〈漸〉之象不在人也。故卦言女歸象言進位，爻言鴻漸，互相發明，無嫌於不同也。世之論象者，率拘於〈說卦傳〉所已言八卦之象，其所不言者，不能明也。且〈震〉爲龍而〈乾〉稱龍；〈乾〉爲馬而〈坤〉稱馬；〈坤〉爲牛而〈離〉稱牛，皆非〈說卦〉所言之象。〈說卦〉不言鴻而漸稱鴻，故知《易》之取象天地萬物無不具。聖人亦不能盡言〈說卦〉所言者，但略舉其概，使人知所謂象者如此，貴夫觸類而長之也。」白雲此條極通可作《易》象之凡例也。彼固執漢學，墨守虞荀之義者，聞此言當之所改轍矣。〔註61〕

〔註58〕　〔清〕翁方綱，柏克萊加州東亞圖書館編：《翁方綱經學手稿五種——易附記》，頁53。

〔註59〕　〔清〕翁方綱，柏克萊加州東亞圖書館編：《翁方綱經學手稿五種——易附記》，頁22。

〔註60〕　〔清〕翁方綱，柏克萊加州東亞圖書館編：《翁方綱經學手稿五種——易附記》，頁465。

〔註61〕　〔清〕翁方綱，柏克萊加州東亞圖書館編：《翁方綱經學手稿五種——易附記》，頁556。

〈說卦〉所言之象只是略舉其要，爲示例而非盡其卦象，漢學家卻拘泥於〈說卦〉之象，反而使《易》象被拘泥。漢學家拘執固有卦爻象，反而限制住《易》中無所不包的道理。

第二節　贊同惠棟

　　分析翁方綱於上下經中，引用惠棟的七十九條資料，同意的部份佔了二十二條，這二十二條分別爲：〈屯〉九五、〈比〉初六、〈比〉六三、〈比〉上六、〈豫〉九四、〈臨〉卦辭、〈臨〉六三、〈復〉六二、〈坎〉初六、〈大壯〉九三、〈晉〉卦辭、〈家人〉九二、〈睽〉九五、〈睽〉上九、〈損〉六五、〈井〉上六、〈震〉六三、〈豐〉初九、〈豐〉九三、〈渙〉卦辭、〈小過〉卦辭、〈未濟〉九四，共計二十二條。

　　對惠棟解《易》的贊同，主要是在義理的詮釋精當，以及考證的詳實深入兩方面。關於第一點，惠棟對義理的詮釋，深受虞翻、荀爽、鄭玄等漢學家影響。漢學者解《易》意見，常常出現在惠棟的引文中，在惠棟眾多引用當中，多半受到翁方綱的批評，但有極少部份是得到翁方綱讚許。得到讚許的部份，往往又與第二點有關——考證的詳實深入。惠棟往往會將引用的漢學家說法，再進行更深入的考證，以期使內容更爲豐富，其中有些考證相當詳實與精彩，深受翁方綱肯定。

　　惠棟的詳細考證，不僅於義理上的暢達，考證的豐富證據，使得詮釋義理的過程中並非無的放矢，而是有憑有據，這樣的方式，與翁方綱本身治學歷程相符，「兼採漢宋」不偏廢其一，故得到翁方綱看重。不因爲惠棟爲漢學，就全盤否定其說，其說之長亦會採用。

　　另一種同意惠棟的情況是，翁方綱在詮釋《易》理時，亦會提出自己的看法，或是其他學者的意見，若惠棟的說法有相切合之處，翁方綱亦會引用惠棟意見作爲補充。這種對惠棟說法，並無任何批評，筆者亦將這種說法歸入爲贊同的說法中。

　　翁方綱對惠棟的贊同，根據所引用惠棟的資料分析，約有下列幾點：

一、義理與典籍的考據密切結合

　　翁方綱解《易》，重視經傳文本，解《經》需融會《傳》，二者相合才能

成立，「凡讀傳注，必以經爲主」、「細玩〈彖〉傳、〈象〉傳、〈繫辭傳上下傳〉、
〈說卦〉、〈文言傳〉以用之不盡已」。〔註62〕除了回歸經傳，能讓義理明白，
若能從典籍中找出證據證明說法，得到的結論更是確信無疑。這種驗證的方
式，不僅是翁方綱所重視，也是考據學上重要的方式。

　　如〈屯・九五〉，釋「屯其膏」，引《詩經》作爲佐證：

　　　　惠氏《本義辨證》云：「屯其膏，膏謂雨，坎在下爲雨，雷雨解是也。
　　　　在上爲雲，雲雷屯是也。密雲不雨，故曰：『屯其膏。』《詩》曰：『陰
　　　　雨膏之。』雲行雨施，〈象〉曰：『施未光。』」按：惠氏此條本於虞
　　　　翻云：「坎雨稱膏。」《詩》：「陰雨膏之。」是其義也。漢學取象之
　　　　說，若皆以此條，則又何所疑乎？〔註63〕

此條則是對惠棟以象數來說解爻辭，給予肯定。翁方綱並不反對象數解《易》，
合於卦義，有典可據，不迂曲，皆可成爲詮釋的角度。惠棟解釋〈屯・九五〉
時，充分利用卦象與爻辭的配合，上卦爲〈坎〉，於象爲雲，下卦爲〈震〉，
於象爲雷。雲積於天，是爲密雲不雨，亦爲「屯其膏」之象。九五陷於險中，
積雨未下便不能光，未能成雨，險難便不能解除。義理的解釋合於爻辭，惠
棟再以《詩・曹風・下泉》作爲佐證。使得義理更爲明白。

　　又如〈比・初六〉：

　　　　惠氏曰：「初正應四，而遠應五。故曰：非應。」子夏云：「非應曰
　　　　它也。」《後漢書・魯恭傳》：恭上疏曰：「人道義於下，則陰陽和於
　　　　上，祥風時雨，覆被遠方，夷狄重譯而至矣。《易》曰：『有孚盈缶，
　　　　終來有它吉。』言甘雨滿我之缶，誠來有它而吉已。亦是說遠方爲
　　　　它，當有誠信以及之也。」此即荀爽「信及非應」之義。〔註64〕

本條對惠棟的引用說法並無提出任何批評，對惠棟說法是認同的。〔註65〕引
用惠棟的說法，解釋初六爻「有孚比之，無咎。有孚盈缶，終來有他，吉。」
引《後漢書・魯恭傳》解釋風行草偃之理，揭示「夫以德勝人者昌，以力勝

〔註62〕沈津：《翁方綱題跋手札集錄》〈致金正喜札〉（桂林：廣西師範大學，2002
　　　　年），頁542
〔註63〕〔清〕翁方綱，柏克萊加州東亞圖書館編：《翁方綱經學手稿五種——易附
　　　　記》，頁30。
〔註64〕〔清〕翁方綱，柏克萊加州東亞圖書館編：《翁方綱經學手稿五種——易附
　　　　記》，頁64。
〔註65〕翁方綱在惠棟之前引用了胡雲峰、項安世的說法，二者的說法與惠氏一致。

人者亡」〔註66〕的道理再進一步解釋「有它」，表示非應或是遠方之國。當有信於人，如同雨水將否盈滿，使遠方的國家受到均霑，而來臣服，是爲「終來有它，吉。」

又如〈臨·六五〉：

> 「至臨」，惠氏云：「從高下至地爲『至』。『至』從『一』。『一』，地也。」按：此本《說文》，「至」字注於四爻，位義極當。虞氏謂：「下至初應。」是也。〔註67〕

本條對於惠棟說法給予肯定。惠棟引《說文》解《易》。合乎義理之闡述。項安世亦對此有所說明，「臨不訓大。臨者，以上臨下，以大臨小。凡稱臨者，皆大者之事也，故以大釋之。」〔註68〕

又如〈家人·九二〉：

> 惠氏《易述》又引〈昏禮〉。昏者，將合二姓之好，上以事宗廟，是饋祭，爲婦職也。貞吉即卦辭，利貞女也。〔註69〕

本條爲翁方綱引用惠棟說法，來佐證六二爻辭。可以明白的看出，惠棟所引用的內容，與卦爻辭相關。引〈昏禮〉來解釋〈家人〉，下卦爲陰爻六二爲主，爲女象。又「饋」爲饋祭，爲婦職，與卦辭「利女貞」、「女正乎位內」相合。

又如〈睽·九五〉：

> 然惠氏《辯證》一條有資參證者曰：「朱子讀宗如同人於宗之宗，五以二爲宗也。宗在廟門之內，古者得賢臣則禮之於廟，謂之宗臣；死則配饗於庭，謂之宗禮。亦曰功宗。漢哀帝冊免其舅丁明曰：『朕惟噬膚之恩未忍。』君之於臣，元首股肱本一體之親，有肌膚之愛，故曰噬膚。又二至上有噬嗑象噬膚者，言其往必合也，故曰『厥宗噬膚，往有慶。』」〔註70〕

〔註66〕〔宋〕范曄，〔唐〕李賢等注，楊家駱主編：《新校本後漢書》（臺北：鼎文書局，1976年），頁877。

〔註67〕〔清〕翁方綱，柏克萊加州東亞圖書館編：《翁方綱經學手稿五種——易附記》，頁164。

〔註68〕〔宋〕項安世：《周易玩辭》，卷十六，〈序卦·臨者大也〉（濟南：山東友誼書社，1911年），頁585。

〔註69〕〔清〕翁方綱，柏克萊加州東亞圖書館編：《翁方綱經學手稿五種——易附記》，頁345。

〔註70〕〔清〕翁方綱，柏克萊加州東亞圖書館編：《翁方綱經學手稿五種——易附記》，頁362～363。

本條爲翁方綱肯定惠棟說法。翁方綱在解釋六五爻辭「厥宗噬膚」時，以九二爻辭「遇主於巷」以及六五〈象〉傳「往有慶」、「往何咎」來證成二與五相遇。既然相遇，便有「厥宗噬膚」的含義。而惠棟詮釋六五爻辭「厥宗噬膚」則比翁方綱以九二爻辭應六五爻辭的說法更爲深入，惠棟先解釋「宗」爲何物，並以宗帶出君臣關係，又引《漢書》漢哀帝之語，相互詮釋，使義理漸趨明白。

又如〈睽・上九〉，引李鼎祚《周易集解》、《禮記・昏禮》、《經典釋文》等文獻：

> 惠氏《易述》依李資州《集解》引虞翻：「說作後說之壺。〈釋詁〉說，舍也。郭注「舍」：放置，說、舍同義。故云：說猶置也。〈昏禮〉設尊，是爲壺尊_{惠氏《九經古義》云：「〈昏禮〉設尊於室內爲內尊，又尊于房中，東爲外尊。」按：此皆惠氏撮引《禮》語。}揚子《太玄》曰：家無壺，婦承之姑。測曰：家無壺，無以相承也。」若然壺者，婦承姑之禮也。愚案惠氏此條，非他處臆改經字可比。《釋文》本有始銳反之音，且有京馬鄭王肅、霍子元諸家古本可證。則此經作後說_{音稅}之壺無可疑者。〔註71〕

本條爲翁方綱肯定惠棟的考據。認爲惠棟的說法在《經典釋文》找得證據，同時在許多易學家的著作當中也有相同說法，二者可以相互佐證。惠棟根據虞翻「後說之壺」的說法進行考證。以〈釋詁〉「說」解釋成「舍」。以〈昏禮〉的「尊壺」解釋壺爲婦承姑之禮。這樣的考證跟解釋，得到翁方綱的肯定。

又如〈井・九五〉，引《參同契》之語釋「井底寒泉」：

> 惠氏《易述》曰：「五體坎，坎爲泉。《參同契》曰：『井底寒泉』，是寒泉其體也。井冽其味也。食而井養道成矣。」〔註72〕

惠棟引《參同契》之說來證明此爻。此條爲翁方綱引用惠棟解釋「井冽寒泉，食。」對於惠棟解釋既無反對，表示翁方綱同意其說法。

二、義理的詮釋合宜

《易》學中向來有漢宋之爭，翁方綱認爲這些皆所不必，無論是何種說法，

〔註71〕　〔清〕翁方綱，柏克萊加州東亞圖書館編：《翁方綱經學手稿五種——易附記》，頁 364～365。

〔註72〕　〔清〕翁方綱，柏克萊加州東亞圖書館編：《翁方綱經學手稿五種——易附記》，頁 509。

最終目的都是要還原聖人本意，「求理」才是翁方綱所追求。若是執著在漢學，便易拘泥於字句鑽研、「騁異聞」、「侈異說」；〔註73〕抑或是執著在義理，導致束書不觀，任意解經，「束漢唐注疏於高閣，叩以名物器數而不能究者」，〔註74〕都失去經典原有的面目，「泥守宋儒與泥執漢學者，厥弊均也。」〔註75〕

翁方綱對於惠棟的贊成觀點上，乃是惠棟的說法言之成理，皆能切合經典原文，並不迂滯而難懂，更重要的是，能夠更貼近經文的本義。這點才是翁方綱所重視的。以下，針對翁方綱對惠棟在義理上的詮釋得到贊同的部份進行討論：

如〈謙‧初六〉：

> 初六「用涉大川」，荀氏謂：「九三體坎。」惠氏申之曰：「坎為大川，歷三應四，故『用涉大川，吉。』」此說得之。蓋中爻互〈坎〉，〈坎〉在前有涉川象，而三為〈謙〉卦之主，初又與四相應，則「用涉大川」，自不得以虛義詁之也。〔註76〕

此條翁方綱贊成惠棟對於初六爻辭「用涉大川」的解釋。惠棟以漢學家擅長的卦象、互體之說來詮釋爻辭之義，使得「用涉大川」的內涵豐富起來。既然卦象與互體之說能夠「合理且清楚」的與爻辭相應，便能夠清楚的解釋該爻的內涵，翁方綱自然就不會反對這種說法。

又如〈比‧上九〉：

> 荀爽曰：「陽欲無首，陰以大終，陰而無首，不以大終，故凶。」惠氏申之曰：「陰無首，以陽為首，上乘五，是陰不承陽為無首也。」胡氏煦又申之曰：「陽欲無首，欲陽之交於陰，陰以大終，欲陰之交於陽，孔子黃元以大。至於用九曰：『以大終也。』可知陰之始、終於乾矣。故陽欲無首，而陰不可以無首；陰而無首，不能得陽之施，則不能發陽之用，安有代終之理？」此說是指五爻為首也。詳繹二說，以後說為得之。〔註77〕

〔註73〕〔清〕翁方綱：《復初齋文集》，卷十一，〈與曹中堂論儒林傳目書〉（臺北：文海出版社，1966年），頁 427。

〔註74〕〔清〕翁方綱：《復初齋文集》，卷十一，〈與曹中堂論儒林傳目書〉（臺北：文海出版社，1966年），頁 427。

〔註75〕〔清〕翁方綱：《蘇齋筆記》，筆記三〈治經〉，頁：肆輯 9-302。

〔註76〕〔清〕翁方綱，柏克萊加州東亞圖書館編：《翁方綱經學手稿五種——易附記》，頁 128。

〔註77〕〔清〕翁方綱，柏克萊加州東亞圖書館編：《翁方綱經學手稿五種——易附

本條未對惠棟的說法有任何批評。翁方綱此條引用惠棟與胡煦二家說法，兩種說法皆對荀爽的說法做了進一步的闡發。荀爽認為，若是陽爻則可以說無首，陰爻在上是為大終。陽爻可以無首，是因為「天德不可以為首」；而陰爻在上，若是無首則無法回復到乾，必須要「以大終」，才能有始，終始往復，才是《易》生生不息的道理。惠氏針對荀爽這個說法，進一步闡釋上六「比之無首，無所終也。上六本身無首，需以陽為首，陽指九五爻。但上六不乘九五，故「陰而無首，凶」。胡煦亦針對荀爽這番註解進行闡釋，深入程度上略勝惠棟一籌。點出無首、大終這兩個概念在陽爻與陰爻的差別，在闡釋荀爽義上，是比惠棟深入且有見地的。

又如〈遯‧六二〉：

> 惠氏《本義辯證》曰：「卦辭小利貞，謂二也。執用黃牛，貞固之義。故〈象〉云：『固志也。』遯之未變為否者，六二執之之固也。」
> 〔註78〕

翁方綱在解釋本卦六二爻辭時，先引用《童溪易傳》的說法，認為王童溪的解釋正確而詳密。皆次再引用惠棟說法，可發現惠棟的觀點與《童溪易傳》相同。「小利貞」的小，居二處陰故小，與五相應，故「利貞」。「執用黃牛之革」，革為堅固難解，故「貞固」。惠棟的解釋合乎義理，翁方綱將他記載王童溪說法之後，相互參考。可見，翁方綱對於惠棟並非全盤否定。惠棟以卦象與爻辭、〈象〉傳的配合，得出的結論，亦有可觀可取之處。

又如〈大壯‧初九〉，惠棟引虞翻之說：

> 初九，有孚。惠氏用虞義曰：「初，正應四，故有孚。」〔註79〕

本條為翁方綱引惠棟說法，解釋「有孚」。由此更可看出，翁方綱並無否定漢學家，合於卦爻辭所得出的義理，翁方綱皆能接受。

又如〈大壯‧初九〉：

> 惠氏曰：「上為角，初為尾。易之例為此。」此說亦相通耳。〔註80〕

　　記》，頁 69。

〔註78〕〔清〕翁方綱，柏克萊加州東亞圖書館編：《翁方綱經學手稿五種——易附記》，頁 298。

〔註79〕〔清〕翁方綱，柏克萊加州東亞圖書館編：《翁方綱經學手稿五種——易附記》，頁 309。

〔註80〕〔清〕翁方綱，柏克萊加州東亞圖書館編：《翁方綱經學手稿五種——易附記》，頁 309。

本條爲翁方綱引惠棟說法來作補充說明。惠棟以漢學家角度，用卦象來詮釋九三爻辭「羝羊觸藩，羸其角。」將〈大壯〉視爲羊象。同時翁方綱自身解釋九三爻的「羊」象時，引用了顧炎武、項安世的說法。可見，對於卦象翁方綱並非全盤否定。

又如〈渙〉卦辭：

> 惠氏《辯證》曰：「先儒謂〈乾〉四之〈坤〉二，故云在中。嫌二非王，故稱王也。」此條最精，惜已在其《易述》爲竟艸內矣。博雅君子有欲補惠氏《易述》者，則孟子曰：「取二三策而已矣，」餘當慎之。〔註81〕

此爲翁方綱讚美惠棟說法。惠棟所謂先儒，實指「荀、虞」二家。「先儒謂乾四之坤二，故云在中」此爲虞翻解釋。荀爽則是針對虞翻說法作進一步詮釋，宗廟因處於地，九二陽爻處於下卦二陰之中，似廟中之神。針對「先儒」這兩種說法，惠棟再做更進一步的推演，乾四往坤二，雖居下卦之中，但仍非足以讓人明白此人即是王，故以「王乃在中」再次強調王的存在。翁方綱也以〈象〉傳「往乃在中」的「乃」字，強調九二爻爲王。惠棟解釋此條精而詳備，故受翁方綱讚賞。

又如〈節・九二〉：

> 惠氏曰：「二居中與五敵應，知塞而不知通，故云：『失時極，言失時中之義，極亦中也。』」〔註82〕

此條爲翁方綱引惠棟解九二爻辭「失時極也」。翁方綱解「極」爲「準」，而惠棟的詮釋，不僅有準之義，更加入時位的概念在其中。

三、字義解釋得當

惠棟解釋字義上有得宜之處，翁方綱亦多方引用，如〈臨〉卦辭：

> 《序卦傳》：「臨者，大也。」惠氏《易述》曰：「陽稱大。」此義得之。〔註83〕

〔註81〕 〔清〕翁方綱，柏克萊加州東亞圖書館編：《翁方綱經學手稿五種——易附記》，頁645。

〔註82〕 〔清〕翁方綱，柏克萊加州東亞圖書館編：《翁方綱經學手稿五種——易附記》，頁660。

〔註83〕 〔清〕翁方綱，柏克萊加州東亞圖書館編：《翁方綱經學手稿五種——易附記》，頁162。

又如〈井・上六〉：

> 惠氏申虞說曰：「馬融云：『收，汲也。』以轆轤收緍，故云收也。」
> 此條甚合，蓋馬氏原文是：「收，汲也。」三字而錄入《釋文》時，
> 誤讀此三字，直謂汲也二字。釋上收字，竟刪上收字，止存汲也二
> 字。故朱子《本義》云：「收，汲取也。」以致俞氏遂疑經文收字是
> 汲之訛。〔註84〕

此條為申論虞翻說法，將虞翻引用馬融「收，汲也」三字無誤。因《釋文》
收入馬融說法時，誤刪去收字，僅留「汲也」二字，而造成後人誤解，以為
收字為訛字。對於正確引用，翁方綱給予肯定。

又如〈震・六三〉：

> 蘇蘇，惠氏《辯證》謂：「猶氣索也。」殆近之矣。〔註85〕

此為翁方綱引惠棟說法，解釋六三爻辭，「震蘇蘇」，蘇蘇因語索相近，為氣
索之狀，亦是程頤所言「緩散自失之貌。」

又如〈豐・九三〉：

> 惠氏《辯證》曰：「見鬥、見沫皆日食之徵。沫者，鬥杓後小星，小
> 星見則日全食矣。」故此義與〈象〉傳「日中則昃、月盈則食」，義
> 相備也。〔註86〕

此為翁方綱引惠棟說法，解釋九三爻辭「日中見沫。」因惠棟說法與〈象〉
傳相合，故用之。

第三節 批評惠棟

根據翁方綱引用惠棟的七十九條資料當中，共計有五十七條是對惠棟的
反對。分別是：〈乾〉卦辭、〈乾〉九三、〈乾〉九五、〈乾〉上九、〈屯〉初九、
〈屯〉六二、〈需〉初九、〈訟〉六三、〈小畜〉九三、〈小畜〉上九、〈履〉卦
辭、〈履〉九二、〈履〉九三、〈泰〉卦辭、〈否〉九五、〈大有〉九四、〈謙〉

〔註84〕〔清〕翁方綱，柏克萊加州東亞圖書館編：《翁方綱經學手稿五種——易附
記》，頁509～510。

〔註85〕〔清〕翁方綱，柏克萊加州東亞圖書館編：《翁方綱經學手稿五種——易附
記》，頁540。

〔註86〕〔清〕翁方綱，柏克萊加州東亞圖書館編：《翁方綱經學手稿五種——易附
記》，頁592。

初六、〈豫〉六二、〈隨〉卦辭、〈蠱〉卦辭、〈觀〉六三、〈賁〉六二、〈無妄〉卦辭、〈無妄〉六二、〈大畜〉六五、〈大過〉九二、〈坎〉卦辭、〈坎〉六四、〈離〉初九、〈咸〉六二、〈恆〉上六、〈遯〉上九、〈大壯〉初九、〈晉〉六二、〈睽〉九二、〈睽〉六四、〈蹇〉卦辭、〈解〉六五、〈損〉卦辭、〈夬〉九三、〈萃〉初六、〈升〉初六、〈升〉六二、〈升〉九三、〈鼎〉卦辭、〈鼎〉九二、〈豐〉初九、〈釋旬與均〉〈節〉初九、〈節〉九二、〈中孚〉六四、〈中孚〉上九、〈小過〉九三、〈小過〉上九、〈既濟〉卦辭、〈既濟〉九三，以上共計五十七條。

　　從這五十七條資料中，可看出翁方綱對惠棟的批評，集中於下列六個方向，分別是「任意刪改增補經文」、「立場不一」、「反對卦變之說」、「理解錯誤」、「引用出處不詳」、「義理詮釋不精」六個部份來作討論。

一、刪改增補經文

　　從引用的數量上，批評大過於贊同。惠棟當時爲《易》學大家，但改動經文，以還原古籍原本面貌，則是飽受批評。翁方綱於書中對於這種現象，更是大力的抨擊，認爲惠棟「嗜博」、「嗜奇」、「嗜異」、「驚奇炫博」、「傅會漢學」。阮元亦對此現象提出批評：

> 國朝之治《周易》者，未有過于徵士惠棟者也。而其校刊雅雨堂李鼎祚《周易集解》與自著《周易述》，其改字多有似是而非者。蓋經典相沿已久之本，無庸突爲擅易。況師說之不同，他書之引用，未便據以改久沿之本也，但當錄其說於考證而已。〔註87〕

惠棟改經之舉，不僅翁方綱所不贊同，阮元也持同樣意見，改經實所不必，「當錄其說於考證」。對於現有文字，不必再進行更動。

　　如〈乾·九三〉：

> 惠棟曰：「以夤爲正，其作屬者，後人亂之。」惠氏《易述》云：「寅本訓敬，今從夕，敬不衰於夕，夕惕之象。俗本皆脫夤字，《説文》引《易》：『夕惕若夤。』案許慎敘曰：『其稱《易》，孟氏古文也。』」（按：《説文繫傳》第二十九，題曰：「敘目上。」第三十，題曰：「敘目下。」此徐氏所題也。然其云「敘目」者，合二卷言之，實則後卷

〔註87〕 〈十三經注疏校勘記序〉，收入阮元撰，鄧經元點校：《揅經室集》（北京：中華書局，1993年5月），頁253～254。

「此十四篇」云云，以下方是許氏敘也。其前卷「古者庖犧氏」云云，許氏原謂之記，不謂之敘耳。至徐氏〈繫傳〉，乃於後卷之首加「後」字，曰「後敘」，非許氏之舊矣。惠氏於前卷之文稱敘，非是。）

是古文《易》有夤字。虞翻傳其家五世孟氏之學，以乾有夤敬之義，故其注《易》，以〈乾〉爲敬。俗本脫夤，今從古增入。」

方綱按：李氏《易傳》虞翻曰：「陽息至三，二變成離。離爲日，坤爲夕。」其說止於此，未嘗言此句有「夤」字也。《說文》兩引《易》文，「夤」、「厲」互異。惠氏何所據，而必以「夤」爲正乎？且使果如所言，以「夤」爲正，則何不逕依《說文》改作「夕惕若夤」？乃又不敢刪去「厲」字，而以經文作「夕惕若夤，厲無咎。」此何所本乎？《說文》此二條自當據其引「夕惕若厲」爲正，而惠氏乃竟毅然加「夤」字於經文之中、「厲」字之上。況《說文》亦並無「夤」、「厲」二字相連屬之文，而惠氏敢肆僭增益經文若此，在說經者於此等不足置辨之處，本不必爲之費辭。而近日學人，頗有遵信惠氏易學者，蓋其驚奇炫博以苟異於經生之常說，致足以爲惑耳，故不得不附記於此。（高郵王伯申引之曰：「《說文》引《易》：『夕惕若』，以釋「夕」字，敬惕從「夕」之義，本無「夤」字，乃傳寫者，因其釋「夤」字，誤加「夤」字於引《易》句內耳。此破惠說最明白。」

〔註88〕

本條主要是討論惠棟任意增刪經文文字，將爻辭「君子終日乾乾，夕惕若，厲無咎。」改成「君子終日乾乾，夕惕若夤，厲無咎。」

　　惠棟改經文的理由是，「夤」爲古代本有，但在傳抄過程中脫落，故補上。惠棟改經文的依據有二，最直接的證據是《說文》出現「夕惕若夤」。第二，惠棟主張「夤」有「敬」義，在虞翻的說法中，乾具有「夤敬」之義，故「夤」的存在是可確信。而這個兩個說法，翁方綱提出三點來反駁。第一、《說文》並沒有「夕惕若夤，厲無咎。」的文字出現，惠棟任意增加經文，而此句卻從未見在任何一個版本中。第二、虞翻的說法僅止於「陽息至三，二變成離。離爲日，坤爲夕。」並無「夤」字，更可見是惠棟自行增加文字。第三、引用王引之對《說文》的考證。王引之的考證結果，「夤」字實際上是「傳寫誤

〔註88〕　〔清〕翁方綱，柏克萊加州東亞圖書館編：《翁方綱經學手稿五種——易附記》，頁6～7。

加」。〔註89〕上述三點翁方綱反駁惠棟此條，可謂中肯而有見地。

又如〈乾・上九〉，「亢龍有悔」改爲「忼」：

> 上九「亢」字，《說文》作「忼」。惠氏引《汗簡》云：「古用《易》
> 如此。」按《說文》：「忼，慨也。從心，亢聲。一曰《易》：『忼龍
> 有悔』。」此引《易》加「一曰」字，是許氏非專主此義，以解「忼」
> 字也。特古本有作忼者耳，惠氏必執此以爲復古，所以必至於三爻
> 增入「夤」字，因以傅會易音，皆非也。至於「悔」字，《說文》作
> 𢓭，易卦之上體也。惠氏反不引之。〈乾・上九〉〔註90〕

本條也是指出惠棟任意修改經文文字，一味復古。上九爻辭「亢龍有悔。」
惠棟引《說文》、《汗簡》二者的資料，主張「亢」應作爲「忼」才是正確。
惠棟並提出「唐元度《九經字樣》同」〔註91〕來佐證自己的看法。翁方綱並
無特別提到惠棟的第三種資料，而只對《說文》、《汗簡》的兩種資料提出不
同意見。第一、《說文》的原文中，許愼以「一曰」說明「忼龍有悔」。根據
許愼《說文》的體例，使用「一曰」，一是兼採別說，一是同物二名，一是一
名異物。在此處的情況爲第一種「兼採別說」，而非「流傳已久」的說法，可
信度有，但卻不高，可看出「許氏非專主此義」。第二、《汗簡》雖說「古用
《易》如此。」但僅是古本如此，卻也未見某古本有出現過。這兩點，讓翁
方綱對於惠棟「執意復古」不能苟同。翁方綱認爲，惠棟正是因爲《汗簡》
與《說文》兩種「古籍」皆有記載，但引用中，卻未能仔細考察，分辨其中
細微之處，就貿然提出「亢」當作「忼」，正與惠棟「復古」的態度不謀而合，
而有此一批評。最後，翁方綱也反問，既然要「復古」，爲何同一爻辭中的「悔」
字，《說文》作「𢓭」，但卻未見惠棟引用，這不是顯得自相矛盾。

又如〈屯・初九〉「盤桓」作「般桓」：

〔註89〕 王引之所著《經義述聞》，夕惕若厲條，列舉五證駁惠棟增「夤」字爲誤。第
一證舉〈文言〉證經文本無「夤」字。第二證舉李鼎祚《周易集解》所列的
鄭荀諸家說法，皆無「夤」字。第三證舉惠棟所引虞翻之說，表明虞翻亦無
論及「夤」字。第四證舉《說文》，「夤」字本作「厲」。第五證舉兩漢人所撰
之内容，引用到「夕惕若厲」部份，證明無「夤」字。參見王引之：《經義述
聞》（臺北：臺灣商務印書館，1968 年），頁 2～3。

〔註90〕 〔清〕翁方綱，柏克萊加州東亞圖書館編：《翁方綱經學手稿五種——易附
記》，頁 9。

〔註91〕 〔清〕惠棟：《周易本義辨證》，收入《續修四庫全書》經部・易類 21（上海：
古籍出版社，2002 年），頁 292。

《釋文》：「馬云：『磐桓，旋也。』磐本亦作盤，又作槃」。孔疏：「磐
桓，不進之貌。」按：此則「磐」、「盤」、「槃」古通用，非作「磐
石」之義也。……惠氏既徵引漢碑，「般」、「盤」、「磐」皆實一字，
而又謂「艮爲石、震爲阪」，適見其無定從耳。〔註92〕

此處的漢碑，乃指蔡邕石經，根據惠棟《周易古義》之說「《釋文》云：『本
亦作盤』。案：古文盤皆作般。《尚書・盤庚》、蔡邕石經作般。」而《周易述》
則以「艮爲石、震爲阪」之說作爲「般桓」的解釋，認爲「桓是隴阪名。其
道盤旋曲而上。故名曰桓。此經般桓亦謂陵阪旋曲。故云般桓也。」〔註93〕
惠棟既改般桓，但於般桓之說自身卻又無所定見，改經且又無定見，此爲惠
棟此條所犯之誤。

　　又如〈屯・六二〉，改爻辭「屯如邅如，乘馬班如」爲「屯如亶如，乘馬
驙如」：

至近日，惠棟撰《易述》，則直用《說文》所引，改經語曰：「屯如
亶如，乘馬驙如。」則可謂妄矣。

《說文》：「駗，馬載重難行也。驙，駗驙也。《易》曰：『乘馬驙如。』」
此惠氏改經之所本也。

按：《說文》「駗」，訓載重難行。而惠引《說文》曰：「驙者，馬重
難行。」此已誤矣。《說文・辵部》無「邅」字，而《走部》：「趁，
趙也；趙，趁也。」此即所謂「建類一首，同意相受」者耳。盧氏
《經典釋文攷證》載臧氏琳云：「《說文》當作『屯如驙如』，其引作
『乘馬驙如』，涉下而誤也。」此論允矣。彼惠氏乃見《說文》引《易》，
喜其與常讀本異，而輕改經以從之，可乎？愚故謂經中異文見於他
說者，但以資考異，則可；而妄欲改經，則不可耳。〔註94〕

〈屯〉六二爻辭正確應爲：「屯如亶（俗作邅）如，乘馬班如。」惠棟根據《說
文》「乘馬驙如」的說法，改經文爲「屯如亶如，乘馬驙如。」被翁方綱批評
爲「妄矣」。根據臧玉林的說法：「說文辵部無邅字，馬部駗馬載重難行。驙，

〔註92〕〔清〕翁方綱，柏克萊加州東亞圖書館編：《翁方綱經學手稿五種——易附
　　　　記》，頁25。
〔註93〕〔清〕惠棟：《周易述》（臺北：臺灣商務印書館，《景印文淵閣四庫全書》，
　　　　1983～1986年），頁52-9（下）。
〔註94〕〔清〕翁方綱，柏克萊加州東亞圖書館編：《翁方綱經學手稿五種——易附
　　　　記》，頁28～29。

駁驢也。易曰：乘馬驢如！然則遭當作驢，說文當作屯如驢如，作乘馬者。涉下而誤,載重難行之意。」今本通行的段玉裁注《說文解字》，則認爲「乘馬」二字爲多出。但無論哪一種說法，《說文》將「乘馬」「驢如」合併來敘述，只是一個錯誤而已。

又如〈小畜‧九三〉，將爻辭「輿說輻」改爲「𦎷說腹」：

> 惠氏《周易本義辨證》云：「『輻』音『福』，依古義當讀爲『服』。」其《易述》乃直作「𦎷說腹。」而注之曰：「『腹』讀爲『輹』。『腹』，古文『輹』字，故讀爲『輹』。」此則惠氏嗜奇多事，本不必與之置辨者耳。〔註95〕

此條批評惠棟「嗜奇多事」。主要是惠棟復古，並且任意修改經文文字。將輹字（今訛作輻）改爲「腹」字。

又如〈小畜‧上六〉：

> 至於「德載」，一本或作「得載」，自以「德」字爲正。而惠氏必從「得」字，則〈象〉傳：「德積載也。」「得」字非其語義矣。〈小畜‧上九〉〔註96〕

此條對於妄改經文批評。上九爻辭「既雨既處，尚德載」，將「德」改爲「得」。惠棟在《周易述》中爲「畜道已成，故既雨既處尚得載。」但合〈象〉傳「德積載也」之語，則「得」字自然不如「德」字好。「既雨既處」表示蓄道已成，經過了初九復自道，接受六四陰爻的蓄止、九二牽復，接受九五蓄止、九三輿說輹、六四因搖的積蓄，並與九五有孚攣如，結合爲一體，於上九陰陽達到一個平衡，〈象〉傳中所言的「密雨不雲」已經破除，從人的德性而言，積蓄的德如同雨，亦達到盈滿。由此觀之，經文原有的「德」明顯優於「得」。不僅在義理上得理解較爲全面，也與〈象〉傳謀合。

又如〈履卦辭〉，卦辭下加上「利貞」二字：

> 至若荀氏所傳本「履虎尾，不咥人，亨。」之下有利貞二字，此但存以考異可矣。陸氏《釋文》亦未嘗援引，而惠氏嗜奇，必以荀爲定本，乃云：「〈象〉傳剛中正以下正釋利貞之義，」則傅會漢學之

〔註95〕 〔清〕翁方綱，柏克萊加州東亞圖書館編：《翁方綱經學手稿五種——易附記》，頁77。

〔註96〕 〔清〕翁方綱，柏克萊加州東亞圖書館編：《翁方綱經學手稿五種——易附記》，頁80～81。

說耳。〔註97〕

此條爲針對惠棟嗜奇，以復古爲先，增加利貞二字，爲「傅會漢學」。

又如〈履・九三〉：

> 惠氏《易述》作「眇而眠，跛而履」此李氏《集解》虞翻本作「眇
> 而視，跛而履」也。然陸氏《釋文》初不引據此本，今本兩能字正
> 與〈象〉傳兩不足字相應也。借使古本有作而者，亦存以疢異可矣。
> 豈得直改經文耶？〔註98〕

此條批評惠棟改經，將九三爻辭「眇能視，跛能履」改爲「眇而眠，跛而履」。

又如〈無妄・六二〉，於爻辭「則利有攸往」，則字前增加凶字，而成「凶
則利有攸往」：

> 惠氏曰：「今本脫凶字，是王弼所刪。」夫謂王弼去凶字，此不知其
> 出於何書也？而惠氏撰《易述》，則竟增入凶字，而仍接下則「利有
> 攸往」，是則不願義理文勢之安，而妄自點竄經文，大不可也。然惠
> 氏《本義辯證》則仍從雪峯、胡氏《通釋》之說。今惠氏《易述》
> 已有刊本，外間嗜爲博聞者，往往爭羨之。至其易《本義辯證》一
> 書則尚有所遵循，不致遇於立異，而此書學者反不甚稱之矣。言之
> 不可慎也。〔註99〕

本條爲惠棟增加經文文字，於六二爻辭增加「凶」字。惠棟在《易述》一書
當中，將六二爻辭改爲「不耕穫，不菑畬凶。則利有攸往。」所持的理由是
「王弼所刪」，但對此說法惠棟又未明確交代此說法見於何書。考察惠棟《周
易述》一書，對此凶字之解，惠棟認爲：「凶。凶年也。遭無妄之世。天下雷
行，物與無妄，不能耕而穫，不能菑而畬。故凶也。舊脫凶字。故卦義不明。」
〔註100〕此外，同樣的爻辭，在惠棟另外一本著作《周易本義辯證》卻未出現。
《易述》中嗜博取向，往往讓學子爭相傳抄，將錯當成對，積非成是，這是
翁方綱所詬病的。

〔註97〕〔清〕翁方綱，柏克萊加州東亞圖書館編：《翁方綱經學手稿五種——易附
　　　　記》，頁84。

〔註98〕〔清〕翁方綱，柏克萊加州東亞圖書館編：《翁方綱經學手稿五種——易附
　　　　記》，頁85。

〔註99〕〔清〕翁方綱，柏克萊加州東亞圖書館編：《翁方綱經學手稿五種——易附
　　　　記》，頁217～218。

〔註100〕〔清〕惠棟：《周易述》（臺北：臺灣商務印書館，《景印文淵閣四庫全書》，
　　　　　1983～1986年），頁52-47（下）。

又如〈恆・上六〉：

> 上六：振恆。惠氏嗜異，必曰：「震振同物。」亦不必也，自仍以振
> 字爲正。〔註101〕

本條爲翁方綱批評惠棟嗜異，將上六爻辭「振恆」改爲「震恆」。惠棟認爲，
上六處於震動之極，同時「震亦作振。古文震振祇三字同物同音。」〔註102〕

又如〈遯・上九〉：

> 今惠氏《易述》竟直改作飛，不若本文仍作肥，而引《後漢書》作
> 飛，應從之，注明於下，不必更援𦞞、蜚字矣。愚從來不敢輕取他
> 本之字以說經也。爲此條飛字，《後漢書》實爲可據，故詳說之。〈遯・
> 上九〉〔註103〕

本條仍是對惠棟改經文做出批評。惠棟《周易述》引「九師道訓曰：『遯而能
飛』」〔註104〕爲證。惠棟將「肥」改「飛」於理有據，雖是有所本，飛字也確
實出現在古書中，但翁方綱仍認爲經文所留下的「肥」字，依舊不宜任意改
動爲宜。惠棟在《本義辯證》對「飛遯」的由來做了詳細的考證。《本義辯證》
提到「飛遯」的用法，出現在唐・陸希聲「肥本作飛」、姚寬《西溪叢語》，
紀錄著「周易遯卦，肥遯，無不利，肥字古作𦞞，與古蜚字相似。即今之飛字。
後世遂改爲肥字。」《西溪叢語》亦舉證張衡〈思玄賦〉與曹子建〈七啓〉皆
有「飛遯」的用法。

　　翁方綱對於陸希聲以及姚寬的說法基本上是同意的。翁方綱認爲，陸希聲
提出的「肥本作飛」，就是根據張衡〈思玄賦〉與曹子建〈七啓〉而來。姚寬所
考據的結果，「肥字古作𦞞，與古蜚字相似。即今之飛字。後世遂改爲肥字。」
翁方綱大體上是同意的。翁方綱認同肥在古代書寫成「飛」，後來改成「肥」。「肥
字古作𦞞，與古蜚字相似」，翁方綱則懷疑這是姚寬「偶出己見」〔註105〕、「臆

〔註101〕　〔清〕翁方綱，柏克萊加州東亞圖書館編：《翁方綱經學手稿五種——易附
　　　　　記》，頁294。
〔註102〕　〔清〕惠棟：《周易述》（臺北：臺灣商務印書館，《景印文淵閣四庫全書》，
　　　　　1983～1986年），頁52-58（下）。
〔註103〕　〔清〕翁方綱，柏克萊加州東亞圖書館編：《翁方綱經學手稿五種——易附
　　　　　記》，頁306～307。
〔註104〕　〔清〕惠棟：《周易述》（臺北：臺灣商務印書館，《景印文淵閣四庫全書》，
　　　　　1983～1986年），頁52-59（上）。
〔註105〕　〔清〕翁方綱，柏克萊加州東亞圖書館編：《翁方綱經學手稿五種——易附
　　　　　記》，頁304。

斷之語」。〔註106〕因爲這個說法在《說文》、《玉篇》等重要書籍當中皆未記載，甚至在其他古書中也未曾出現。姚寬提出張衡〈思元賦〉與曹子建〈七啓〉使用「飛遯」的用法，這是翁方綱所同意。翁方綱進一步提出，《文選》載張衡〈思元賦〉，是「利肥遯以保名」與姚寬所見不合。「利飛遯以保名」的用法，經翁方綱考察，僅出現在「後漢書張衡傳」。「後漢書張衡傳」收錄了〈思元賦〉，其中章懷的注解，是根據〈遯〉卦義來註解，尤其從「二女感於崇嶽兮」開始，一直到「子有故于玄鳥兮，歸母氏而後寧。」皆是以「飛鳥」之象來對文章作說明。可見上六爻辭的意義，應在「飛」而不在「肥」。

「飛遯」的一詞出現的證據除了在張衡〈思玄賦〉與曹子建〈七啓〉，翁方綱也發現「唐上元三年，攝山碑云：『緬懷飛遯』。」〔註107〕可證明唐代以前作「飛遯」的證據。而《文選》的「肥遯」，翁方綱認爲是後人將「飛」改爲「肥」。

翁方綱除了從文獻的紀錄上去證成「肥遯」原意爲「飛遯」，更認爲〈象〉傳「無所疑」便是針對「飛」字而發。這是因爲上六居一卦最上爻，同時也離下體兩陰爻最遠，要飛自然無所疑。不用擔心下體兩陰爻的牽制，自由自在，無所拘束。這樣的概念，王弼注「矰繳不能及」，翁方綱看來亦與飛遯的概念相吻合。

又如〈蹇〉卦辭，將卦辭中蹇字，改爲「寋」：

> 惠氏《辯證》及《易述》皆依五經文字作「寋」。又謂亦作「謇」。引漢冀州從事張表碑謇謇匪躬爲證。惠氏曰：「寋字下，《說文》不引《易》，明《易》不作寋也。此當作王臣謇謇。徐氏反以謇爲俗字，大謬。」惠氏此說其實本無所據，《說文》無寋字。《玉篇》：「寋，難也。」此則寋、蹇可通耳。而漢研隸體，既與其通借之字，豈可爲據？徐氏以蹇爲正，寋爲俗，未可斥其謬也。〔註108〕

本條爲惠棟對於「蹇」字的考證有誤。惠棟根據五經文字「蹇」字可作爲「謇」、「寋」，並引碑文「謇謇匪躬」證明其字存在。又說到《說文》於「蹇」下，並無引用「王臣蹇蹇」，惠棟便認爲蹇字非正，甚至將徐鉉的說法加以駁斥，

〔註106〕〔清〕翁方綱，柏克萊加州東亞圖書館編：《翁方綱經學手稿五種——易附記》，頁306。

〔註107〕〔清〕翁方綱，柏克萊加州東亞圖書館編：《翁方綱經學手稿五種——易附記》，頁306。

〔註108〕〔清〕翁方綱，柏克萊加州東亞圖書館編：《翁方綱經學手稿五種——易附記》，頁367。

翁方綱則不苟同。經翁方綱查證，《說文》於蹇字下，是有引「王臣蹇蹇」。惠棟所言《說文》不引《易》是惠棟之誤。其次，針對惠棟以謇字爲正，蹇字爲俗，提出反駁。翁方綱認爲碑上文字本來就常用通假之字，單用碑文「謇謇匪躬」出現，就認定徐鉉所言「謇爲俗字」，太過草率。此外，蹇、褰、謇三字，意義上本來就相通，意義相通上，使用通假字的機會更大，單就這些條件，就認定徐鉉說法有誤，不足信服人。

又如〈夬‧九三〉爻辭「壯於頄」改作「壯於頯」：

> 惠氏《辯證》云：「說文無頄字，當依鄭氏作頯。」按：《說文》頯渠切。權也。然後來輯鄭氏易，亦作頄，不必因說文不載頄字而定改作頯也。又有板本作頯者訛。〔註109〕

對於惠棟因《說文》無「頄」字，便改作「頯」，翁方綱認爲這不必要。

又如〈鼎〉卦辭：

> 近日惠氏《易辯證》云：「〈彖〉傳聖人『亨以享上帝』句，依《釋文》，上帝二字羨文，」蓋《釋文》「以享」，「香兩反注享上帝」。同此是陸氏釋經文「以享上帝」，既云「以享香兩反」而於王注以享上帝句，不可再云以享香兩反，故變其文云注，享上帝同，非謂經文原無上帝字。至王注乃云以享上帝也。惠氏不知陸氏《釋文》之體，乃誤謂注有上帝字，經文無之，竟欲改〈彖〉傳云：「聖人亨，以享而大亨，以養聖賢。」適見其不善讀釋文耳。正恐先儒以經有羨文之說，實開其漸，故不得不爲學者言之。〔註110〕

此條爲惠棟誤讀《釋文》文字，將「聖人亨以享上帝」的上帝二字去除，以上帝二字爲羨文。翁方綱批評惠棟「不善讀《釋文》。」《釋文》原文爲：「以享_{享上帝}」，惠棟誤以《釋文》無上帝二字，便刪去不論，竄改經文。

二、立場不一

惠棟《易》學著作甚多，〔註111〕翁方綱對於惠棟的引用，主要以《周易

〔註109〕〔清〕翁方綱，柏克萊加州東亞圖書館編：《翁方綱經學手稿五種——易附記》，頁 423。

〔註110〕〔清〕翁方綱，柏克萊加州東亞圖書館編：《翁方綱經學手稿五種——易附記》，頁 522。

〔註111〕關於惠棟《易》學著作，可以參考漆永祥：〈惠棟易學著述考〉《周易研究》，第 3 期總 65 期，頁 51～57，2004 年。李開：《惠棟評傳》（南京：南京大學

述》、《周易本義辯證》爲主。翁方綱在其中發現惠棟立場不同的詮釋，同一個爻辭，卻在不同的書中，有著不同的解釋。翁方綱批評惠棟「無定見」、「信古不篤」。

其中，《周易本義辯證》一書，中國復旦大學今存有清抄本，惠棟撰，翁方綱批的《周易本義辯證》六卷。〔註112〕更可見翁方綱對惠棟學說之用力。

如〈訟・六三〉：

> 有以「舊德」指乾者，有以「舊德」指坤者，大約指乾者，宗漢學者也。然同一指乾說，而其說有三焉：虞翻以四變食乾，惠氏申之曰：「『食』讀如日月食之『食』。四變，乾體壞，如有食之者。」此說於「德」字全不相貫，其謬無疑矣。惠又引許慎《五經異義》曰：「爻位三爲三公，曰：『食舊德』，食父故祿也。乾爲父，三失位，動而承乾，有食舊德之象。」此說於訟卦爻義亦不切。蓋同一申漢學之義，而其說自相違異如此，則惠氏之學《易》，其無定見可知矣。〔註113〕

此條是針對惠棟同樣引用漢學者的說法，但卻有不同的看法，認爲惠棟「無定見」。六三爻辭「食舊德」上，於食字，虞翻與許慎，皆認爲當作動詞，釋作「吃」。但「舊德」所指爲何？則要細細思量。翁方綱討論的方向可分爲二，一指乾，爲漢學家所採用；二指坤，爲宋・項安世、元・俞琰所採用。主張「舊德」爲乾，又可以分爲三家。主張舊德爲坤，亦可分爲三家。每一家對「舊德」的定義又不盡相同。第一家爲虞翻的說法，惠氏加以申論。第二家爲惠氏自己的說法，引用許慎《五經異義》加以申論。

又如〈大有・九四〉：

> 「匪其彭，無咎。」惠氏《本義辯證》取《胡氏通釋》之說曰：「卦名，〈大有〉，彭即大之義。〈大有〉皆六五之有也。九四有僭逼之嫌。必不有其大而後無咎。」至惠氏撰用《易述》，乃獨從虞義，作「匪其尪」，同一惠氏書卒歸於嗜異說。若此亦爲不善變矣。大抵《惠氏辯證》一書勝其所撰《易述》遠甚，而今之言惠氏學者，多稱具《易述》，則失之矣。〔註114〕

出版社，1997年）。

〔註112〕參見中國國家圖書館，中國古籍善本書目聯合導航系統。查詢惠棟所得結果。

〔註113〕〔清〕翁方綱，柏克萊加州東亞圖書館編：《翁方綱經學手稿五種——易附記》，頁45。

〔註114〕〔清〕翁方綱，柏克萊加州東亞圖書館編：《翁方綱經學手稿五種——易附

此條批評惠棟對同一爻辭卻有不同說法，翁方綱並且認為惠棟所撰《周易本義辯證》勝過於《漢易述》。惠棟解釋九四爻辭「匪其彭，無咎。」，第一種說法見於《周易本義辯證》。該書引用胡炳文的說法，翁方綱本人亦贊同此一說法。卦名「大有」，「彭」即為「大」之義，所謂大有☲，即是六五陰爻大大擁有其他陽爻。為何要在九四「匪其彭，無咎」呢？胡炳文認為「九四有僭逼」之嫌。在六爻當中，五爻為君位，四爻離君最近，在本卦當中，陽剛勢力大過於陰柔，故在最靠近君位的四爻，提醒居於此位，勢力不能過大，以免壓過君位，而有僭逼的嫌疑。若能克制陽剛過盛，便能無咎（匪其彭，無咎）。第二種說法，見於《漢易述》。《漢易述》中引用虞翻說法，將爻辭改為「匪其尪，無咎。」又「尪，體行不正，四失位折震足。故尪。變而得正。故無咎。」〔註115〕對此種說法，翁方綱給予「嗜異」的評論。

又如〈蠱卦辭〉：

> 惠氏《辯證》云：「『先甲』、『後甲』之義，本康成及《子夏傳》，季長用卦位，仲翔用納甲，皆與此異。」按：此數語可為此條諸說之發凡矣。請次第理之，夫惠氏既以「季長用卦位，仲翔用納甲，皆與鄭說異。」而其《易述》又專用虞氏納甲之說，其《九經古義》又無說，是惠氏於諸家之說，亦未嘗有所斷定也。季長卦位之說、虞氏納甲之說，皆載於李資州《易傳》，而資州於〈蠱・象〉兼取馬、虞，於〈巽〉五爻又專取虞說，是李氏於諸家之說，亦未嘗有所斷定也。夫虞說專以變互消息之義，主「納甲」言之；王弼注則專以人事創制之義，主「甲令」言之。惟馬氏說云：「甲在東，艮在東北，故云：『先甲』；巽在東南，故云：『後甲』。所以十日之中唯稱甲者。甲為十日之首，蠱為造事之端，故舉初而明事始也。」馬氏此說，合卦位人事言之，視虞氏之專主變互消息以納甲言者，較為明切矣。
> 〔註116〕

本條解釋卦辭中「先甲三日，後甲三日」的意義。翁方綱批評的重點，是惠棟在解釋「先甲」與「後甲」所引用的矛盾，而不是在於馬融的卦位說或是

記》，頁 121～122。

〔註115〕〔清〕惠棟：《周易述》（臺北：臺灣商務印書館，《景印文淵閣四庫全書》，1983～1986 年），頁 52-28（下）。

〔註116〕〔清〕翁方綱，柏克萊加州東亞圖書館編：《翁方綱經學手稿五種——易附記》，頁 151。

虞翻的納甲說有何不妥。惠棟對於「先甲三日，後甲三日」的意義，要取虞翻的說法，或是馬融的說法，並無統一。因此，翁方綱批評他「於諸家之說，亦未嘗有所斷定也」。關於「先甲三日，後甲三日」，虞翻、馬融、王弼皆有解釋，虞翻主納甲，王弼主人事創制，馬融結合卦位與人事說解，翁方綱認爲這樣的說法，勝過納甲之說。

又如〈晉・六二〉：

> 六二，晉如，愁如。愁，鄭作「愀，子小反，變色貌」。《惠氏辯證》
> 從之云：「今俗解作憂愁之愁，古無是音，亦無是義。」愚按：《說
> 文》「愁，憂也。從心秋聲。」且民愁見於《左傳》；憂愁、窮愁見
> 於《史記》。豈得謂古無此音義乎？但此經云：愁如，則斷非憂然之
> 字。凡諸家以坎爲加憂釋此卦者，皆不可從。虞氏既於初爻摧字訓
> 爲憂然，又以二爻應該坎上，故愁如者亦非也。此爻愁字，斷以鄭
> 氏作愀爲是。禮，哀公問孔子，愀然作色而對。《釋文》云：「愀，
> 七小反。舊慈糾反，又在由反。注愀然變動貌。按：此注云變動貌，
> 較之專言變色貌者，更爲明曉。蓋初居最下，故有摧如不盡之疑；
> 二則漸居上矣，故較初之疑而未進者有變動行上之意。夫然後以惟
> 貞獲吉，見其得位居中之義也。愁即愀字，蓋非鄭君破字之以當爲
> 定說矣。《惠氏辯證》既從鄭說，而其撰易述又從坎爲加憂之辭，其
> 無定見如此。〔註117〕

本條爲翁方綱對惠棟的批評，並針對反對部份提出自己的看法。第一是對於惠棟在《周易本義辯證》、《易述》兩本書中，對於同一爻辭的解釋卻有著不同。第二是對於惠棟的解釋上，提出實例給予反駁。第三是提出自己的意見看法。在第一點的部份，《周易本義辯證》採用鄭玄的說法，將愁解釋成愀。而《易述》則採虞翻說法，爲憂愁之意。三爻至五爻互坎，坎在其上故憂。對於虞翻的說法翁方綱是反對的，翁方綱認爲鄭玄將愁解釋成「愀」才是正確。翁方綱認爲惠棟這樣的行爲是「無定見」。沒有自己的主張，而盲從漢學家說法。第二，對於惠棟云：「憂愁之愁，古無是音，亦無是義。」翁方綱以《說文》有愁字，而愁在《說文》屬於形聲字，並以《史記》、《左傳》皆有愁字的相關語詞，來證成「古無是音，亦無是義」的說法是不妥的。第三，

〔註117〕〔清〕翁方綱，柏克萊加州東亞圖書館編：《翁方綱經學手稿五種——易附記》，頁 319～320。

翁方綱提出自己對於該爻辭的解釋。翁方綱認爲六二爻的愁，並非憂愁。而是「愀然變色」，的「愀」。而愀字，並非專注在臉色的改變，而是注重在「變動貌」，著重在變字。翁方綱有意將初六「晉如摧如」、六二「晉如愁如」合併觀之。初六欲進，但其他五爻並未允許「罔孚」，而讓初六「摧如」，無法上進。六二也欲上進，對於初六爻被眾爻抑制不得上進，六二的變動就凸顯出來，又因二五相應，六二爻當位，故「貞吉」。翁方綱強調的是六二與初六的不同，兩爻皆要上進，但初六爲其他爻所不允許，六二因當位又與九五應，上進與九五爻合的心，定然比初爻來得急切，故翁方綱主張愁爲「愀」解。

又如〈升・初六〉：

> 惠氏《易述》作㧑字，而其《易辯證》說又岐出。蓋信古不篤者，
>
> 此非深繹卦象，惡可妄執古字以用嗜異之漸乎？〈升・初六〉〔註118〕

此條爲翁方綱批評惠棟「信古不篤」。在《易述》及《易辯證》二書中，對同一爻辭的解釋不一。《易述》中作「㧑升大吉」，〔註119〕爲進之義。《易辯證》雖有提到「㧑升大吉」之義，但卻不從，「今作允，訓爲信義，與㧑殊。」反覆不一的態度，信古卻又不從一而終。

三、反對卦變之說

卦變爲漢學家所常用的解《易》手段，然而卦變之說往往過於複雜，不僅「無當於經義」，〔註120〕有時更因卦變之說，需要「處處牽合」。〔註121〕翁方綱是反對以卦變之說來解《易》，卦變之說本是經傳所無，更重要的是，「聖人」所留下的「傳」以足夠解經，不必再以卦變之說來詮釋，「卦變究非經之正旨」。〔註122〕

如〈需，初九、九二〉：

〔註118〕〔清〕翁方綱，柏克萊加州東亞圖書館編：《翁方綱經學手稿五種——易附記》，頁461。

〔註119〕〔清〕惠棟：《周易述》（臺北：臺灣商務印書館，《景印文淵閣四庫全書》，1983～1986年），頁52-81（上）。

〔註120〕〔清〕翁方綱，柏克萊加州東亞圖書館編：《翁方綱經學手稿五種——易附記》，頁340。

〔註121〕〔清〕翁方綱，柏克萊加州東亞圖書館編：《翁方綱經學手稿五種——易附記》，頁282。

〔註122〕〔清〕翁方綱，柏克萊加州東亞圖書館編：《翁方綱經學手稿五種——易附記》，頁568。

惠氏援虞注九二曰：『四之五，震象半見，』故初體變恆。」可謂支
離矣。摠由不能體會〈象〉傳「未失常」之義，致斯衍說耳。〔註123〕
此條對於惠棟的說解認為過於分散。「四之五震象半見」為解釋九二爻辭「小
有言」。「故初體變恆」為解釋初九爻辭「利用恆」。爻辭分散解釋，並未能全
面的瞭解該爻辭的意義，最後只是流於推衍之說而已。翁方綱認為初九爻辭
的恆字非變恆、也非雷風恆之恆語義不同。惠棟在解釋初爻「利用恆」時，
偏向將〈需〉（☷☰）轉為〈恆〉（☳☴）來解釋，將恆字看成是雷風恆的恆，而
有變恆之說。但這種說法，會將單純的初九爻，變得複雜。惠棟為了使「變
恆」成為合理，先引用虞翻對九二「小有言」的說法，四之五，則上卦成為
震，同時六五、九四、九三成為互兌有口之象。此時初爻再變，變使初爻從
乾成為風，順理成章形成恆卦。如此一來，就符合初九爻辭內容，不過卻不
能合理的解釋「未失常」的意義。若從變恆的角度來解釋「利用恆無咎，未
失常。」於上句可以做出合理解釋，但於下句卻較難有一恰當的說法，如此
一來變會導致推衍之說，而非經義本來面貌了。

又如〈履·九二〉：

> 二爻幽人對三爻武人為義。以剛處柔自是幽靜之義。惠氏據虞義以
> 幽為幽囚之義。雖與〈象〉傳「中不自亂」似有相合。然必謂履自
> 訟來，訟時二在坎獄中則紆曲支離之甚，所以不可從也。〔註124〕

本條乃是翁方綱反對某卦自某卦來之說。九二爻辭「幽人貞吉」相對於六三
武人而言，幽人因剛居陰位，剛柔得宜，上與九五相敵不應，又居內卦中位，
故「貞吉」、「中不自亂」。惠棟根據虞翻說法，認為幽有「幽囚」之義，與〈象〉
傳相合。但虞翻主張履從訟來說法，〈訟〉（☰☵）初爻變，則成〈履〉（☰☱），
又「〈訟〉（☰☵）時二在坎獄中，故稱幽人」。〔註125〕從某卦自某卦來解釋，
翁方綱認為「紆曲支離」，九二幽人從時位來解，已能得其大要，卦變之說可
省略不談。

又如〈解〉卦辭：

〔註123〕〔清〕翁方綱，柏克萊加州東亞圖書館編：《翁方綱經學手稿五種——易附
記》，頁 37。

〔註124〕〔清〕翁方綱，柏克萊加州東亞圖書館編：《翁方綱經學手稿五種——易附
記》，頁 84～85。

〔註125〕徐芹庭撰：《虞氏易述解》（臺北：五洲出版社，1974 年），頁 99。

惠氏《辯證》曰：「雙湖謂：『蹇成解，亦自蹇變。』然〈蹇〉、〈解〉者，反對之卦，〈屯〉〈蒙〉以下皆反對，豈〈蒙〉自〈屯〉來耶？此卦例所無，恐未然。」愚按：惠氏過信虞說，誤矣。〔註126〕

本條為翁方綱反對惠棟卦變之說。惠棟採虞翻說法，主張〈解〉（䷧）自〈臨〉（䷒）。並認為胡一桂〈解〉（䷧）〈蹇〉（䷦），二卦為「反對」之卦的說法是「卦例」所無，翁方綱卻以惠棟主卦變之說為誤，並批評惠棟「過信虞說」。翁方綱認為，〈解〉（䷧）〈蹇〉（䷦）既然可反對來說，又何必執著於卦變？翁方綱對於卦變、卦圖之說，「初無是說，特出後儒演說，不可詁經。」〔註127〕並以查慎行對卦變的考證作為依據，查慎行主張「往來之義，原從反對卦言之。不必以卦變言。」〔註128〕駁斥卦變之說不可信。〈解〉象傳中的往來之辭，便是對於反對卦的明證。

惠棟又言「此卦例所無」。翁方綱不認為有「卦例」這種說法。翁方綱云：

試思何謂卦例？若果出於文王、孔子之言，則謂之例，可也。出於後人之演說，而謂之之例，豈其可乎？〔註129〕

翁方綱認為的卦例釋出自文王、孔子所言，才能稱之，若是由後人演說而來的，並不足以稱之。

又如〈損卦辭〉：

惠氏《本義辯證》援〈雜卦傳〉，盛衰之始一語，以為始字必指初爻言之，乃謂損泰初之上，益否上之初，駁《本義》之說為誤。此蓋過執虞翻之說，而並誤解〈雜卦傳〉也。〈雜卦傳〉所謂盛衰之始者，蓋謂方當〈損〉〈益〉之時，未驗盛衰之究竟，而盛衰之始已基於此。此聖言之精微也。豈以初爻言哉？或曰盛衰之始，不於〈姤〉復言之，而於〈損〉〈益〉言之。何也？曰：〈損〉〈益〉雖天道象數之自然，而實由人事出焉。故損益〈象〉傳皆曰：「與時偕行。」夫盛衰

〔註126〕〔清〕翁方綱，柏克萊加州東亞圖書館編：《翁方綱經學手稿五種——易附記》，頁373。
〔註127〕〔清〕翁方綱，柏克萊加州東亞圖書館編：《翁方綱經學手稿五種——易附記》，頁374。
〔註128〕〔清〕翁方綱，柏克萊加州東亞圖書館編：《翁方綱經學手稿五種——易附記》，頁373。
〔註129〕〔清〕翁方綱，柏克萊加州東亞圖書館編：《翁方綱經學手稿五種——易附記》，頁374。

皆由人爲也。此與〈姤〉之言。遇、復之言「反」者言各有當耳。
〔註 130〕

本條爲翁方綱對卦變說的反對。講家多說損自泰來，但不論何者，卦變皆不必從。翁方綱引王童溪說法爲主張，認爲損就是「艮重兌」，不必多言某卦自某卦來。同時此條惠棟引〈雜卦傳〉之語來解釋，但〈雜卦傳〉的盛衰之始指的是大自然、人事中有損則衰、有益則盛，盛衰是相對消長。但是惠棟把〈雜卦傳〉解釋義理的文字看成卦變，這便是惠棟說經上的錯誤。也是翁方綱所不取。

又如〈睽‧九二〉：

> 九二：遇主於巷。而惠氏《易述》從虞義，「以爲二指震。震主器，二動體震，震爲主，故遇主謂五遇二也。〈釋宮〉篇，『宮中巷謂之壺。』巷亦作術。《楚辭》：『五子用失夫家巷。』隱四年，《穀梁傳》：『遇者，志相得也。』二五相應而皆失位，此於無咎，咎字有著落二動五變應之，故遇主於巷而皆得正，故無咎。俗說以五爲主者，謬也。大夫稱主君，故昭廿九，《春秋傳》，『齊侯使高張來唁公，稱主君，子家子曰，齊卑君矣，君祗辱焉。』知五非主也。」〔註 131〕

本條爲翁方綱引惠棟說法解釋九二爻辭「遇主於巷」。惠棟對於「遇主於巷」的說法主要來源是虞翻，而在虞翻的基礎上，尋找古籍證據佐證。惠棟認爲「遇主於巷」爲五下遇二於巷中。「遇主於巷」的主並非指五爻，而是指二爻。上述兩點，關於前者「遇主於巷」的見解，惠棟採虞翻說法，虞翻認爲九二、六五爻失位，需變而得正，九二一變則下卦成震象，震有長子、道路、主器之象，因此「遇主於巷。」同時，也因爲九二爻、六五失位，爲咎。變而當位「正應」，故「無咎」、「未失道」。此爲虞翻對於「遇主於巷」的見解。惠棟針對此點，對於「遇」字做了考證。惠棟引《穀梁傳》對遇的解釋，「遇者，志相得也。」既然遇爲志相得，九二爻一變，六五爻一變則能「正應」，二五一相應，即爲「遇主於巷」。而「主」指二爻，而非五爻，惠棟引《春秋傳》的說法，以大夫爲主君，君非主而爲大夫。對於這樣的說法，翁方綱則持有不同看法：

〔註 130〕〔清〕翁方綱，柏克萊加州東亞圖書館編：《翁方綱經學手稿五種——易附記》，頁 389。

〔註 131〕〔清〕翁方綱，柏克萊加州東亞圖書館編：《翁方綱經學手稿五種——易附記》，頁 352。

詳惠氏此條，必援《春秋傳》大夫稱主君以證主之非五，此亦不能概例，此卦之五爻也。此卦之五爻非即〈象〉傳所謂柔進而上行乎。柔進而上行，得中而應乎剛，豈獨不可以卦主言之，而必斷之於《春秋傳》。大夫稱主君乎，又其以震爲主，器當此主字，此亦漢儒紆曲之說耳。《說文》：「𨟔，裏中道也。從邑從共也。」皆在邑中所共也。《玉篇》：「鄉，門外也，與巷同。」古訓惟此而已。至於直曰街曲曰巷，則唐宋以後。《廣韻》增韻遞相推釋之訓，而古無是訓也。惠氏引《爾雅·釋宮》自是正訓。其謂五來遇二，亦與此訓義相合。竟當以惠氏五來遇二爲定解。但不必依其蔓引震爲主器耳。〔註132〕

翁方綱認爲，惠棟的說法有部份是錯誤，不過惠棟所得到的結論「五下遇於二」卻是對的。首先是惠棟認爲主不是指五，而是指二這個說法。惠棟以《春秋傳》這一個例子來作佐證，並不能成爲通則。惠棟以《春秋傳》作爲輔證，翁方綱則認爲不必大費周章，直找〈象〉傳文字即可證明，〈象〉傳有言「柔進而上行，得中而應乎剛」，明白指出五爻爲主爻，既然五爲主爻，則九二爻所言「遇主於巷」的「主」，即爲六五爻。其次，翁方綱認爲睽卦六爻皆言相合之義，初九「見惡人」、六三「見輿曳，其牛掣」、九四「遇元夫」、六五「往有慶」、上九「往遇雨則吉」。同理可證，九二爻也是有合之義，故翁方綱認爲二五相遇於九二爻這個概念是正確的。但是惠棟引虞翻說法，以變爻、卦象言九二爻「遇主於巷」則是過於紆曲，實可不必。

四、理解錯誤

惠棟在引用典籍或前人說法時，自身在理解這些說法時產生錯誤，如〈乾·九五〉：

九五：利見大人。即指本爻說。其謂：「利見九二之大人者」，非也。惠氏《本義辨證》乃謂：「朱子九二之義，本于王昭素。」此特因朱子偶稱王昭素對宋祖語耳。昭素實說九五，非說九二也。若謂二五以互見義，則仍是朱子《本義》之說，又奚以辨證爲？〔註133〕

〔註132〕〔清〕翁方綱，柏克萊加州東亞圖書館編：《翁方綱經學手稿五種——易附記》，頁 353～354。

〔註133〕〔清〕翁方綱，柏克萊加州東亞圖書館編：《翁方綱經學手稿五種——易附記》，頁 9。

本條指出，九五爻辭中的「利見大人」，大人指的是九五而非九二。惠棟認爲朱熹在解釋大人時，指的是九二而非九五。但事實上，朱熹在《語類》舉的例子中，是指九五而非九二。

又如〈豫・六二〉：

> 「介於石」……近日，惠氏獨主虞説謂：「纖，古訓也。」愚案：《説文》：「介，畫也。」此即訓之最古者，然則「剛介」、「耿介」之義，亦即由「介，畫」生也。其餘訓之古，若《玉篇》謂：「甲也」、「大也」、「助也」、「紹也」。夫謂「大如石」尚且不可通，而謂「纖如石」其可通乎？惠氏乃援《繫辭傳》：「憂悔吝者存乎介」，不知言各有當。六二之「介於石」，則是「剛介」、「耿介」之「介」，而非「纖介」，明矣。〈豫・六二〉〔註134〕

此條對於惠棟釋「介於石」以及引用《繫辭傳》說解錯誤提出批評。惠棟將「介」訓爲「纖」。並說此爲「古訓」。惠棟的依據乃是虞翻，而虞翻爲漢學者，故爲「古」。針對這個字義的理解，以及「古訓」的眞實與否，翁方綱一一提出反駁。翁方綱根據《說文》對「介」的解釋，爲「畫」，並點出《說文》的解釋才是最古。由「畫」本義引申的耿介、剛介才是「介於石」的本義。表示耿介如石。而惠棟爲了證明「纖」的解釋，引用《繫辭傳》：「憂悔吝者，存乎介」。但不察「介於石」的介與《繫辭傳》的「介」在字義上是有所不同的。

又如〈觀・六三〉

> 六爻之義，惟「觀我生」之義須辨明也。《惠氏辨證》曰：「《語類》以六三：『觀我生進退。』『我』字指九五言。」此説與《本義》異。
> 然惠氏亦究未知《本義》之説與《語類》之説當執從也。〔註135〕

本條對於惠棟在引用朱熹說法時，並未細查。《朱子語類》中的說法，是將「觀我生進退」的我，指「九五」而言。但在《本義》中朱熹的看法，卻與《語類》不同，《本義》云：「我生，我之所行也。六三居下之上可進、可退，故不觀九五而獨觀已，所行之通塞，以爲進退占者，宜自審也。」〔註136〕翁方

〔註134〕〔清〕翁方綱，柏克萊加州東亞圖書館編：《翁方綱經學手稿五種——易附記》，頁135〜136。

〔註135〕〔清〕翁方綱，柏克萊加州東亞圖書館編：《翁方綱經學手稿五種——易附記》，頁169。

〔註136〕〔宋〕朱熹：《周易本義》，（臺北：大安出版社，2006年，收錄於《周易兩種》）頁99。

綱認爲，惠棟應要將兩種說法作一個釐清，再行引用。

又如〈坎〉卦辭：

> 近日惠氏篤守虞說，乃謂：「虞謂習爲常，於〈象〉義不協，」然〈象〉
> 傳爲常德行習教事，何常不以常與習並言。而惠氏顧謂於〈象〉義不
> 協乎？惠氏不取虞氏常字之訓，尚可也。而獨取虞氏孚信謂二五一
> 句，不思虞氏云孚信謂二五者，是連下「水行往來，不失時」之義，
> 所以有孚即習義也。惠氏不載其下數句，而專取其孚信，謂二五之一
> 句，則何怪乎？諸家於「有孚心亨」，俱以陽實在中言之，若然，則
> 「有孚」與「心亨」，直是一句，而何以卦辭必用維字乎？〔註137〕

本條爲翁方綱批評惠棟引用虞翻說法時有錯誤產生。虞翻解釋「習坎，有孚，
維心亨，行有尙」。虞翻將習解釋爲「常」，以「水行往來，不失其時」的觀
點解釋，故「有孚」。這個觀點與一般解釋「習」爲重複、重險有所出入，也
與習坎的卦象有所不合。因此，惠棟才會認爲虞翻說法「於象義不協」。但是，
翁方綱卻認爲，將習解爲常，以河水規律的流動，也符合卦辭的含意，「常字
雖非正訓，而義卻相合。」〔註138〕惠棟不認同虞翻對於「習坎，有孚」的說
法，而又因爲水的流動有孚，使二與五應，惠棟便擷取虞翻「有孚」指二爻
與五爻相應，而沒有去考慮到二與五爻的「有孚」是「習坎」而來。斷章取
義的引用是翁方綱對惠棟在引用上的批評。

> 虞翻曰：「行，謂二，尚謂五。」惠氏申虞義，以尚與上通也。竊按：
> 聖人〈象〉傳渾言剛中自合二五言之，豈必以二爲行，五爲上邪？
> 虞釋《易傳》曰：「功謂五。」惠氏申之曰：「五多功，故功謂五。」
> 夫繫傳所謂五多功者，豈指此耶？惠氏蓋渥於虞義者也。然其謂：「尚
> 與上通」，則視「貴尚義」爲得之。〔註139〕

本條解釋卦辭「行有尙，往有功也。」翁方綱認爲惠棟處處拘泥於虞翻的說
法。虞翻認爲「行」表示二爻，尙爲五爻。惠棟加以解釋，尙與上通，《繫辭
傳》也明言「五多功」。惠棟這個說法，翁方綱提出不同法。首先是「行」指

〔註137〕〔清〕翁方綱，柏克萊加州東亞圖書館編：《翁方綱經學手稿五種──易附
記》，頁 257。

〔註138〕〔清〕翁方綱，柏克萊加州東亞圖書館編：《翁方綱經學手稿五種──易附
記》，頁 257。

〔註139〕〔清〕翁方綱，柏克萊加州東亞圖書館編：《翁方綱經學手稿五種──易附
記》，頁 226。

二爻，「功」指五爻。〈象〉傳所言「乃以剛中」，指二五爻無誤，但是並未明確指出行指二，尚指五。第二是虞翻認爲「功謂五」，惠棟引用《繫辭傳》「五多功」來進一步解釋，但是《繫辭傳》的「五多功」是指五爻位居上卦中位，又是六爻當中最尊貴的位置，自然多功。與此處的「功」是有所不同的。

又如〈離‧初九〉：

> 惠氏以經文有履字，遂援序卦傳「禮義有所錯」之義，而不知其忘卻此經錯下有然字也。〔註140〕

本條爲翁方綱批評惠棟引用有誤。初九爻辭「履錯然」，所表示的爲初九居陽位，陽剛積極，但目標未確定，故「履錯然」。但惠氏以經文有「履」字，便「以經解經」，但與〈序卦傳〉的「有君臣然後有上下，有上下然後禮義有所錯」的「錯」字，意義並不相同。

又如〈小畜‧上九〉：

> 「月幾望」，「幾」字，或作「近」，「近」亦「幾」義耳。惠氏乃援《詩》：「往近王舅。」不知《詩》：「往𨒅王舅。」「𨒅」字與「近」非一字，後來板本訛作「近」耳。「𨒅」，語辭，篆書或有借作「記」字者，從未有作「將近」之「近」義解者。此則併字形、字詁之不辨，而可妄改經文乎？〔註141〕

本條對於惠棟引用經文未詳加考察給予批評。上九爻辭「月幾忘」，「幾」爲「近」義。惠棟引《詩經‧大雅‧崧高》「往𨒅王舅」，將「𨒅」解釋成「將近」之義。於此犯了兩個錯誤，第一，「往近王舅」的近字，本字應爲𨒅，後來訛作爲「近」，惠棟精通考據，卻對此不察，是對字形不辨；第二、「近」字於此，爲語氣詞無義，而惠棟卻將「近」用在月幾忘的解釋上，此爲字詁不變。更重要的是，「往𨒅王舅」的近字，於音念「記」而非「近」。根據《說文解字》段玉裁注，「往𨒅王舅假借爲語助詞也」、「大雅作近者誤」，〔註142〕可證。

又如〈中孚‧六四〉：

> 而惠氏《辨證》必援《詩》往𨒅王舅謂古文讀近爲既，此當作既字，

〔註140〕〔清〕翁方綱，柏克萊加州東亞圖書館編：《翁方綱經學手稿五種——易附記》，頁275。

〔註141〕〔清〕翁方綱，柏克萊加州東亞圖書館編：《翁方綱經學手稿五種——易附記》，頁80～81。

〔註142〕〔漢〕許慎撰，〔清〕段玉裁注：《說文解字注》（臺北：洪葉文化事業，1999年），頁201。

此說非也，且即陸《釋》所引京作近，亦與《詩》往迎王舅字不同，（迎非遠近之近，今世所行校本乃有作近者。）何得併苟作既爲一條，而必迎從之，此在嗜迎者以爲能放字義輒雖立異而不知其並字義而失之。〔註143〕

此與〈小畜‧上九〉「月幾望」所犯的錯誤相同。

又如〈井‧九二〉：

近日惠棟作《周易述》又從而申解之謂：「鄭據六日七分謂中孚。十一月卦卦辭豚魚吉，巽爲魚，巽以風動，故云感動天地。此魚之至大，井五月卦，九二失位，言微陰尚未應，卦不能動天地，故云此魚之至小。」此眞扣槃捫籥，傅會可笑至於如此。而居然自以爲說經。此等言語誣設經傳，本不足置辯，特表出之以告世之嗜奇驚博者，戒之戒之（王氏輯鄭氏易注無言微小也。四字恐是伯厚於文選注刪去言微小也以下，而浚儀成書時，抄胥小吏誤入後數語耳。此在校正王氏輯鄭氏易者，刪去後數句，以存其眞，庶爲得之。）〔註144〕

此條爲惠棟附會之說。被翁方綱批評爲「扣槃捫籥，傅會可笑」。惠棟以鄭康成對此爻的說法：「九二，坎爻也。坎爲水，上直巽。九三，艮爻也。艮爲山，山下有井，必因谷水所生魚，無大魚但多鮒魚耳。言微小也。夫感動天地，此魚之至大。射鮒井谷，此魚之至小，故以相況。」惠氏針對鄭康成「言微小也」後面開始詮釋。但惠棟詮釋的這幾句話，並非鄭康成本義，而是後人劉逵注釋〈吳都賦〉的話語，乃是抄胥小吏誤抄。

五、引用出處不詳

惠棟常常引用「古書」說法來證成自己的見解，然這些「古書」卻無實際的書名，可信度並不高。如〈大畜‧六五〉：

至於「牙」字……惠氏乃又不據埤雅而謂：「東齊海岱之間以杙繫豕，防其唐突。」究未確指繫豕之杙名爲牙者出於古書何處。大約亦傅會文義與項氏等耳。聖經之文，豈必爲後人作對比，必以六五爻句與六四文句一一平對乎？此牙字訓「繫豕之杙」，所不必從者也。〔註145〕

〔註143〕〔清〕翁方綱，柏克萊加州東亞圖書館編：《翁方綱經學手稿五種——易附記》，頁674。

〔註144〕〔清〕翁方綱，柏克萊加州東亞圖書館編：《翁方綱經學手稿五種——易附記》，頁506～507。

〔註145〕〔清〕翁方綱，柏克萊加州東亞圖書館編：《翁方綱經學手稿五種——易附

本條為惠棟修改經文文字，將「豶豕之牙」訓為繫住豶豕的木椿。但這種說法惠棟並未明確寫出自於何書、何人，翁方綱根據此點，認為此種說法並不妥當，不必從也。

又如〈渙‧上九〉：

> 惠氏《辨證》云：「『逖』與『惕』古文通，故《本義》從程《傳》
> 讀逖為惕。」按：「逖」與「惕」古文通之說，不知何據。〔註146〕

此為惠棟解釋「逖出」。主張「逖」與「惕」古文相通。然而惠棟所言的「古文」出自於何書，惠棟並未交代。翁方綱對於這樣貿然就將二字相通的說法寫出，是很不正確。翁方綱進一步指出，「《說文》：「逖古文作逷，遠也。惕或作悐、敬也，二字判然不同。」〔註147〕針對惠棟任意引用，未詳其本的說法給予批評。

六、義理詮釋不精

翁方綱對於義理的最高準則，來自於孔子所作的《十翼》中，出現疑義時，翁方綱往往會以〈彖〉傳、〈象〉傳之語來作解釋。凡與〈彖〉傳、〈象〉傳、〈繫辭傳〉等內容有所牴觸，皆回歸經傳本身，即為翁方綱所謂「依經立義」〔註148〕即是此義。翁方綱又云：「凡諸卦爻皆然，凡說經推衍見義者，皆非其本旨也。」，〔註149〕推衍見義，即是不以如《十翼》之說作為依歸，這樣的解釋悖離聖人之道。

如〈乾卦辭〉：

> 而近日，元和惠氏《易述》又執虞翻〈革〉卦，注義以為：「乾道變
> 化，各正性命，保合太和，乃利貞。」直用〈既濟〉，以詁乾卦之義，
> 則迂滯矣。〔註150〕

　　　記》，頁226。
〔註146〕〔清〕翁方綱，柏克萊加州東亞圖書館編：《翁方綱經學手稿五種——易附
　　　記》，頁653。
〔註147〕〔清〕翁方綱，柏克萊加州東亞圖書館編：《翁方綱經學手稿五種——易附
　　　記》，頁653。
〔註148〕〔清〕翁方綱，柏克萊加州東亞圖書館編：《翁方綱經學手稿五種——易附
　　　記》，頁5。
〔註149〕〔清〕翁方綱，柏克萊加州東亞圖書館編：《翁方綱經學手稿五種——易附
　　　記》，頁5～6。
〔註150〕〔清〕翁方綱，柏克萊加州東亞圖書館編：《翁方綱經學手稿五種——易附

惠棟《易述》中引用虞翻〈革〉卦對〈乾〉卦的元亨利貞來解釋，翁方綱認為過於「迂滯」。翁方綱認為「元亨利貞」為四德，四德各有意義。對四德的說法，引用了孔穎達《五經正義》、《李資州集解》、許慎《說文解字》、《程傳》、《朱子本義》、胡煦《周易函書約注》進一步闡發。以下就引用的說法，列表來作說明：

	元	亨	利	貞
孔疏	始也	通也	和也	正也
李資州				
孔疏與李資州皆引《子夏易傳》				
許慎			利從和省，然後利。	
程傳	萬物之始	萬物之長	萬物之道	萬物之成
朱子本義	大也		宜也	正而固也。

有些學者會將四德配上春夏秋冬、仁義禮智的說法，雖然於理解上可通，但是在翁方綱眼中是「講家推說耳」。孔疏分成兩層來論述，一層是討論四德內容，二層是聖人法之。孔疏的第一層翁方綱是讚許的，但第二層翁方綱則認為不必。翁方綱主張解經要「依經立義」，〔註151〕孔子既然已在〈文言〉中提到：「君子行此四德者，故曰：『乾：元、亨、利、貞。』」就已經明白告訴世人，元亨利貞為四德，四德與四季、四端搭配闡發，甚至認為聖人需效法這四德的種種說法，都不是經文所有，「非黏著人事，亦非言占卜，亦不可說作戒辭。」〔註152〕

惠棟《易述》並不討論「四德」的內容，反而引用虞翻〈革〉卦的內容，來作為疏解。虞翻於〈革〉卦辭下提到：

記》，頁 5。
〔註151〕〔清〕翁方綱，柏克萊加州東亞圖書館編：《翁方綱經學手稿五種——易附記》，頁 5。
〔註152〕〔清〕翁方綱，柏克萊加州東亞圖書館編：《翁方綱經學手稿五種——易附記》，頁 5。此為翁方綱引用光山胡氏《周易函書約注》的說法作為前面一系列的討論總結。

〈遯〉上之初，與〈蒙〉旁通。悔亡，謂四也。四失正，動得位，
故「悔亡」。離爲日，孚謂坎。四動體離，五在坎中，故「已日乃孚」。
以成既濟，乾道變化，各正性命，保合太和，乃利貞，故「元亨利
貞，悔亡」矣。與《乾·彖》同義也。〔註153〕

革與乾皆有「元亨利貞」卦辭，惠棟將虞翻解釋〈革〉卦「元亨利貞，悔亡」
的意義用在〈乾〉卦的元亨利貞當中。〈革〉（☲☱）卦的「悔亡」，主要在四爻，
四爻本身陽居陰位，本爲不正，若能改變（動得位），便能無悔，四爻動，則
成〈既濟〉（☵☲）。〈既濟〉卦中（☵☲），六爻剛柔當位，陰陽和諧。此外，〈既
濟〉上卦爲雲，二三四互坎，在下爲雨，雲行雨施，品物流行；又下卦三爻
與三四五爻爲互離，爲大明。與〈乾·象傳〉解釋「元亨利貞」〔註154〕不謀
而合。解釋「四德」，輾轉用了〈既濟〉來作說明，利用〈既濟〉的爻位互〈坎〉、
互〈離〉來作說明，不如直接就「四德」的定義作闡述來得快速。惠棟不直
接以經傳作爲根本，反而以虞翻之說爲要，輾轉解釋元亨利貞，這是翁方綱
認爲「迂滯」的地方。

又如〈比·六三〉：

近日，惠氏專治漢學者，申之曰：「《火珠林》：『〈坤〉六三，乙卯木。』」
干又云：「〈比〉者，〈坤〉之歸魂也。〈坤〉爲土，土以木爲官。故
云：『坤之鬼吏。』」此與〈否〉六三同義，故二卦皆云：「匪人。」
虞氏注「否之匪人」云：「謂三也。」竊按：〈否〉卦下體〈坤〉，〈比〉
卦亦下體〈坤〉，此六三爻辭與〈否〉卦辭皆云之：「匪人。」《易》
之設卦觀象，處處融貫。虞氏、干氏之學，非無所本矣。但干氏援
及「周爲木德，卯爲木辰」，惠氏又引《翼奉傳》「東方亥卯，主陰
賊」以證之。此特京、焦之後，長於災變陰陽之占，推衍《易》數
之辭云耳。至援管、蔡之事，牽連〈象〉傳「建萬國，親諸侯」，以
不亦傷乎？專指此義，不思大〈象〉所謂「先王以某事，君子以某
事」，皆非卦中之本義，或旁通其事，或推及其用，此六十四卦之所

〔註153〕徐芹庭撰：《虞氏易述解》（臺北：五洲出版社，1974 年），頁 196。
〔註154〕「大哉乾元，萬物資始，乃統天。雲行雨施，品物流形。大明始終，六位時
成，時乘六龍以禦天。乾道變化，各正性命，保合大和，乃利貞。首出庶物，
萬國咸寧。」〔魏〕王弼、〔晉〕韓康伯注，〔唐〕孔穎達疏：《周易正義》。收
於〔清〕阮元校勘：《重刊宋本十三經注疏附校勘記》（臺北：藝文印書館，
2001 年），頁 10～11。

同也，而竟謂此爻必指管、蔡可乎？漢、晉間，説經之家偶掇緒餘，
各拈所見，原皆於經義不無相資發明處，若必執爲定解，則非正也，
謹發其凡於此。〔註155〕

本條批評惠棟兩點，第一、「偶掇緒餘」。第二、「五行與八卦六爻相配」。關
於第二點，惠棟引《火珠林》、干寶對於「比之匪人」的看法，二者皆從五行
角度來詮釋。根據惠棟考察京房《易》所得到「八卦六位圖」〔註156〕、「八卦
宮次圖」，〔註157〕坤屬土，又三爻，爲乙卯木，爲歸魂宮。這種說法翁方綱認
爲「特京、焦之後，長於災變陰陽之占，推衍《易》數之辭云耳。」對於義
理的掌握上並不充足。而在第一點，惠棟解釋爻辭，卻又將大〈象〉「建萬國，
親諸侯」納入解釋，並指出這件事情是指管蔡之亂。但大〈象〉與本爻爻辭
並無相關，拿來作解釋已有不妥。此外，大〈象〉中所說的事情，並非專指
特定事情。大〈象〉中的道理，可以「旁通其事」、「推及其用」，拿來專指，
變傷了大〈象〉本質。以上兩點是翁方綱所批評。但惠棟引虞翻的說法，指
出〈否〉（䷋）與〈比〉（䷇）二卦，下卦皆爲坤（☷），同時爻辭皆具有「匪
人」這點的觀察，翁方綱是給予肯定的。

又如〈隨・初九〉：

「出門交有功」。惠氏援繫辭傳「五多功」，以功指五。蓋虞氏之説
亦以九四「有孚在道」指五言之。故謂：「〈象〉四有孚，在道明功
也。亦指五。」此説非也。然而初九爻辭功字與九四〈象〉傳功字，
自是一義。項氏曰：「九四欲其有孚在道，謂隨初也。」此説是也。
〔註158〕

本條爲惠棟意見與翁方綱相左。惠棟採虞翻說法，認爲「出門交有功」指五
爻。同時也引繫辭傳說法，主張「凡言功者皆指五。五多功。」〔註159〕但翁
方綱採項氏說法，認爲有功指初而非五。

〔註155〕〔清〕翁方綱，柏克萊加州東亞圖書館編：《翁方綱經學手稿五種——易附
　　　　記》，頁 66～67。
〔註156〕李開著：《惠棟評傳》（南京：南京大學出版社，1997 年），頁 210～211。
〔註157〕李開著：《惠棟評傳》（南京：南京大學出版社，1997 年），頁 215～216。
〔註158〕〔清〕翁方綱，柏克萊加州東亞圖書館編：《翁方綱經學手稿五種——易附
　　　　記》，頁 147。
〔註159〕〔清〕惠棟：《周易述》（臺北：臺灣商務印書館，《景印文淵閣四庫全書》，
　　　　1983～1986 年），頁 52-34（上）。

又如〈賁‧六二〉：

> 又惠氏指「五」謂「五變應二」也。然以變言，似多一層折。而「五」
> 是上體究勝於指「三」者，然不若項氏指「上九」言，於卦義爲當
> 也。〔註160〕

本條爲翁方綱不認同惠棟說法，引項安世說法給予反駁。

又如〈大過‧九二〉：

> 惠氏《九經古義》：「〈大過〉九二『枯楊生稊，老夫得其女妻，無不
> 利。』〈象〉曰：『老夫女妻，過以相與也。』此爻象辭及九五爻辭，
> 漢魏以來，諸儒皆不得其說。凡卦皆二應五，初應上 此句可商。當云：「初應四也。」 何得
> 云：「凡卦皆 初應上乎？」，惟〈大過〉之象，無所不過，故二過應上，五過取初。
> 〈兌〉少女稱女妻。〈巽〉長女稱老婦。聖人觀象、繫辭故有是占，
> 不然，則『過以相與』之語，果何所謂耶。此虞仲翻之說，昔宋元
> 諸儒未理會及此。」〔註161〕

本條爲惠棟解釋九二爻辭，翁方綱先引惠棟於《九經古義》的說法，此說法的
根據來自於虞翻，根據虞翻的說法，再加入惠棟自身的詮釋。認爲虞翻的說法
合理解釋了爻辭與〈象〉傳，也融合〈大過〉的卦名於意義中。惠棟認爲在一
般的情況中，二爻與五爻、初爻與上爻爲應的關係。在此卦當中，可以超出一
般的理解，既然名爲「大過」便能「無所不過」，二爻能過五爻與上爻相應，五
爻能過二爻與初爻相應。上卦〈兌〉，爲少女，是爲女妻之象；下卦〈巽〉，爲
長女，爲老婦之象。九二爻爲老夫，上六爲女妻，九二過九五而與上六應，「得
過其應」，亦是〈象〉傳所言「過以相與」。惠棟對虞翻說法給予高度讚賞。然
而，在此敘述當中，翁方綱對於「凡卦皆二應五，初應上」，持著不同看法。翁
方綱同意「二應五」，但「初應上」卻是有待商榷。在一般的情況，應爲「初應
四」，對於惠棟貿然使用「凡卦皆……」的口吻來敘述，是有待商榷的。

引用完惠棟對於虞翻的詮釋後，翁方綱進一步將虞翻的說法引出，將惠
棟所詮釋中，不足之處加以補足，以下的引文中，「按」之後爲翁方綱引虞翻
的說法，兩行並排小注爲翁方綱對於虞翻該句的意見：

〔註160〕 〔清〕翁方綱，柏克萊加州東亞圖書館編：《翁方綱經學手稿五種——易附
記》，頁 183。

〔註161〕 〔清〕翁方綱，柏克萊加州東亞圖書館編：《翁方綱經學手稿五種——易附
記》，頁 243～244。

按：虞氏說於二爻云：「巽爲楊，乾爲老，老楊故枯，二體乾老，故稱老夫；女妻謂上兌，兌少女，故曰女妻。謂二過初與五。五過上與二，獨〈大過〉之爻，得過其應，故過以相與也」惠氏申虞說，謂二過應上，五過取初。此蓋言二本與五相應。今乃逾越三爻，而以上爲女妻也。五本應二，今乃逾越二爻而以初爲老婦也。然虞氏此條，則曰：「二過初與五，五過上與二，」是虞氏此說又與惠氏所申釋者不盡同矣。於五爻云：「老婦謂初，巽爲婦。乾爲老，故稱老婦。」虞以二爻之女妻，指上爻。以老夫屬二爻，而曰乾爲老，則盛。因二在中爻，爲互乾乎。至於五爻既以老婦指初爻，而又曰乾爲老，則初爻卦屬巽體，爻屬陰柔，又不在中四陽互體之內，則實不知其云乾爲老者，是何說矣？〔註162〕

此條引文中，虞翻的說法，更進一步解釋爲何九二爻爲「老夫」，初爻爲「老婦」。下卦爲〈巽〉，〈巽〉爲木，楊爲木。故下卦整體有木象，不管是「白茅」、「枯陽」、「稊」皆與木有相關。二、三、四爻爲互〈乾〉，「乾爲人，《方言》云：『乾爲言，故稱老夫』」。〔註163〕既然二爻爲老夫，下卦〈巽〉爲長女，爲婦，〈乾〉又爲老，故初爻爲老婦。虞翻此部份的說明，與惠棟的詮釋是相同的。而在「過以相與」的理解，惠棟認爲是「二過應上，五過取初」，但虞翻的說法則爲「二過初與五。五過上與二」，二人對於「過以相與」有些微不同。此外，對於「初爻」爲「老」婦，翁方綱則提出異議。下卦〈巽〉，爲長女，爲婦，這是合理的卦象推測，並無差錯。翁方綱有質疑的地方便是「老」的形成。虞翻以「乾爲老」合理推測初爻爲老婦。但互乾的部份僅存在二至四爻，與初爻毫無相干，「老」婦的形成，實有待商議。

上述兩條引文，第一條引文中，說明了惠棟的看法。第二條引文中，說明瞭虞翻的詮釋。第三條引文，翁方綱則根據上述的意見，下了總結：

按：惠氏既尊虞說以爲古義，而其《易述》則又云：「虞以上爲稊，初爲華，於卦意亦不足。」女妻謂初也。虞謂初爲老婦爲異也。是則惠氏固仍從諸如之舊說矣。而其《九經古義》，近時嗜博之徒，頗有尋信之者。又《惠氏本義辯證》，仍從虞說，〈兌〉爲女妻，〈巽〉爲老婦。惠氏此三書，此條當以《易述》爲是。亦可見惠氏所謂經學者，其好爲翻新而範無定見，大率如此耳。〔註164〕

〔註162〕〔清〕翁方綱，柏克萊加州東亞圖書館編：《翁方綱經學手稿五種——易附記》，頁244。

〔註163〕徐芹庭撰：《虞氏易述解》（臺北：五洲出版社，1974年），頁144。

〔註164〕〔清〕翁方綱，柏克萊加州東亞圖書館編：《翁方綱經學手稿五種——易附記》，頁245。

翁方綱對惠棟《九經古義》、《周易述》、《周易本義辯證》三本書對此爻的說法，做了分析。《九經古義》、《周易本義辯證》二書皆從虞翻之說，以「〈兌〉爲女妻，〈巽〉爲老婦」，〈兌〉爲少女，故爲女妻；〈巽〉爲長女故爲女婦。《周易述》一書則認爲虞翻之說法「於卦意不足」。對於三書的說法，以《周易述》爲是。三書的說法並不一致，認爲惠棟的學問是「好翻新」、「無定見」。

又如〈解・六五〉：

> 六五君子維有解。維字，李資州本作惟。惠氏《易述》引此謂讀作思維之惟，而惠氏又引〈隨〉卦虞注曰：「兩係稱維。則謬矣。非也。維即惟字，君子有解，中著惟字，正言惟君子乃能用解之道，故以有解歸之君子也。」〔註165〕

本條爲翁方綱對惠棟引虞翻注維字的批評。惠棟引虞翻，以維爲陰陽相係，初九六四陰陽兩爻相係故得解。翁方綱以此說法爲謬。翁方綱以惟角度來詮釋，認爲惟君子才能有解，而不從陰陽相係之說。

又如〈損・六五〉：

> 惠氏《辯證》引表祀云：「不違龜筮。」按：表祀專以卜筮事神之義言之，與此經義言各有當，亦不必引也。〔註166〕

本條解釋十朋之龜的意義。翁方綱認爲十朋之龜乃指重要寶物。而惠棟以占卜的角度來詮釋。翁方綱認爲這種說法也是一種可能，但就義理上的考量，以占卜來說實所不必。

又如〈萃・初六〉：

> 惠氏《易述》：「《周禮・小司徒考》：夫屋，鄭氏云：夫三爲屋屋。三爲井，又鄭注改工匠人云：『三夫爲屋。屋具一井之地，三屋九夫，三三相具，以出賦税。』《戰國策》：『堯無三夫之分。』三夫爲一屋也。一屋謂坤三爻。益六三云：『三人行』。虞氏云：『泰乾三爻爲三人，此不稱三人，而稱一屋者，乾爲人，故三爻爲三人。坤陰無稱人之例，故云一屋也。』竊按：鄭氏每援《禮》以釋經。惠氏疏之詳矣。〔註167〕

〔註165〕〔清〕翁方綱，柏克萊加州東亞圖書館編：《翁方綱經學手稿五種——易附記》，頁381。

〔註166〕〔清〕翁方綱，柏克萊加州東亞圖書館編：《翁方綱經學手稿五種——易附記》，頁398。

〔註167〕〔清〕翁方綱，柏克萊加州東亞圖書館編：《翁方綱經學手稿五種——易附

惠棟此條解釋鄭玄「握當讀爲夫三，爲屋之屋。」的說法。對於鄭玄，翁方綱認爲鄭玄「每援禮以釋經。惠氏疏之詳矣。」惠棟雖將鄭玄的說法考據詳實，但其實惠棟對於「一握爲笑」的解釋，「不過仍是《朱子本義》所云，眾以爲笑之意耳。」〔註168〕翁方綱認爲，初爻不當位，故有孚不終，乃亂乃萃。在其志亂的時候，「勿恤」，若能夠號召正應，指與初爻有孚的四爻，握手偕行，如此便可破涕爲笑、破號爲笑。

又如〈鼎·九二〉：

> 惠氏《辯證》泥於仇匹之義，必欲從此說，非也。〔註169〕

翁方綱反對「我仇有疾」，仇爲匹之義。也不贊成我仇指五爻。翁方綱以程朱說法爲依據，認爲仇字非匹義，而是「對」，陰陽相對之義。程頤認爲：「仇，對也。陰陽相對之物謂初也。相從則非正而害義，是有疾也。二當以正自守，使之不能來就己。人能自守以正，則不正不能就之矣，所以吉也。」〔註170〕翁方綱以仇爲對之說反對惠棟仇匹之義。

記》，頁 444～445。

〔註168〕〔清〕翁方綱，柏克萊加州東亞圖書館編：《翁方綱經學手稿五種——易附記》，頁 445。

〔註169〕〔清〕翁方綱，柏克萊加州東亞圖書館編：《翁方綱經學手稿五種——易附記》，頁 524。

〔註170〕〔宋〕程頤《易程傳》，卷四（臺北：世界，1962 年），頁 30。

第五章 《易附記》評論宋人之得失

　　本章節欲探討翁方綱對宋學的看法。翁方綱在《易附記》當中引用相當多宋人的著作，除胡一桂、胡炳文父子爲元人外，有朱熹《周易本義》、《朱子語類》，引用 125 條。胡炳文，又稱雲峰先生，所作《周易本義通釋》，引用 83 條，程頤《周易程傳》引用 78 條，張橫渠《橫渠易說》引用 8 條，項安世《周易玩辭》引用 182 條，蘇軾《東坡易傳》引用 20 條，郭雍《傳家易說》引用 23 條，俞琰《周易集說》引用 39 條，朱震《漢上易傳》引用 33 條，李衡《周易義海撮要》引用 1 條，黃震《黃氏日鈔》引用 16 條，趙彥肅《復齋易說》引用 7 條，呂祖謙，引用 3 條，王應麟《困學紀聞》引用 1 條，周敦頤《通書》引用 1 條，胡一桂（雙溪胡氏）《附錄纂注》引用 2 條，王宗傳《童溪易傳》引用 37 條，鄭汝諧《東谷易傳》引用 15 條，沈該《易小傳》等書，引用 6 條。

　　不論是從引書的數量上來看，以及引文的數量來看，宋學的比例遠高於漢學，而宋代學者引用則又以項安世爲最高，其次爲朱熹，次之程頤，又次之爲胡炳文。

　　朱熹繼承了程頤的學說與主張，進而發揚光大〔註1〕朱熹的易學淵源亦以程伊川的影響爲大，〔註2〕後學往往以「程朱」稱之，尤見其二人學說之密切。

〔註1〕　參見楊國寬：《朱熹易學研究——對程頤易學的傳承與開新》（新竹：玄奘大學中國語文學系碩士班碩士論文，2004 年）

〔註2〕　「由此表可知，朱子之淵源，仍以程伊川之影響最大。無論本義、易說之徵引，均爲諸子之冠。」見胡自逢：《朱子易學研究》（臺北：國立臺灣師範大學國文研究所碩士論文，1985 年），頁 171。

　　胡炳文所著《周易本義通釋》即是替朱熹《周易本義》作更深入的詮釋，胡炳文往往於朱熹未詳之處詳加論述，翁方綱大力稱讚胡炳文此書「發明《本義》之旨甚精。此宋儒之學所以高出前賢也。」〔註3〕《元史》稱他「析而辨之，往往發其未盡之蘊」。〔註4〕《四庫全書總目》說明此書「據朱子《本義》，折衷是正，復采諸家《易》解，互相發明。」〔註5〕

　　項安世在其《周易玩辭》序中提到「安世之所學，蓋伊川程子之書也。今以其所得於《易傳》者，述爲此書，而其文無與《易傳》合者，合則無用述此書矣。」〔註6〕可見，項安世受程頤影響深遠。程頤以「義理」的角度詮釋義，項安世加入「象數」之學，補足《程傳》所不足之處。

　　這四人的關係，由上述的討論，便釐然分明。四人皆以程朱爲宗，皆爲宋學。翁方綱大量引用此四人意見，可知其宋學的思想底子相當深厚。

第一節　程　朱

　　本節將要討論翁方綱與程頤、朱熹二人的關係。在《易附記》一書中，多次引用到程頤、朱熹二人說法，有分別引用，亦有合觀。以下分三部份做討論，第一部份爲翁方綱僅有引用程頤說法，第二部份爲翁方綱引用朱熹意見，第三部份則是翁方綱將二人並稱，以程朱之說呈現之說法。

一、程　頤

　　《易附記》中引用到程頤的說法共有七十八條，贊同程頤說法共有二十六條，對於程頤說法有所意見，共有五十二條。

　　同意的部份有：〈坤〉卦辭、〈師〉上六、〈比〉九五、〈比〉上六、〈否〉六二、〈謙〉六二、〈隨〉初九、〈復〉卦辭、〈復〉初九、〈大畜〉卦辭、〈頤〉卦辭、〈大過〉卦辭、〈大過〉九二、〈家人〉九三、〈損〉卦辭、〈益〉六三

〔註3〕　見《易附記》，頁518。

〔註4〕　（明）宋濂等撰，楊家駱主編：《新校本元史》，列傳七十六儒學一，（臺北：鼎文書局，1977年），頁4322。

〔註5〕　〔清〕永瑢，紀昀等著：《四庫全書總目》，卷四，經部・易類四（臺北：臺灣商務印書館，《景印文淵閣四庫全書》，1983～1986年），頁1-107。

〔註6〕　〔宋〕項安世：《周易玩辭》〈周易玩辭序〉（濟南：山東友誼書社，1991年），頁18。

（遷國之說）、〈井〉九二、〈震〉六五、〈漸〉卦辭、〈漸〉初六、〈兌〉六三、〈渙〉卦辭、〈渙〉六三、〈節〉初九、〈節〉九五、〈中孚〉九五，以上共二十六條。

抱持不同意見處有：〈否〉六三、〈蒙〉九二、〈蒙〉六三、〈履〉六三、〈同人〉卦辭、〈大有〉卦辭、〈大有〉六五、〈豫〉六五、〈隨〉卦辭、〈隨〉上六、〈觀〉卦辭、〈噬嗑〉初九、〈賁〉六五、〈剝〉卦辭、〈剝〉六二、〈剝〉六三、〈剝〉六四、〈剝〉上九、〈無妄〉卦辭、〈頤〉六二、〈大過〉九五、〈大過〉上六、〈坎〉六三、〈咸〉卦辭、〈恆〉卦辭、〈家人〉初九、〈睽〉九四、〈睽〉上九、〈蹇〉九四、〈解〉卦辭、〈損〉六三、〈損〉六五、〈益〉六三（依附於上之說）、〈夬〉卦辭、〈困〉九二、〈困〉上六、〈鼎〉九三、〈震〉卦辭、〈艮〉六四、〈漸〉六二、〈旅〉六二、〈旅〉六四、〈巽〉卦辭、〈巽〉六四、〈兌〉九二、〈兌〉九四、〈渙〉初六、〈節〉上六、〈小過〉六二、〈既濟〉卦辭，以上共五十二條。

（一）同　意

翁方綱對程頤贊同之處，多是對於程頤對卦爻辭的義理解釋得宜，字詞解釋及卦爻辭的理解詮釋。

1、字義正確

翁方綱在引用《程傳》時，會加以引用正確的字義解釋，這些字義上的解釋並非龐大的訓詁資料累積而成，而是《程傳》於上下文的義理之間，體會而成。如〈謙〉六二，釋「鳴謙」：

　　《程傳》以「積中發外」言之，皆是鳴字正義。〔註7〕

六二為陰，又居中當位，柔順為其特性。〈謙〉卦於德性而言，便是在心中蘊藉而不發，今天能「鳴」，是在於心中累積已久而自然外顯，外顯的呈現便以鳴字表現。對於《程傳》以「積中發外」來解釋鳴字，翁方綱給予肯定。

又如〈隨〉初九，釋「官」：

　　《程傳》以官為「主守」是也。〔註8〕

官字的解釋，王弼與朱熹的解釋，皆未詳盡。翁方綱認為《程傳》以「主守」

〔註7〕〔清〕翁方綱，柏克萊加州東亞圖書館編：《翁方綱經學手稿五種——易附記》，頁 129。

〔註8〕〔清〕翁方綱，柏克萊加州東亞圖書館編：《翁方綱經學手稿五種——易附記》，頁 144。

來解釋官字，是正確的。所謂「主守」，即是今日所謂的「思想觀念」。〔註9〕思想觀念會隨信念的不同而有所改變，此一改變便是〈隨〉卦所蘊含的「隨時」之義。這個改變「必所從正得吉，所從不正則有悔吝。」〔註10〕

又如〈井〉九二，釋「井谷」二字：

《程傳》謂：「井如谷下之流，」是也。〔註11〕

「井谷」二字，《程傳》的解釋爲「如谷下之流」，事實上就是代表井中是有水。井中的水，如山谷中流出的水，以此解釋「井谷」之義，即是胡炳文所言：「井旁穴出之水」。〔註12〕不能將井谷解釋成「山中之谷穴如井者」，〔註13〕這樣的理解與「井谷」字義上的意義，是有落差的。九二居下卦之中，剛柔並濟，若能善用其能力，定能「井谷射鮒」，但若是無法善用自己陽剛之才，反而被陰柔之位所牽制，如此一來就會成爲「甕敝漏」，井中的水，如同破甕都流了出去，最後井中無水，裡面的魚也會乾渴致死，一座井失去它本身的功能，既不能養己也不能養人。

又如〈漸〉初六，釋「鴻漸」：

此卦諸爻取「鴻漸」象，當依《程傳》「鴻之來往有其時，而飛止有其序。」此定說也。〔註14〕

〈漸〉卦六爻中，皆有「鴻漸」之象，對於鴻漸二字，鴻字爲鳥，漸則是指鳥的規律性，程頤以此釋鴻漸二字。

2、卦爻辭詮釋精當

翁方綱引用《程傳》的另一部份，便是《程傳》當中對卦爻辭提出個人見解，並非全面接收前人之說。以己義說經，是宋代思想關鍵的變化，「善學者，要不爲文字所梏。故文義雖解錯，而道理可通行者不害也。」〔註15〕、

〔註9〕 黃忠天：《周易程傳評註》（高雄：復文圖書出版社，2004年），頁157。
〔註10〕 黃忠天：《周易程傳評註》（高雄：復文圖書出版社，2004年），頁157。
〔註11〕 〔清〕翁方綱，柏克萊加州東亞圖書館編：《翁方綱經學手稿五種——易附記》，頁504。
〔註12〕 〔清〕翁方綱，柏克萊加州東亞圖書館編：《翁方綱經學手稿五種——易附記》，頁504。
〔註13〕 〔清〕翁方綱，柏克萊加州東亞圖書館編：《翁方綱經學手稿五種——易附記》，頁504。
〔註14〕 〔清〕翁方綱，柏克萊加州東亞圖書館編：《翁方綱經學手稿五種——易附記》，頁556～557。
〔註15〕 〔宋〕程顥、程頤撰：《二程集》（臺北：漢京文化，1986年），頁378。

「思索經義不能於簡策之外，脫然有見，資之何由深？居之何由安？非特誤己，亦且誤人也。」〔註16〕都可看見程頤思想中以己義說經的濃厚成份。也因爲能跳出窠臼，不受文字所限，程頤在解釋義理時，往往能夠把握住聖人的核心思想，而有一番新的見解，這個見解是受到翁方綱所讚揚的，如：〈師〉上六：

> 上六爻辭，《程傳》謂：「聖人深慮遠戒，專言『師終』之義，不取爻義，蓋以其大者。」此《程傳》之說最爲得體矣。又曰：「若以爻言，則六以柔居順之極，〈師〉既終，而在無位之地，善處而無咎者也。」此三句是伊川先生代前聖補上六爻辭也。然極斟酌，非後人所能措手。〔註17〕

本條爲翁方綱引《程傳》解釋上六「大君有命，開國承家，小人勿用。」程頤是站在時位的觀點來詮釋上六爻辭。〈師〉卦之終，正是出師結束論功行賞之際，如何使國君信任，是一件難事。上六爲陰爻，又居柔位，故能「深慮遠戒」，不強行出頭誇耀爭功，故能無咎，而得到大君之賞。翁方綱對於程頤的解釋給予高度評價，認爲這樣的解釋是替先聖發聲，切合聖人旨意。

又如〈復〉卦辭，解釋「出入無疾」：

> 《程傳》云：「〈復〉於入內也。長進於外出也。」按：……《程傳》二語最當。《程傳》云：「出入，謂生長，復生於內，入也；長進於外，出也。先云出，語順耳。」《程傳》云：「出入，謂生長」此五字最精。蓋程子之意，尚恐此五字，人所未悉，故與詳說之曰：「復生於內，入也；長進於外，出也。」此則不得已而爲之分疏矣。其實併此二語亦可無庸分疏也。聖人之意，蓋見一陽之來復，而致慶慰之辭。〔註18〕

翁方綱認爲程頤解釋「出入」這二字相當精妙，將出入解釋成「生長」，不僅符合出入二字本身意含，同時也對爻辭的意義做了詮釋。程頤雖將出入、生長、內外分作兩事來看，但事實上是爲了理解方便，「不得已而爲之」，在翁方綱眼中，這些概念都是可以融合爲一的。

〔註16〕 〔宋〕程顥、程頤撰：《二程集》（臺北：漢京文化，1986年），頁1186
〔註17〕 〔清〕翁方綱，柏克萊加州東亞圖書館編：《翁方綱經學手稿五種——易附記》，頁56。
〔註18〕 〔清〕翁方綱，柏克萊加州東亞圖書館編：《翁方綱經學手稿五種——易附記》，頁202～203。

又如〈家人〉九三，解釋「婦子嘻嘻」：

《程傳》謂：「在卦非有嘻嘻之象，蓋嗃嗃而言，與其失於放肆，寧
過於嚴。」極明白矣。〔註19〕

程頤認爲九三爻辭所言的「婦人嘻嘻」並非眞的存在，而是相對於「家人嗃
嗃」的比較。九三爻辭爲剛，又居剛爻，用剛的結果，反應在家人身上，就
是治家過於嚴苛，以至於「家人嗃嗃」，家人痛苦不堪。但九三爻對家人嚴格
的要求，雖是「悔厲」，但最後爲「吉」。這個吉是全家的吉，也是全家的幸
福，即是「積善之家，必有餘慶。」相反地，若是不嚴格要求，家中紀律散
漫，而有「嘻嘻」的情況產生，對於整個家而言，那是一件危險的事情，「奔
車朽索」渾然未覺，這樣的結果「終吝」，亦是「積不善之家，必有餘殃」，
體現出一種「生於憂患，死於安樂」的觀念。九三爻辭的剛強選擇，是避免
產生「婦人嘻嘻，終吝」的結果。而非本爻辭中自有「婦人嘻嘻」之象。這
一點是《程傳》所強調，亦是翁方綱所重視的。

又如〈震〉六五，解釋「震往來厲，億無喪有事」：

程云：「往來皆危（程傳云：「上往則柔，不可居動之極。下來則不犯剛。」按：此
以往字言柔不可居動之極，是王注之「往則無應」更爲精通。）。
隨宜應變在中而已。〔註20〕

〈震〉六五處於上卦之中，處〈震〉之中。又於上則是動之極，於下則犯剛，
往來皆危，不能安寧。但處在動中，四面皆危的六五該如何？應善處中位，
隨宜應變。中德，即是居中之德。處於中位，比當位更加重要，程頤於〈震〉
六五爻辭提出「天下之理莫善於中」，〔註21〕「以居中位，有中德爲判斷吉凶
的最高準則」。〔註22〕〈震〉六五雖不當位，但居中，若善居中位，善以中德
處理外在事務，便不至於凶。

3、同意其說，但太空渾

翁方綱在引用《程傳》對於某些看法，雖同意，但在義理的詮釋上稍嫌
不夠，翁方綱以「空渾」評之。如〈頤〉卦辭、〈節〉九五兩處：

《程傳》則曰：「觀人之所頤，與其自求口實知道。」所以《程傳》

〔註19〕〔清〕翁方綱，柏克萊加州東亞圖書館編：《翁方綱經學手稿五種——易附
記》，頁345。

〔註20〕〔清〕翁方綱，柏克萊加州東亞圖書館編：《翁方綱經學手稿五種——易附
記》，頁541。

〔註21〕黃忠天：《周易程傳評註》（高雄：復文圖書出版社，2004年），頁454。

〔註22〕朱伯坤：《易學哲學史第二卷》（臺北：藍燈文化事業，1991年），頁213。

竟用〈彖〉傳天地造化，養育萬物，與人之養身、養德、養人、養於人統合言之。雖於義該備，而於卦辭渾而未析之旨。〔註23〕

「往有尚。」「往」字王《注》、《程傳》皆以行義渾言。〔註24〕

所謂的「渾」是指解釋上不夠詳實，以〈頤〉卦辭來看，僅用〈彖〉傳來解釋，並不能充分解釋卦辭含意；而往有尚的往字，僅用行字，來作串講，於該爻辭也不能充分解釋。

（二）不同意

翁方綱引用程頤的說法中，約三分之二都是對程頤的說法有所意見。對於與程頤意見看法持有不同之處，翁方綱會再引用他人說法來作爲佐證，或是他人說法較佳而採用他人說法。根據翁方綱引用《程傳》的資料分析，大致可分爲下列五點，爲翁方綱對程頤看法有所不同意之處：

1、字義解釋有誤

程頤對於字義的解釋上，往往有著屬於自己的詮釋系統。翁方綱與程頤看法不同處，便是在這個詮釋系統上有所不同。

如〈蒙〉九二：

「納婦吉」亦實以「納婦」言之。《程傳》以「納善」言，非也。

〔註25〕

程頤對於納婦吉的解釋，解釋爲「納善」。這是根據上句「包蒙吉」而來。正因「包蒙」，故能容柔闇之婦，能包其善，故以「納善」言之。這是程頤對於「納婦」所做的延伸解釋。但翁方綱認爲不必，「實以納婦」言之即可。

又如〈否〉六三：

《程傳》：「包畜謀慮」之說，專就本爻訓「包」字，與六二之「包承」訓同，蓋皆非也。〔註26〕

《程傳》解釋〈否〉六三爻辭的「包羞」與六二爻辭「包承」時，將這兩個語

〔註23〕〔清〕翁方綱，柏克萊加州東亞圖書館編：《翁方綱經學手稿五種——易附記》，頁229。

〔註24〕〔清〕翁方綱，柏克萊加州東亞圖書館編：《翁方綱經學手稿五種——易附記》，頁661。

〔註25〕〔清〕翁方綱，柏克萊加州東亞圖書館編：《翁方綱經學手稿五種——易附記》，頁34。

〔註26〕〔清〕翁方綱，柏克萊加州東亞圖書館編：《翁方綱經學手稿五種——易附記》，頁104。

詞獨立來看。包羞即是「不知羞恥」〔註27〕之意，而不知羞恥是由於小人「包畜謀慮」，處心積慮，汲汲營營，不擇手段而來。這與六三陰爻與下體之上，柔居剛爻，並不當位，又處於上，不安定之心益加明顯，而有此一包羞之狀。對於「包承」，以陰爻居下體之中，有「包容承順」〔註28〕之貌。翁方綱認為程頤對於這兩個語詞的解釋，皆是在「本爻」解釋「包」這個字，並沒有用一個較為全面角度來思考。翁方綱不贊同程頤的說法，而以項安世對「包」字的解釋。

項安世以「陽包陰」〔註29〕稱之為包。〈泰〉九二的「包荒」，即是九二陽爻包上體陰爻，以內包外，符合荒字「遠外之義」；〈否〉六二「包承」，為上卦九五陽爻包下卦六二陰爻，為六二坤土上承九五；〈否〉六三「包羞」，為上卦九五陽爻包下卦六三陰爻，因下體三爻為小人，小人坐長氣燄以至於下體最上爻，故九五陽爻包此小人為「羞」，故以「包羞」稱之。

項安世與程頤的說法雖各有所本，但就解釋的全面性而言，項安世合看〈泰〉、〈否〉兩卦，並且以「陽包陰」合理詮釋，相較於程頤單就每爻的包字來作解釋，項安世說法確實較佳，翁方綱的抉擇是有其道理的。

又如〈賁〉六五：

> 至於《程傳》作「翦裁」義，則必不然矣。竊謂「戔戔」字必依古訓，未可以後儒之意自出訓解，輒以斷定爻義也。《說文》：「戔，賊也。從二戈。昨幹切。《周書》：『戔戔巧言。』」《廣韻》：「戔，傷也。」又「戔戔束帛」兒，《易》曰：「束帛戔戔。」《廣韻》以為「束帛兒」，則「委積」訓「多」，「淺小」訓「少」，皆無庸矣。〔註30〕

〈賁〉六五《程傳》作「翦裁」，即是「翦裁分裂之狀」。〔註31〕翁方綱認為此解釋不對，而是要解釋為「少」才對。翁方綱引《說文》、《廣韻》等字書加以考證，確定「戔戔」為少之義。同時，當代學者黃忠天亦在其《周易程傳評註》中，將「戔戔」解釋為「淺小」之意。〔註32〕

又〈剝〉六二：

〔註27〕黃忠天：《周易程傳評註》（高雄：復文圖書出版社，2004年），頁118。
〔註28〕黃忠天：《周易程傳評註》（高雄：復文圖書出版社，2004年），頁117。
〔註29〕〔清〕翁方綱，柏克萊加州東亞圖書館編：《翁方綱經學手稿五種——易附記》，頁102。
〔註30〕〔清〕翁方綱，柏克萊加州東亞圖書館編：《翁方綱經學手稿五種——易附記》，頁186。
〔註31〕黃忠天：《周易程傳評註》（高雄：復文圖書出版社，2004年），頁202。
〔註32〕黃忠天：《周易程傳評註》（高雄：復文圖書出版社，2004年），頁202。

《程傳》云：「辨，分隔上下者，牀之幹也。」……愚按：《爾雅‧
釋器》：「簀謂之第，革中絕，謂之辨；革中辨，謂之鞪。」注：「第，
牀版，辨中影皮也。」《玉篇》：「辨，車轡勒也。」《釋文》：「孫炎
云：『辨，半分也。』」《爾雅》雖未定指「牀」言，然其文承上：「簀
謂之第」，則「辨」之訓亦與「牀」相因，而「牀幹」之訓，卻未見
於經籍也。〔註33〕

《程傳》將〈剝〉六二中的「剝床以辨」的「辨」字解釋成「床之幹」。翁方
綱對此看法亦不苟同。引用了《爾雅》、《玉篇》、《釋文》的說法，反駁《程
傳》提出「床之幹」的說法未於典籍中出現。翁方綱不同意程頤的說法，也
引用其他學者的意見，但是都未能對此字做出一個定論，故最後翁方綱說「非
可以揣度爲之者。此等處苟非實據古訓，則或順得大意，而姑從闕疑，勿遽
定其指名。」〔註34〕由此也可以見到翁方綱的治學態度，對於有所疑問而不
能解惑之處，不胡亂臆測，保留原樣，等待更多證據，以待後人定奪。

上述兩爻皆是翁方綱對於程頤的字義提出訓詁的證據，加以反駁。又如
〈暌〉九四：

《程傳》以「元夫」爲「善士」，非也。〔註35〕

翁方綱不以《程傳》說法作爲依歸，而是以《孔疏》說法爲正確。《程傳》之
說，概以〈文言傳〉中有「元，善之長也」的解釋，程頤以此作爲「元夫」
的說解。《孔疏》的說法則是以爻位的觀點來作說明，認爲「初九處於卦始，
故云元。」〔註36〕

又如〈震〉卦辭：

《程傳》：「『虩』，顧慮不安之貌。蠅虎謂之虩者，以其周環顧慮，
不自寧也。」此則程傳合說文前後二訓併爲一義矣。然《程傳》亦
未嘗言此語出說文也。〔註37〕

〔註33〕〔清〕翁方綱，柏克萊加州東亞圖書館編：《翁方綱經學手稿五種——易附
記》，頁192。

〔註34〕〔清〕翁方綱，柏克萊加州東亞圖書館編：《翁方綱經學手稿五種——易附
記》，頁192。

〔註35〕〔清〕翁方綱，柏克萊加州東亞圖書館編：《翁方綱經學手稿五種——易附
記》，頁362。

〔註36〕〔清〕翁方綱，柏克萊加州東亞圖書館編：《翁方綱經學手稿五種——易附
記》，頁362。

〔註37〕〔清〕翁方綱，柏克萊加州東亞圖書館編：《翁方綱經學手稿五種——易附

《說文》對「虩」字有兩種說法，一種說法是將「虩虩」解釋成「恐懼」貌，而另一種說法爲「一曰蠅虎也」。從一曰的說法來看，可知「蠅虎」是或說，主要仍是以「恐懼」說爲宗。程頤則是將《說文》兩種說法結合，對這樣的解釋，翁方綱覺得不妥，認爲以「恐懼」解「虩虩」即可。

2、義理詮釋不合

〈履〉六三

> 「武人爲于大君」，《程傳》竟云：「武人而爲大君」，不如王氏申子云不顧強弱而直前惟武人用之，以有爲於大君之事也。此說較爲明白。〔註38〕

《程傳》是將武人「武人爲于大君」，加入「而」字，這樣就變成武人來擔任大君之位，這樣的解釋對於爻辭本身是增加文字，而使文句意義改變。對於此點，翁方綱抱持著不贊同的態度。翁方綱引王申子的說法反駁程頤之說，認爲就爻辭本身的意思，武人指的是擁有匹夫之勇的人，應該是武人替大君做事，而非武人爲大君。

〈豫〉六五：

> 六五：「貞疾」之義，《程傳》以四爻爲專權受制，不若王氏宗傳以四爻爲法家拂士，此與何氏楷云：「常如疾病在身，所謂生於憂患者。」義正相合。〔註39〕

《程傳》解釋「貞疾」之意，以「居得君位，貞也，受制於下，有如疾苦也。」〔註40〕因四爻陽剛，眾望所歸，六五雖居君位，爲貞，但陰柔弱，又耽溺於豫，受到四爻陽爻的牽制，猶如疾病在身，故爲「貞疾」。此爲《程傳》之說，而翁方綱認爲這樣的解釋不佳，而以王宗傳、何楷之說作爲依歸。認爲六五爻的貞疾，是因憂患之中而成。對於這種說法，現代學者黃中天在其書《周易程傳評註》一書中，亦將何楷說法放入，認爲何楷之說比起程頤之說，較爲深刻。〔註41〕

記》，頁 534～535。

〔註38〕〔清〕翁方綱，柏克萊加州東亞圖書館編：《翁方綱經學手稿五種——易附記》，頁 85。

〔註39〕〔清〕翁方綱，柏克萊加州東亞圖書館編：《翁方綱經學手稿五種——易附記》，頁 140。

〔註40〕黃忠天：《周易程傳評註》（高雄：復文圖書出版社，2004 年），頁 153。

〔註41〕黃忠天：《周易程傳評註》（高雄：復文圖書出版社，2004 年），頁 153。

〈剝〉六三：

　　《程傳》以「剝之无咎」四字連續，謂：「在處〈剝〉之時，爲无咎者，」亦於義稍覺涉空，摠皆不若張子說爲當也。〔註42〕

〈大過〉九五：

　　「无咎无譽」，《程傳》：「雖无罪咎，殊非美矣。」《郭氏易說》：「僅得无咎幸矣，何譽之有？」此皆以「无咎」作開筆，「无譽」作合筆。重在无譽，似與〈象〉傳相合，然爻辭「无咎无譽」，義本平列。鄭氏《易傳》曰：「剛而得中，故无咎，不能救過，故无譽。」此則於爻辭平列之義得矣。〔註43〕

《程傳》與郭雍二人的說法，皆是側重在「无譽」上，翁方綱認爲，解釋此爻辭將「无咎无譽」二者平看，以鄭玄之說來反駁程頤的說法。程頤以爻辭與〈象〉傳合看，認爲老婦與士夫的組合，老婦雖醜，此爲无咎，但醜則非美，故側重在无譽上。鄭玄解无譽无咎，不從美醜觀點來說明，而是從爻位關係來說明。大過九五爲剛，且爲居中位，既居中位又當位，故能无咎。但九五爻辭「老婦士夫」，无力改變此一狀況，无法避免此過，故无譽。翁方綱以爻辭「平列」解釋爲得宜，无譽无咎是同看，而非側重其一。

　　又如〈坎〉六三：

　　六三所處之地，來往皆險，進退皆險，枕倚著未安，即進退皆險義也。《程傳》以枕爲居，又在進退二層之外，似多生枝節矣。〔註44〕

《程頤》認爲坎六三所處之位，是進退不得之位，進退皆險之時。翁方綱認爲此義以足夠解釋。然程頤「進退皆險，而居亦險。」〔註45〕加入「居亦險」，這個說法並不適合。

　　又如〈家人〉初九：

　　初九：「閑有家，悔亡。」閑義易明，悔義難析。王注：「志變而後治之，則悔矣。」此切〈象〉傳之義以訓閑字是也。《程傳》即用王

〔註42〕 〔清〕翁方綱，柏克萊加州東亞圖書館編：《翁方綱經學手稿五種——易附記》，頁194。

〔註43〕 〔清〕翁方綱，柏克萊加州東亞圖書館編：《翁方綱經學手稿五種——易附記》，頁249～250。

〔註44〕 〔清〕翁方綱，柏克萊加州東亞圖書館編：《翁方綱經學手稿五種——易附記》，頁263。

〔註45〕 〔清〕翁方綱，柏克萊加州東亞圖書館編：《翁方綱經學手稿五種——易附記》，頁256。

注義而於悔義又增其說曰：「群居必有悔，」此則於〈象〉傳義微有不同。〔註46〕

《程傳》解釋是根據王弼的說法而來，翁方綱同意王弼對於「閑」字的解釋，換言之也同意《程傳》對王弼的引用。《程傳》在王弼的基礎上，對於悔字進行解釋，〈象〉傳僅解釋閑字，認為「閑有家，志為變也。」這是對於閑字進行說明，程頤認為「人情流放，必至於有悔」，〔註47〕這與防閑之意是相呼應的。而「悔亡」是因為「能以法度戒之於使，則無是矣。故悔亡」，〔註48〕程頤到此處的說法皆能符合爻辭與〈象〉傳之意，但最後以「群居必有悔」做解釋，對於這句話，爻辭與〈象〉傳皆未提及，故翁方綱對於此說法抱持著懷疑。閑字義，於〈象〉傳可見，但悔字義，〈象〉傳不可見，翁方綱認為「凡言悔亡，必其中有悔，而後言亡也。」〔註49〕悔亡二字應要同看，有悔才有亡，若單純就言悔而不言亡，在意思的理解上，將會不夠全面而使爻辭與〈象〉傳之意沒有完盡。

又如〈旅〉六二、九三：

按：項氏此條則以九三之「童僕」指「初、二」兩爻也。聘，《禮記·疏》引鄭康成注：「《易》〈旅〉卦初六云三為聘客，初與二，其介也。」蓋與項氏此說暗合矣。細翫諸家之說，為《程傳》必不可從。《程傳》於六二「童僕」云：「柔弱在下者，童也；強壯處外者，僕也。二柔順中正，故得內外之心。在旅所親比者，童僕也。」至九三，《程傳》又未言「童僕」何指，則不及項說尚為有所因矣。〔註50〕

《程傳》在解釋〈旅〉卦的童僕，並未確切指出童僕所指為何，這一點，翁方綱認為項安世確切指出九三爻的童僕指的是初與二兩爻，而在《程傳》當中，解釋「得童僕」、「喪其童僕」的意思上皆正確無誤，但對於童僕具體指稱為何爻這點，《程傳》並未加以解釋。

又如〈渙〉初六：

〔註46〕〔清〕翁方綱，柏克萊加州東亞圖書館編：《翁方綱經學手稿五種——易附記》，頁343～344。

〔註47〕黃忠天：《周易程傳評註》（高雄：復文圖書出版社，2004年），頁321。

〔註48〕黃忠天：《周易程傳評註》（高雄：復文圖書出版社，2004年），頁321。

〔註49〕〔清〕翁方綱，柏克萊加州東亞圖書館編：《翁方綱經學手稿五種——易附記》，頁344。

〔註50〕〔清〕翁方綱，柏克萊加州東亞圖書館編：《翁方綱經學手稿五種——易附記》，頁607。

惟《程傳》及諸家皆以馬謂九二，則是謂九二來拯初六矣。《程傳》
云：「初謂二爲馬，二急就于初，則是欲以『奔馬』二字相連爲義
矣。」……諸家必欲外取剛爻爲馬，未合〈象〉傳「順」字義也。〈坎〉
爲亟心之馬，故壯馬。壯則能力行。然於柔爻言之者，貴其順也。
其謂九二來拯初六者，固非矣。而即言順承乎二，亦因初位承二以
見柔爻之義，如此非謂其拯九二也。〔註51〕

《程傳》以及諸家說法，都認爲〈渙〉初六的「用拯馬壯」，所謂的馬皆是指
剛爻九二，九二來拯初爻。對於這樣的說法，翁方綱認爲與〈象〉傳不合。
翁方綱認爲，初六爻本身就是一匹壯馬，這匹壯馬居初陰爻，故具有陰陽柔
順之性格。〈象〉傳所言「初六之吉，順也」是表示初六上承二，順承二，這
樣才會吉，也合乎初六〈象〉傳言「順」。

3、反對乾坤卦變之說

翁方綱在解釋〈咸〉的卦名時，引用到了《程傳》在解釋〈咸〉的說法，
《程傳》是以卦變的角度詮釋：

《程傳》釋〈象〉傳曰：「在卦則柔爻上，而剛爻下，柔上變剛，而
成兌。剛下變柔，而成艮，又兌女在上，艮男居下，亦柔上剛下也。」
〔註52〕

〈咸〉卦是由〈乾〉與〈坤〉二純卦相合而成，〈坤〉居上卦，〈乾〉居下卦，
又柔上變剛，剛下變柔，上卦爲〈兌〉，下卦爲〈艮〉，〈兌〉女男下，柔上剛
下。此則程頤以乾坤卦變之說來解釋〈咸〉卦之名。

程頤以卦變來解釋卦名，而其卦變是以〈乾〉〈坤〉二純卦爲基礎，在〈賁・
象〉傳中，程頤說道：

卦之變皆自乾坤，先儒不達，故謂〈賁〉本是〈泰〉卦，豈有〈乾〉
〈坤〉重而爲泰，又由〈泰〉而變之理？下〈離〉本〈乾〉，中爻變
而成〈離〉，上〈艮〉本〈坤〉，上爻變而成〈艮〉，〈離〉在內，故
云柔來。〈艮〉在上，故云剛上，非自下體而上。〈乾〉〈坤〉變而爲
六爻，八卦重而爲六十四，皆由乾坤而變也。〔註53〕

〔註51〕〔清〕翁方綱，柏克萊加州東亞圖書館編：《翁方綱經學手稿五種——易附
記》，頁646。
〔註52〕〔清〕翁方綱，柏克萊加州東亞圖書館編：《翁方綱經學手稿五種——易附
記》，頁280。
〔註53〕黃忠天：《周易程傳評註》（高雄：復文圖書出版社，2004年），頁197。

在此處可以明白看出，程頤的卦變是以乾坤作爲基礎，所謂的卦變，是指乾坤兩純卦所進行的陰陽轉變，「故伊川謂卦變皆由乾坤而來，此乾坤乃三畫卦之乾坤」，〔註54〕與荀爽所言的「升降」說是不同。對於程頤以乾坤兩卦爲基礎所進行的卦變，是「伊川悉反前人，自出新意所創之卦變說。」〔註55〕

翁方綱認爲，〈咸〉本身即具有兌上艮下之象，而兌女艮男，柔上剛下意義便在其中，翁方綱云：

> 此則轉以三爻、六爻相交之義，屬之卦象，而後以兌上艮下之說附焉。則豈兌上艮下轉非卦象之正義耶？……程子專以乾坤言卦變，故以三爻、六爻相交之義至於兌艮二體相交之義之前……然此三爻、六爻相交之義，自未重二體以前所已有，而〈咸〉卦山澤通氣之義，自以兌艮二體相交爲主。〔註56〕

從〈咸〉來看，卦象與卦義都表現在〈咸〉之中，對於〈咸〉從乾坤如何轉變的討論，實所不必。程傳解釋〈咸〉卦名時，解釋完〈咸〉由乾坤兩純卦變成後，再論陰陽相交，再論兌上艮下，可知，以乾坤兩純卦作爲基礎，重卦而變成〈咸〉之後，「陰陽相交，男女交感之義；又兌女在上，艮男居下，亦柔上剛下也。」〔註57〕這樣是把「陰陽相交」的意義，建立在乾坤卦變之後，但事實上，陰陽相交這種概念，非從乾坤卦變後才成立，而是在「未重二體以前所已有」，其次，程頤是先談陰陽交感，再以「又兌女艮男，柔上剛下」來解釋卦象，以「又」字呈現，會讓人對於程頤是否將以陰陽交感爲主，而兌上艮下是來證明交感之意的。

由上述的討論可知，翁方綱對於《程傳》以卦變之說，翁方綱認同他的合理性，但對於《程傳》以此方式解卦，所有的源頭來自於乾坤二卦，那麼就會侷限了六十四卦的多樣性：

> 程子專以乾坤言卦變者，其理雖合，而六十四卦既重二體之後，象義各有指歸，安得專主由乾坤來之一說以蔽諸卦乎？是則不得不附記此條，以綴程傳之末也。〔註58〕

〔註54〕黃忠天：《周易程傳評註》（高雄：復文圖書出版社，2004年），頁198。

〔註55〕江超平：《伊川易學研究》（臺灣師範大學國文研究所碩士論文，1985年），頁70。

〔註56〕〔清〕翁方綱，柏克萊加州東亞圖書館編：《翁方綱經學手稿五種——易附記》，頁280。

〔註57〕黃忠天：《周易程傳評註》（高雄：復文圖書出版社，2004年），頁272。

〔註58〕〔清〕翁方綱，柏克萊加州東亞圖書館編：《翁方綱經學手稿五種——易附

從此段評論便可看出，翁方綱對於程頤卦變之說的態度。「其理雖合」，但六十四卦經由重卦之後，若皆以乾坤二純卦來解釋，每個卦本身具有獨立意義由卦象組合而成的豐富內涵，都會被簡化。

4、彖象合觀以釋卦名

根據翁方綱對《程傳》的觀察，程頤解釋卦名時，有幾項特色。第一是以大〈象〉作為解釋根據，第二是綜合彖象之義作為解釋。例如釋〈大過〉卦名，以〈大過〉象傳為主：

> 《程傳》於卦辭之首，先以「澤滅木為大過之義」，是專釋大〈象〉
> 之義。〔註59〕

此條為翁方綱引《程傳》，程頤以大〈象〉之義來詮釋卦名。但大〈象〉「澤滅木」之義與〈彖〉傳「大過，大者過也」之義，二者有所分別，故翁方綱不同意程頤以大〈象〉作為卦名之義這個看法。同樣的情況，亦可於〈剝〉卦可見，例如〈剝〉：

> 《程傳》於卦首取「山附於地」之義。〔註60〕

此條程頤亦是以大〈象〉之義來解卦名。大〈象〉之義，與〈彖〉傳「剝，剝也，柔變剛也。」有所不同。翁方綱對於以大〈象〉之義來解釋採取反對意見。

第二種解釋卦名方式，則是綜合彖、象二者進行解釋，如釋〈大畜〉卦名：

> 《程傳》：「畜，為畜止，又為畜眾止。而後有積。故止為畜義。」……
> 《程傳》舉〈彖〉傳「天在山中，為所畜至大之象」。〔註61〕

程傳先解畜為畜止、畜眾止之義，這點是翁方綱所贊成。而後程頤又以〈彖〉傳之義，融入大畜卦名，翁方綱認為「其理本相合，而天在山中，是夫子〈象〉傳取象之辭，似不應於卦辭下即先言之。」〔註62〕

　　記》，頁281。

〔註59〕〔清〕翁方綱，柏克萊加州東亞圖書館編：《翁方綱經學手稿五種──易附
　　記》，頁241。

〔註60〕〔清〕翁方綱，柏克萊加州東亞圖書館編：《翁方綱經學手稿五種──易附
　　記》，頁191。

〔註61〕〔清〕翁方綱，柏克萊加州東亞圖書館編：《翁方綱經學手稿五種──易附
　　記》，頁221。

〔註62〕〔清〕翁方綱，柏克萊加州東亞圖書館編：《翁方綱經學手稿五種──易附
　　記》，頁221。

又如〈同人〉，亦融合彖、象來對卦名進行解釋：

按：《程傳》訓卦名凡三義，一曰：「火性炎上，與天同，故爲同人。」一曰：「五居正位，爲〈乾〉之主，二爲〈離〉之主，二爻以中正相應，上下相同，亦同人之義。」一曰：「卦惟一陰，眾陽所欲同，亦同人之義。」

《程傳》解釋〈同人〉卦名，採用了三種說法來解釋。第一種：「火性炎上，與天同，故爲同人」此說法是以「二象言之」，〔註63〕這個說法「竊以爲《程傳》此『炎上』一說，亦未可以釋卦名者也。」〔註64〕第二種「五居正位，爲〈乾〉之主」是以「二體言之」，〔註65〕翁方綱認爲此說法與〈象〉傳相合，但卻位居次位討論，程頤並云：「亦同人之義。」令翁方綱不免懷疑「豈非轉以〈象〉傳之正義爲兼及之解乎？」〔註66〕第三種「卦惟一陰，眾陽所欲同，亦同人之義。」翁方綱亦不贊同，翁方綱云：「與夫子〈象〉傳不合，既言『卦惟一陰』，則非『柔得位得中』之義矣。且言『眾陽欲同與一陰』，則又非應乎〈乾〉之義矣。此一說之未可以釋卦名者也。」〔註67〕

從上述討論可以發現，「大約《程傳》於卦前，先綜合彖、象以立義。」〔註68〕或是「大約《程傳》往往不拘彖象之辭，皆先舉於卦辭之下，然而〈象〉傳之取象有與卦辭彖辭同者，亦有與卦辭彖辭不相沿者。」換言之，程頤對於卦名的解釋是不拘彖、象之辭，往往綜合彖、象二者看法合併觀之。對於卦名的解釋，程頤自身也提到：

凡卦有以二體之義及二象而【一無而字】成者。如「屯」取動乎險中與雷云；「訟」取上剛下險與天水違行是也。有取一爻者，成卦之由也，柔得位而上下應之曰「小畜」；柔得尊位大中而上下應之曰「大有」是也。有取二體又取消長之義者，雷在地中「復」；山附於地「剝」

〔註63〕黃忠天：《周易程傳評註》（高雄：復文圖書出版社，2004 年），頁 120。

〔註64〕〔清〕翁方綱，柏克萊加州東亞圖書館編：《翁方綱經學手稿五種——易附記》，頁 109。

〔註65〕黃忠天：《周易程傳評註》（高雄：復文圖書出版社，2004 年），頁 120。

〔註66〕〔清〕翁方綱，柏克萊加州東亞圖書館編：《翁方綱經學手稿五種——易附記》，頁 110。

〔註67〕〔清〕翁方綱，柏克萊加州東亞圖書館編：《翁方綱經學手稿五種——易附記》，頁 110。

〔註68〕〔清〕翁方綱，柏克萊加州東亞圖書館編：《翁方綱經學手稿五種——易附記》，頁 241。

是也。有取二象兼取二爻變爲義者，風雷「益」兼取損上益下；山下有澤「損」兼取損下益上是。有既以二象成卦，復取爻義者，「夬」之剛決柔；「姤」之柔遇剛是也。有以用成卦者，「巽」乎水而上水「井」；木上有火「鼎」是也，鼎又以卦形爲象。有以形爲象者，山下有雷「頤」；頤中有物曰「噬嗑」是也，此成卦之義也。〔註69〕

程頤將成卦的意義區分爲七種。這七種當中，有六種皆與〈象〉傳有所關聯，其他或多或少皆與〈象〉傳有關。這六種分別是「二體與二象」合併觀之、「二體又取消長之義」亦關注到〈象〉傳、「二象兼取二爻」與象象有關、「二象成卦」單純就〈象〉傳而言、「用成卦者」指「就所取物象的功用」，〔註70〕亦與〈象〉傳有關。僅有一種「取一爻者」，與〈彖〉傳之義較爲相合而與〈象〉傳無關。總的來說，翁方綱對於程頤解釋卦名「綜合彖、象之意」這個觀察是沒有錯的。

　　翁方綱不贊成以〈象〉傳單獨解釋卦名、彖象合併觀之解釋卦名的原因，乃是翁方綱認爲卦名的解釋，認爲要從〈彖〉傳著手，翁方綱云：

　　凡釋卦名、卦義，自必以聖人〈彖〉傳爲主。〔註71〕

翁方綱主張以「聖人〈彖〉傳」來解釋卦名。翁方綱進一步指出：

　　《彖》之取義與〈象〉之取義不同。項氏於〈剝〉、〈明夷〉二卦言之，審矣。〔註72〕

〈彖〉與〈象〉二者有別，翁方綱以項安世說法作爲依歸，項安世云：

　　凡諸〈彖〉所言皆六爻消長之象也。凡大〈象〉所言皆八卦取物之象也。以〈剝〉之六爻言之：陰自下而長以剝乎陽，若更上往，則爲小人滅君子之象，故曰：「不利有攸往，小人長也。」以〈剝〉之物象言之：山自上而剝以附乎下，下厚則山愈安，是爲君厚其民之象，故曰：「山附於地，剝。上以厚下安宅。」上削而下廣，山形之所以安也。大抵卦有吉凶、善惡，而大〈象〉無不善者。蓋天下所

〔註69〕黃忠天：《周易程傳評註》（高雄：復文圖書出版社，2004年），頁197。對於引文中的詳細意義，可參考及朱伯崑：《易學哲學史第二卷》（臺北：藍燈文化事業，1991年），頁208。

〔註70〕朱伯崑：《易學哲學史第二卷》（臺北：藍燈文化事業，1991年），頁209。

〔註71〕〔清〕翁方綱，柏克萊加州東亞圖書館編：《翁方綱經學手稿五種——易附記》，頁141。

〔註72〕〔清〕翁方綱，柏克萊加州東亞圖書館編：《翁方綱經學手稿五種——易附記》，頁191。

有之理，君子皆當象之遇卦之凶者，既不可象之以爲凶德，則必於
凶之中，別取其吉以爲象焉，〈剝〉與〈明夷〉是也。〔註73〕

象與象有別。以〈剝〉卦爲例，從〈象〉的角度解釋，則以六爻消長變化言
之，那是小人滅君子之象；若從象的角度解釋，則以八卦取物爲象，取「山
附於地」之象，君子應效法山之德性。大抵而言，象與卦辭一體，論定吉凶
善惡，而象無善惡，欲君子從象中找出值得效法之德行，〈象〉傳講的是如何
使人吉，而無凶在其中。這兩者意義截然不同，故項氏最後亦云：「諸大〈象〉
之例皆然。與〈象〉無同義者，苟同義焉，則无所復用大〈象〉矣。」〔註74〕

〈象〉與〈象〉的意義既然有別，〈象〉主六爻消長之象，與卦辭吉凶之
義爲切合，故翁方綱以〈象〉傳爲主來解釋卦名；若以兩者合併觀之，或是
單就象來解卦，都不能清楚呈現〈象〉傳解釋卦名、卦辭之意義，甚至有時
〈象〉傳之義與〈象〉傳並不切合（如前所述剝與大過兩卦）。對於程頤將象
象二者合併觀之，故翁方綱認爲這樣並不能將卦的本義清楚詮釋。

二、朱　熹

《易附記》中引到朱熹的看法，共有 115 條，其中同意朱熹看法共有 51
處，對於朱熹說法有所質疑或是不認同，共有 64 條。

同意的部份，〈乾〉初九、〈坤〉卦辭、〈坤〉初六、〈訟〉六三、〈訟〉九
五、〈師〉六四、〈師〉六五、〈比〉卦辭、〈比〉六三、〈比〉上六、〈小畜〉
卦辭、〈履〉卦辭、〈臨〉卦辭、〈賁〉六五、〈剝〉上九、〈頤〉卦辭（同意其
釋觀頤）、〈頤〉初九、〈大過〉上六、〈離〉初九、〈離〉上六、〈咸〉六二、〈咸〉
九三、〈遯〉卦辭、〈遯〉初六、〈遯〉九三、〈大壯〉九五、〈家人〉九三、〈解〉
上六、〈損〉六五、〈夬〉九三、〈萃〉六三、〈升〉初六、〈升〉九二、〈井〉
卦辭、〈革〉九四、〈鼎〉初九、〈鼎〉九三、〈震〉六五、〈艮〉六四、〈歸妹〉
六三、〈巽〉初六、〈渙〉初六、〈渙〉六三、〈渙〉六四、〈節〉初九、〈節〉
上六、〈小過〉卦辭、〈既濟〉卦辭、〈既濟〉初九、〈未濟〉九二、〈未濟〉六
三（同意其利涉之象），以上引用五十一條。

〔註73〕　〔宋〕項安世：《周易玩辭》，卷五，〈象象〉（濟南：山東友誼書社，1911 年），
　　　　　頁 221。

〔註74〕　〔宋〕項安世：《周易玩辭》，卷五，〈象象〉（濟南：山東友誼書社，1911 年），
　　　　　頁 222。

不同意朱熹看法部份，〈乾〉卦辭、〈坤〉卦辭、〈坤〉六二、〈坤〉六四、〈坤〉用六、〈屯〉卦辭、〈蒙〉卦辭、〈蒙〉六三、〈小畜〉六四、〈履〉六三、〈履〉上九、〈泰〉卦辭、〈否〉九四、〈大有〉卦辭、〈大有〉六五、〈謙〉卦辭、〈謙〉六二、〈謙〉上六、〈豫〉六三、〈隨〉卦辭、〈隨〉上六、〈觀〉卦辭、〈噬嗑〉卦辭、〈噬嗑〉九四、〈噬嗑〉六五、〈賁〉卦辭、〈賁〉六二、〈無妄〉卦辭、〈大畜〉卦辭、〈頤〉卦辭（反對其釋頤）、〈大過〉初六、〈坎〉初六、〈坎〉九二、〈坎〉六四、〈咸〉卦辭、〈恆〉卦辭、〈晉〉卦辭、〈明夷〉卦辭、〈明夷〉六四、〈蹇〉卦辭、〈蹇〉六五、〈益〉初九、〈夬〉卦辭、〈萃〉卦辭、〈升〉九三、〈困〉初六、〈困〉九四、〈井〉卦辭（反對其迄至）之解、〈井〉上六、〈革〉六二、〈鼎〉九四、〈漸〉九三、〈漸〉九五、〈漸〉上九、〈豐〉卦辭、〈旅〉六二、〈渙〉九二、〈中孚〉九二、〈中孚〉九五、〈小過〉九三、〈既濟〉九五、〈既濟〉上六、〈未濟〉六三（反對陸走之意）、〈未濟〉上九，以上引用六十四條。

（一）同　意

1、讀易之法的贊同

翁方綱對於朱熹在讀易、解《易》上的觀念，是頗為認同的，如〈乾〉初九的「不可推說」：

> 初九：「潛龍，勿用。」朱子論潛龍勿用，謂：「程子以聖人側微為解，是推說，非《易》本旨。」愚按：凡諸卦爻皆然。凡說經推衍見義者，皆非其本旨也。朱子此條可為釋全經之總例。〔註75〕

朱熹在解釋〈乾〉初九爻辭時，認為程頤的解釋是「推說」，進一步表示推說並非「本旨」。此點得到翁方綱的肯定。不僅爻辭本身，就《易》本身的內容而言，「推衍見義者，皆非其本旨。」類似的概念，出現在〈師〉六五：

> 《朱子語錄》謂：「田有禽」，須是此爻有此象，但今不可考。按：朱子此言，可為讀《易》之法矣。〔註76〕

朱熹認為解釋「田有禽」需要該爻有該象，才能夠解釋，若無該象，則不當加以推衍，翁方綱對於朱熹的這個觀念，亦是給予肯定。

〔註75〕〔清〕翁方綱，柏克萊加州東亞圖書館編：《翁方綱經學手稿五種——易附記》，頁5～6。

〔註76〕〔清〕翁方綱，柏克萊加州東亞圖書館編：《翁方綱經學手稿五種——易附記》，頁5～6。

又如〈坤〉初六，朱熹對於陰陽二氣的詮釋，更被翁方綱認為「深得聖人言陰陽之旨」，朱熹於〈坤〉初六云：

> 夫陰陽者，造化之本，不能相無，而消長有常，亦非人所能損益也。然陽主生，陰主殺，則其類有淑慝之分焉。故聖人作《易》，於其不能相無者，既以健順仁義之屬明之，而無所偏主。至其消長之際、淑慝之分，則未嘗不致其扶陽抑陰之意焉。蓋所以贊化育而參天地者，其旨深矣。〔註77〕

朱熹認為陰陽二氣為萬物之本，不能單獨存在，二者相輔相成，是消長的關係。陽氣主生，陰氣主殺，生殺之間，而有善惡之別。這二氣的消長、善惡、生殺，構成了天地萬物。對於朱熹的解釋，翁方綱云：

> 〈坤‧初六〉，《本義》陰陽一段，深得聖人言陰陽之旨。學者於此等大義，所以必求之朱子，而非前後諸家所能及也。〔註78〕

從翁方綱的評論來看，對於朱熹解釋陰陽，是給予高度肯定的。

2、義理詮釋經當

翁方綱引用朱熹說法處，可見到朱熹義理詮釋極佳之處，如〈遯〉初六：

> 初六：遯尾，厲，勿用有攸往。勿用句但言其「不可有所作為」，非謂不當遯也。《朱子語類》一條最白。〔註79〕

朱熹以「不可有所作為」之說，表示身處遯之時的遯初六，即遯尾，不可躁進，要等待時機，當遯而遯，「晦處靜候，可免災耳」。〔註80〕翁方綱贊同此說，認為「不可有所作為」一句，將遯尾所處的時位與應對方法皆表達出來。而或說以初六勿用是不要進逼陽，對於此說法，翁方綱並不同義。

又如〈艮〉六四：

> 六四，《本義》：「以陰居陰，得時止而止，故為『艮其身』之象。而占得『無咎』。」按：《本義》此數句盡爻義矣。〔註81〕

〔註77〕〔宋〕朱熹：《周易本義》（收錄在《周易兩種》，臺北：大安出版社，1999），頁41。

〔註78〕〔清〕翁方綱，柏克萊加州東亞圖書館編：《翁方綱經學手稿五種——易附記》，頁17。

〔註79〕〔清〕翁方綱，柏克萊加州東亞圖書館編：《翁方綱經學手稿五種——易附記》，頁297。

〔註80〕〔宋〕朱熹：《周易本義》（收錄在《周易兩種》，臺北：大安出版社，1999），頁138。

〔註81〕〔清〕翁方綱，柏克萊加州東亞圖書館編：《翁方綱經學手稿五種——易附

〈艮〉六四爻辭「艮其身，無咎。」從六四「艮其身」，為四爻居陰位當位，故能時止而止。也因其能止，故「無咎」。《本義》的解釋清楚而又明白。

又如〈節〉初九：

> 朱子《語類》謂：「戶庭以心言，門庭以事言。」此義極精。初九「不出戶庭」原未嘗言心也，然〈繫辭傳〉由言語推到事感，極之於亂害，約之於慎密，則言心者，其義精矣。〔註82〕

〈節〉初九爻辭的「戶庭」、「門庭」二詞意義，諸家說法差異頗大，有以戶庭指外，門庭指內，有以戶庭指內，門庭指外。這些說法皆從內外來談，但朱熹以「心」、「事」來論，戶庭表心，代表未出，門庭表事，代表稍出。以這種說法取代內外之說，符合《繫辭傳》由言語推到人事的順序，翁方綱認為「其義精矣」。

又如〈節〉上六：

> 「禮奢寧儉」之義，朱子《本義》於上六「悔亡」言之。其義精矣。
>
> 〔註83〕

〈節〉上六「苦節，貞凶，悔亡。」朱熹認為「居節之極，故為苦節。既處苦節，故雖得正，而不免於凶。然禮奢寧儉，故雖有悔，而終得亡之也。」〔註84〕苦節，所以選擇「儉」，但過份節制的結果，就是「有悔，而終得亡」。

又如〈未濟〉初六：

> 朱子《本義》云：「以陰居下，當〈未濟〉之初，未能自進。」謹按：
> 此三語精當，無以復加矣。〔註85〕

〈未濟〉初六以陰居初爻，處於〈未濟〉的開始，並未有能力能濟。故朱熹以此三句表示初六的未濟之因，翁方綱對於這個說法是給予肯定。

3、使用古訓

引用朱熹的說法中，可見到朱熹對於「古訓」的使用，翁方綱對於這些

記》，頁547。

〔註82〕〔清〕翁方綱，柏克萊加州東亞圖書館編：《翁方綱經學手稿五種──易附記》，頁659。

〔註83〕〔清〕翁方綱，柏克萊加州東亞圖書館編：《翁方綱經學手稿五種──易附記》，頁662。

〔註84〕〔宋〕朱熹：《周易本義》（收錄在《周易兩種》，臺北：大安出版社，1999），頁219。

〔註85〕〔清〕翁方綱，柏克萊加州東亞圖書館編：《翁方綱經學手稿五種──易附記》，頁718。

古訓是給予肯定，認爲「古訓不可廢」，例如〈比〉卦辭中，釋「原」字：

> 〈比〉卦辭：「原筮。」蜀才云：「原究筮道。」孔疏謂：「原窮其情。」
> 至朱子，始據古訓，以「原」爲「再」。〔註86〕

原字根據翁方綱考察，從蜀才、孔穎達以來，皆不訓爲「再」，但就翁方綱根據「古訓」得來的資料，如：《周禮》、《禮記》、《爾雅》，證明爲「再」字爲原的「古訓」。朱熹以「原」訓爲「在」，翁方綱認爲合於古訓。

又如〈賁〉六五，釋「戔戔」：

> 「戔戔」則疏用馬云：「委積之皃」，以爲眾多也。《朱子本義》……
> 「戔戔」訓爲淺小之意。至於《程傳》作「翦裁」義，則必不然矣。
> 竊謂「戔戔」字必依古訓，未可以後儒之意自出訓解，輒以斷定爻
> 義也。〔註87〕

翁方綱此處的「古訓」，則是指《說文》一書，引《說文》的解釋來證明「戔戔」爲淺小之義，又以廣韻旁證。朱熹使用古訓是正確的。

又如〈咸〉六二「咸其腓」：

> 《玉篇》：「腓腸前骨也。」義尤明矣。腨，固非膞切之膞，而腸亦
> 非腸胃之腸也。朱子《本義》因此訓義，恐人易誤解，乃改云「足
> 肚。」其實古訓固不可廢也。〔註88〕

「腓」字指的就是朱熹所言「足肚」，即是小腿上的那塊肉。朱熹這個說法實際上也是依照古訓而來。《玉篇》所指「腓腸前骨」、《說文》「腓，脛腨也。腨，腓腸也。」古訓的解釋於今難懂，若以古訓直接訓解，今人會產生疑惑，故以淺白之語說出確切部位「足肚」，非朱熹另創新解，而是古訓不可廢。

　　從上述的討論可知古訓，是古人對字義上的訓解。這種訓解是指流傳於漢代，以及漢代之前典籍中所記載的說法，翁方綱稱之爲古訓。這種說法是當時流傳、普遍被使用的用法，與漢儒說經自己訓解的說法並不相同。古訓對於翁方綱而言是重要的，他主張「古訓不可廢」，翁方綱云：

> 所貴乎漢學者，以其上距周末未遠，或可因以窺見七十子傳文大義

〔註86〕〔清〕翁方綱，柏克萊加州東亞圖書館編：《翁方綱經學手稿五種——易附記》，頁 57。

〔註87〕〔清〕翁方綱，柏克萊加州東亞圖書館編：《翁方綱經學手稿五種——易附記》，頁 186。

〔註88〕〔清〕翁方綱，柏克萊加州東亞圖書館編：《翁方綱經學手稿五種——易附記》，頁 286。

也。若漢儒所自爲說，則當分別觀焉。其關於考核者，可存也；其
涉於紆滯者，可芟也。〔註89〕

古訓的使用，更能還原經義原意；古訓的重要，就在於他的時間是離周易產
生的時間較近，相對於清朝，漢代以及漢代之前，能見到的「周易」一定比
清代更貼近「眞實」。透過古訓，便間接可以看出當初經傳的原義爲何。更重
要的是，當時流傳的說法與意見，於今不復見，但卻可能融入如古訓之中，
以訓解的方式呈現出來。翁方綱雖強調古訓重要，但也提醒漢儒中「自爲說」
並非處處皆對，需要考核，並非漢儒的說法就等於「古訓」，這在理解上是需
要加以分辨的。

4、同意其說，但詮釋上並未透澈

翁方綱引用朱熹說法中，認爲朱熹並未解釋透澈，甚至覺得意義過於「空
渾」，如〈訟・九五〉：

九五：「訟，元吉。」朱子《本義》專主「聽訟得其平」，似尚未盡
此爻之義。須熟翫夫子〈象〉傳「以中正也」四字，非止言「聽訟」
也，觀爻辭只一「訟」字，接以「元吉」，此中潛移默化，無所不該，
訟卦之義，至此而元吉矣。聖言「中正」二字，廣大精微，豈一官
之司、一事之斷，所能盡乎？〔註90〕

朱熹將「訟」字解釋成「聽訟」，但就爻辭以及〈象〉傳二者結合來看，「訟」
字不單解作「訟獄之事」，從「元吉」、「中正」來看，翁方綱認爲訟字包含的
層面應該更廣、更深、更相容，若單純就「訟獄事」來論斷，則是太狹隘了。

（二）不同意

1、卦變、卦圖之說

翁方綱並不贊成朱熹的卦變、卦圖之說，談論到卦變、卦圖的內容時，
翁方綱都表明了不贊同的立場。翁方綱認爲，以卦變之說，或是以卦變圖來
解釋「某卦自某卦來」，是一種「牽合」，無可採信。更重要的是，若眞從某
卦來，爲何一定是某卦，而不是它卦？這更間接說明卦變、卦圖的推衍是無
所根據。

〔註89〕　〔清〕翁方綱，柏克萊加州東亞圖書館編：《翁方綱經學手稿五種——易附
記》，頁 601。
〔註90〕　〔清〕翁方綱，柏克萊加州東亞圖書館編：《翁方綱經學手稿五種——易附
記》，頁 47。

翁方綱引用朱熹的眾多說法中，討論到此部份內容的有：〈泰〉卦辭、〈噬嗑〉卦辭、〈賁〉卦辭、〈咸〉卦辭、〈恆〉卦辭、〈蹇〉卦辭等六卦中。

〈泰〉卦辭中：

> 朱子《本義》：「天地交，而二氣通，故爲泰。小謂陰，大謂陽，言坤往居外，乾來居內。又「自〈歸妹〉來，則六往居四，九來居三也。」〔註91〕

朱熹認爲〈泰〉自〈歸妹〉來。歸妹（䷵）的三爻與四爻相互交換位置，即可變爲泰（䷊）。對於這樣解釋泰卦，是將「小往大來」作合理詮釋，但翁方綱認爲朱熹於「小往大來」，兼指〈泰〉自〈歸妹〉者，則亦似多生枝節也。」〔註92〕此外，爲何泰定從歸妹而來？翁方綱以爲亦可云：「自〈賁〉來，六往居上，九來居二矣。」亦可云：「自〈豐〉來，六往居四。」可見卦變之說其實無所定從。

又如〈噬嗑〉卦辭：

> 虞仲翔、李挺之，及朱子《卦變圖》，凡三陽三陰之卦，皆自〈否〉、〈泰〉而來，即以朱子之圖次第推之：由〈泰〉而〈歸妹〉而〈節〉，而換又由〈豐〉而〈既濟〉，而〈賁〉又由〈隨〉而〈噬嗑〉，而〈益〉則是蓋自〈噬嗑〉來也。乃《朱子本義》於〈噬嗑〉卦辭下謂：「〈噬嗑〉自〈益〉來。」則與圖之次第不合矣。〈益〉之六四變而至五，則四與五同在上體，何以〈彖〉傳云：「柔得中而上行」乎？〔註93〕

本處翁方綱指出「〈噬嗑〉自〈益〉來」的幾點疑問：第一、朱熹〈卦變圖〉中，〈噬嗑〉從〈隨〉而來，但朱熹卻於《本義》中說出「〈噬嗑〉自〈益〉來。」如此便與卦變圖有所出入。第二、就算從「〈噬嗑〉自〈益〉來。」這樣並不能解釋〈噬嗑〉〈彖〉傳中的「柔得中而上行」。換言之，翁方綱認爲朱熹《本義》中的說法與《卦變圖》中的呈現，是截然不同。就這點來看，翁方綱誤看了朱熹《卦變圖》。從卦變圖上來看，「凡三陽三陰之卦，皆自〈否〉、〈泰〉」，就翁

〔註91〕〔清〕翁方綱，柏克萊加州東亞圖書館編：《翁方綱經學手稿五種——易附記》，頁90。

〔註92〕〔清〕翁方綱，柏克萊加州東亞圖書館編：《翁方綱經學手稿五種——易附記》，頁90。

〔註93〕〔清〕翁方綱，柏克萊加州東亞圖書館編：《翁方綱經學手稿五種——易附記》，頁175。

方綱所看的方向是從〈泰〉卦爲起點的方向，如此一來，便會推衍出「〈隨〉而〈噬嗑〉」。但就《本義》上所言「〈噬嗑〉自〈益〉來。」事實上，是要從《卦變圖》中〈否〉卦爲起點方向來看，自然會有「〈噬嗑〉自〈益〉來」的結論，就這一點，翁方綱是誤看了朱熹的《卦變圖》。但就第二點來看，翁方綱認爲，就算朱熹認爲「〈噬嗑〉自〈益〉來」在這樣的結果之下，也無法對〈象〉傳「柔得中而上行」進行解釋。因此，無論卦變圖如何推衍，翁方綱依舊是不贊同的態度。又如〈賁〉卦辭，對於卦變之說的：反對更是明顯：

> 朱子《本義》於卦辭下云：「卦自〈損〉來，又自〈既濟〉來。」則
> 與《卦變圖》所言：「三陽三陰之卦皆自〈泰〉、〈否〉來」者，又紛
> 紜莫一矣。將使後學奚所信從耶？〔註94〕

翁方綱認爲朱熹於《本義》下云：「自〈損〉來」、「自〈既濟〉來」。又在《卦變圖》指出「三陽三陰之卦皆自〈泰〉、〈否〉來」，這樣的說法乍看之下雜亂無比，使人如何信從？

又如〈咸〉卦辭，翁方綱更是明白指出，卦變之說「處處牽合」：

> 朱子《本義》釋〈象〉傳：「柔上而剛下，載或說云：『咸自旅來。』」
> 愚竊：滋惑焉。夫卦以咸名，本取兌艮二卦，山澤通氣之義，若以
> 旅之五陰升上，上陽降五而言，則是柔上剛下，又專以外卦言之，
> 於山澤通氣之義何有乎？是以所謂卦變，其卦自某卦來者，固不可
> 謂盡無此理，而必處處牽合以爲說，則愚不敢從也。〔註95〕

朱熹以或說「〈咸〉自〈旅〉來」解釋〈象〉傳之語。但咸卦〈象〉傳中的「柔上而剛下」，實則是「兌艮二卦」、「山澤通氣」而來，若用卦變之說，便無從解釋，只能「牽合」來作解，這點是翁方綱所不苟同的。

2、經義所無的詮釋

引用朱熹的說法中，翁方綱對於朱熹說法中，特別是翁方綱認爲朱熹的詮釋與經義無關的，這些翁方綱皆都加以指出，如〈謙〉卦辭：

> 《本義》止乎內而順乎外，〈謙〉之意也。《俞氏集說》申之曰：「內
> 艮止，外坤順，謙之德也。」然此義〈象〉傳所未言，豈非後儒欲

〔註94〕〔清〕翁方綱，柏克萊加州東亞圖書館編：《翁方綱經學手稿五種——易附記》，頁182。
〔註95〕〔清〕翁方綱，柏克萊加州東亞圖書館編：《翁方綱經學手稿五種——易附記》，頁282。

以補〈象〉傳乎？〔註96〕

《本義》以〈謙〉卦之象解釋卦名，〈謙〉卦為地山之象，朱熹以止乎內而順乎外，乃從外卦的地之象有順之意，內卦的山之象有止之意。朱熹從〈象〉傳的角度解釋卦名，但〈象〉傳僅以「地中有山，謙」來說明謙，對於朱熹所言之事並未提及。再加上，解釋卦名，翁方綱認為要從〈象〉傳來看，從〈象〉傳來看，翁方綱認為「〈謙〉卦之義，〈象〉傳：『天道下濟而光明，地道卑而上行』，二語盡之矣。」朱熹從〈象〉傳來解卦名方向已誤，同時對於〈象〉傳所無又作進一步闡發，翁方綱對這樣的解釋自然是不能同意的。

又如〈噬嗑〉九四、六五：

若朱子《本義》於九四「得金矢」、六五「得黃金」，皆引《周禮》：「獄訟，入鈞金、束矢，而後聽之。」則爻辭方云：「噬乾肺」，未嘗有聽獄訟之語，而遽云：「得金矢」，於義順乎？……不知「噬肺」、「噬肉」何以與「收金」、「收矢」相貫？是指飲食之地，有收人納金之事乎？抑是聽獄訟、納金矢之地，有噬肺肉之事乎？愚所以於千載，上聖人立象以示之，處兢兢致慎，而不敢一一質言者爾。〔註97〕

朱熹引《周禮》獄訟之事來解釋〈噬嗑〉九四「得金矢」、六五「得黃金」，二語。《周禮》記載，斷獄及訟兩種案件時，分別要繳交鈞金與束矢，待定讞後，判決輸的一方要將事前繳交的鈞金與束矢給予贏的一方。這是《周禮》所記載的內容。但翁方綱認為，就爻辭本身來看，並無任何關於「聽獄訟之語」，無此語卻貿然引用《周禮》獄訟之事來作解釋，翁方綱是不能贊同的。此外，若以獄訟之事來進行解釋，那如何把九四爻辭「得金矢」跟「噬乾肺」作一連結？同理，如何把六五「得黃金」一語跟「噬乾肉」作一詮釋？對於經義所無之語，翁方綱不敢強加解釋，故存疑而「不敢一一質言」。

又如〈革〉六二：

朱子《本義》謂：「此戒占者未可遽變。」竊按：二爻之辭，未有此義。〔註98〕

〔註96〕〔清〕翁方綱，柏克萊加州東亞圖書館編：《翁方綱經學手稿五種——易附記》，頁127。

〔註97〕〔清〕翁方綱，柏克萊加州東亞圖書館編：《翁方綱經學手稿五種——易附記》，頁177～178。

〔註98〕〔清〕翁方綱，柏克萊加州東亞圖書館編：《翁方綱經學手稿五種——易附記》，頁515。

《本義》釋此爻:「六二柔順中正,而爲文明之主,有應於上,於是可以革矣。然必已日然後革之,則征吉而無咎。戒占者猶未可遽變也。」〔註99〕《本義》解釋合於爻辭,六二當位又應於上,故能革,但須待至已日革才能吉而無咎。到此處的解釋皆合爻辭之言,但最後一句,告誡占者「未可遽變」,這句是朱熹應「已日乃革之」而來,是希望處六二的陰爻要能等待,不可躁進,故出此言。但翁方綱認爲,此處「未可遽變」,於爻辭本身並無此義,對於朱熹作這樣的闡發,翁方綱仍認爲不妥。

又如〈坎〉九五:

> 愚詳翫辭諸家之説,諸爻之義似覺朱子《本義》於五爻爻辭下又轉
> 一語云:「然以陽剛中正居尊位,而時亦將出矣。」愚昧之見,似乎
> 聖人爻傳之義未遂及此。〔註100〕

朱熹認爲九五居中而即將出險,這個說法翁方綱認爲有所不妥,並於經義中呈現。翁方綱云:

> 朱義以時將出險爲言,則九五之位之時之義,豈僅已出險爲望者?
> 在朱子之言,出險自是以居尊之位濟天下於出險言之,非僅以本爻
> 之出險言也。然而此經之旨,但言其時位如此,未遽計其漸可出險
> 耳。釋謂將出重險之外,尚似推衍言之,而究非本爻之實。〔註101〕

翁方綱認爲,就九五爻辭來看,九五爲君,領導天下眾生。所謂的出險,並非單就指君王一人脫離險難而已,從宏觀的角度來看,領導眾生,「濟天下於出險」才是朱熹所言的九五出險。對於朱熹所要表達的意義,翁方綱是瞭解的。但翁方綱認爲,就九五爻的「時位」來看,即是身處險中,若以出險言之,與爻辭不合。同時,象曰:「中未大」,也表示了「聖人未盡以居中之義許之矣。陽在中,則宜有亨孚之吉,而僅曰:『無咎』」,〔註102〕故朱熹以「陽剛中正居尊位,而時亦將出矣。」朱熹強調居中故能將出,這便與該爻辭所要表達的意涵,是有出入的。

〔註99〕〔宋〕朱熹:《周易本義》(收錄在《周易兩種》,臺北:大安出版社,1999年),頁185。

〔註100〕〔清〕翁方綱,柏克萊加州東亞圖書館編:《翁方綱經學手稿五種——易附記》,頁262。

〔註101〕〔清〕翁方綱,柏克萊加州東亞圖書館編:《翁方綱經學手稿五種——易附記》,頁267～268。

〔註102〕〔清〕翁方綱,柏克萊加州東亞圖書館編:《翁方綱經學手稿五種——易附記》,頁261。

又如〈益〉初九：

> 朱子《本義》謂：「下本不當任厚事。」此以〈象〉傳厚事，即指大
> 作言之。竊恐經義意不如此。愚按：厚事非大作之謂也。益之爲卦，
> 自上下，下損上體之四以益初，則全體之用皆歸之於初矣。全體之
> 益皆致之於初矣。則居一卦之最下焉，敢以此厚益自居乎？所以必
> 用爲大作也。厚事二字須如此看，則不下厚事之義既明而利用爲大
> 作之義亦明矣。然則此即朱子《本義》所謂報效者歟？而愚竊不敢
> 謂然也。凡言報效者出於己，奉於上之謂也。今初爻之陽即上體之
> 所益，則與出己所有以奉上者義有間矣。〔註 103〕

〈益〉初九「利用爲大作，元吉，無咎。」〈象〉傳爲「元吉無咎，下不厚事
也。」朱熹將「大作」、「厚事」視爲同樣內容，爲大事之意。「下不厚事」，
即是「下本不當任厚事」。〔註 104〕「利用爲大作」，朱熹認爲「初雖居下，然
當益下之時，受上之益者也，不可徒然无所報效。故『利用爲大作』，必『元
吉』，然後得『无咎』。」〔註 105〕翁方綱將〈象〉傳「下不厚事」與爻辭「利
用爲大作」二者合併觀之。翁方綱認爲厚事的緣由是來自於上卦六四損而益
初九，使初厚，使初九這一爻有全體之大用，然初九能有此成績，卻不以大
事自居，故曰「下不厚事」，初九是以一種替大家謀福利的心態做事，故曰「利
用爲大作」。朱熹認爲初九是出於一種「報效」的心態，但翁方綱認爲初九是
以全體之用的心態，無條件的增益。

3、義理解釋不當

引用朱熹的說法中，部份看法朱熹與翁方綱看法是有所出入。出入的癥結，
在於個人對於卦、爻辭的詮釋不同。翁方綱在二人詮釋有所不同處，皆會提出
自己認爲正確的觀點，根據的線索即是卦爻辭本身，以及解釋卦爻辭的彖、〈象〉
傳。從這些聖人的說法來作標準，再來看朱熹詮釋中與聖人說法有所出入之處，
這部份便是翁方綱認爲朱熹較爲「不當」之處。例如〈賁〉六二：

> 六二：「賁其須。」《程傳》於「與上同興」之義，未有確指。朱子

〔註 103〕〔清〕翁方綱，柏克萊加州東亞圖書館編：《翁方綱經學手稿五種——易附
記》，頁 402。

〔註 104〕〔宋〕朱熹：《周易本義》（收錄在《周易兩種》，臺北：大安出版社，1999
年），頁 164。

〔註 105〕〔宋〕朱熹：《周易本義》（收錄在《周易兩種》，臺北：大安出版社，1999
年），頁 105。

> 《本義》用王注「附三之說」，諸家所同，惟項氏以「上」指「上九」
> 言，不特於成卦之義相合，且「上」字應指「上卦」為是也。若指
> 「附三」，則「三」不應稱「上」也。又惠氏指「五」謂「五變應二」
> 也。然以變言，似多一層折。而「五」是上體究勝於指「三」者，
> 然不若項氏指「上九」言，於卦義為當也。〔註106〕

本爻辭的主要爭執點在於〈象〉傳所言「與上興也」的「上」，所指的到底為
何？《程傳》對此說法並無探討，王弼、朱熹以上指三，惠氏指五，項氏指
上九。翁方綱以項安世之說為依歸。朱熹採王弼的「附三之說」，附三，指的
是九三爻。採此說法的朱熹認為，六二與六五不相應，九三與上九亦不相應，
初九因「義弗乘」，亦不與六二應，在此情況之下，六二的「賁其須」要找的
對象只剩下九三，二以陰爻居中位，九三以剛爻得位，在本身都各自無應的
情況下，「二附三而動，有『賁須』之象。」〔註107〕此為朱熹對於附三之說的
看法。項安世以上指上九之說，則是以文質相應不相悖來作考量。〈象〉傳中
所言：「六二柔來而文剛，主內卦之文者也，內卦以文為文」；〔註108〕「上九
分剛上而文柔，主外卦之文者也。外卦以質為文。」〔註109〕六二「賁其須」，
居陰為虛，需陽之助。又六二為文，上九為質，文質相應不相悖。故翁方綱
以項安世上指上九之說為是。

> 「無咎」者，善補過也。故朱子《本義》於上九：「白賁，無咎。」
> 言「賁極反本，復於無色，善補過矣。」若然，則「賁」義似「有
> 咎」乎？夫窮極致飾至於浮文起偽，誠不免於有咎，而當〈賁〉之
> 時，時位應當，致飾尚未至浮文起偽之失也。或者，聖人預計其將
> 至於浮縟，而以「咎」戒之於前歟？然即上九處〈賁〉之終，而通
> 卦六爻皆未見其浮文繁縟之至極也，何獨至上九，遂自悔其致飾之
> 咎而補之乎？〔註110〕

〔註106〕〔清〕翁方綱，柏克萊加州東亞圖書館編：《翁方綱經學手稿五種——易附
記》，頁183。

〔註107〕〔宋〕朱熹：《周易本義》（收錄在《周易兩種》，臺北：大安出版社，1999
年），頁105。

〔註108〕〔宋〕項安世：《周易玩辭》卷五，〈賁・六二上九〉（濟南：山東友誼書社，
1911年），頁214。

〔註109〕〔清〕翁方綱，柏克萊加州東亞圖書館編：《翁方綱經學手稿五種——易附
記》，頁188。

〔註110〕〔清〕翁方綱，柏克萊加州東亞圖書館編：《翁方綱經學手稿五種——易附

朱熹以「善補過」來解釋無咎，認爲〈賁〉上九的「咎」乃是經歷過「窮極致飾」、「浮文起僞」而產生的，故至上九，「復於無色」，是要「反本」，才能無咎。以此角度來看，似乎上九是有所過錯，故才需要補過。但翁方綱認爲，整個六爻來看未見「浮文繁縟之至極」，何以上九需要補過？換言之，翁方綱並不贊同無咎乃是善補過而來，上九本身無咎，何來補過之說？翁方綱以項安世說法爲依歸，認爲〈賁〉上九爲賁道之終，亦是賁道之成，〈象〉傳所謂「上得志」，乃是以白賁來說。此處的白，並非因「浮文繁縟」而復反於白，而是眞正的賁，乃是質勝於文。「文之初興，必自質始，則『白』固在眾采之先；文之既極，必以質終，則『白』又在眾采之後。是則『白』者，〈賁〉之所成終而所成始也。」〔註111〕因此，白賁，無咎，乃是賁之實質內容的表現，並非有咎而成。朱熹與項安世對於白賁的解釋有所不同，進而影響到對於「無咎」的詮釋理解，在此處，顯然是後者對於爻辭的理解掌握度較爲全面。

又如〈升〉九三，翁方綱認爲「升虛邑」的升指的是「柔」升而非剛升，與朱熹認爲九三剛爻本爻自己升有所不同：

> 朱子《本義》亦曰：「坤有國邑之象，謂上體是坤，而九三往升之也。」然此卦名升之義，實以柔升，非以陽升也。且如即以陽升，二三爻皆陽也，何以二爻不言升而三爻獨言升乎？卦之名升，以巽木升坤土，則二三爻之陽，亦在巽木之內，然聖人〈象〉傳柔以時升，則專以初陰言升，非以二三陽爻言升也。九二即〈象〉傳剛中而應之位，故止言孚，不言升，而三爻獨言升乎？〔註112〕

上體坤卦爲國邑之象，「升虛邑」便是九三升入上卦坤體之中，「無所疑也」。朱熹主張九三本爻升，但翁方綱卻認爲，〈象〉傳云「柔以時升」，便是告訴人們本卦是「柔」升而非剛升。下體能升者，爲初爻具備資格。故初爻卦辭爲「允升，大吉。」若陽爻可升，爲何九二剛中而應爻辭不言升，只言孚？從這幾點來看，翁方綱認爲升指的是初爻，而非陽爻，換句話說，九三爻的升，是初爻的升。下體初爻一升，則九二、九三皆能升，九二以「孚」、「有喜」來作爲應，九三以「無所疑」來作回應。

　　　　　記》，頁 187～188。

〔註111〕〔清〕翁方綱，柏克萊加州東亞圖書館編：《翁方綱經學手稿五種——易附記》，頁 188。

〔註112〕〔清〕翁方綱，柏克萊加州東亞圖書館編：《翁方綱經學手稿五種——易附記》，頁 463。

4、字義理解不當

引用朱熹的資料中，部份是對朱熹解釋字義時上產生的問題，如〈履〉上九：

> 朱子以旋爲周旋。然《語類》云：「旋是那團旋來。卻到那起頭處。」
>
> 按：此則是旋反之義，而非周旋矣。〔註113〕

本條釋〈履〉上九：「視履考祥，其旋元吉。」《本義》與《語類》的解釋有所不同。《本義》以「視履之終，以考其祥，周旋無虧」來解釋。將旋解爲周旋之義。而《語類》卻以「旋反」解釋。二者不同，翁方綱以《本義》爲是，以《語類》之說爲非。

又如〈謙〉六二：

> 六二「鳴謙」。王注：「鳴者，聲名聞之謂也。」朱子《本義》：「以謙有聞。」本王注也。此非鳴字之義。〔註114〕

王弼以聲名聞釋「鳴」字，朱熹融合此說法，「以謙有聞」進一步釋「謙」。翁方綱認爲此說法不足彰顯鳴謙，謙固然是鳴的一項重要因素，但謙從何來？朱熹與王弼卻未解釋，故翁方綱以項安世、程頤、蘇軾之說，主謙字由心中積累而發，此一說法勝過王弼、朱熹之說。

三、程朱並提

程朱一詞，常常被翁方綱合併使用。使用程朱一詞的情況，可區分爲兩種。第一種是合併使用。將程朱將二人或是連同其書合稱，是將二人看法視爲相同，故併稱。以程朱之名出現，或是以程朱傳義出現，代表的即程頤的《程傳》、朱熹的《周易本義》。第二種是同時並列程頤與朱熹的看法，這樣的並提情況下，往往存在著翁方綱對其中一方的贊成，其中一方的反對。以下，就這兩種情形來作討論：

（一）程朱並提

程朱並提的情況在《易附記》代表的是二人說法的相同。二人相同的說法，翁方綱亦會加以評論，程朱並提的說法共有 36 處。如〈蒙〉六三、〈訟〉

〔註113〕〔清〕翁方綱，柏克萊加州東亞圖書館編：《翁方綱經學手稿五種——易附記》，頁 86。

〔註114〕〔清〕翁方綱，柏克萊加州東亞圖書館編：《翁方綱經學手稿五種——易附記》，頁 128。

六三、〈小畜〉卦辭、〈泰〉九二、〈否〉九四、〈大有〉卦辭、〈賁〉九三、〈頤〉
六二、〈坎〉卦辭、〈恆〉初六、〈大壯〉九二、〈睽〉九二、〈解〉九四、〈解〉
六五、〈損〉六三、〈夬〉九四、〈萃〉卦辭、〈萃〉六二、〈鼎〉卦辭、〈鼎〉
九二、〈革〉初九、〈震〉六三、〈震〉九四、〈震〉上六、〈艮〉六三、〈漸〉
九五、〈歸妹〉九四、〈歸妹〉上六、〈豐〉初九、〈豐〉九三、〈豐〉六五、〈兌〉
九四、〈渙〉九五、〈小過〉六五、〈既濟〉六二、〈既濟〉九五。

　　以下茲舉幾例來作說明：

　　六三：食舊德。程、朱皆作守其素分說，雖大意得矣，而太覺空渾。
〔註115〕〈訟・六三〉

　　九三：「賁如濡如，永貞吉。」注疏謂：「與二相比，和合文飾，而
有潤澤。」程、朱則謂：「一陽居二陰之間，得其賁飾潤澤。」竊謂
注疏之說是也。〔註116〕〈賁・九三〉

　　「有孚，維心亨，」自是二層。程朱傳義，皆以中實言之。〔註117〕
〈坎〉卦辭

　　在〈寒〉卦，西南與東北對言，故《程傳》、《朱義》皆以東北險阻，
西南平易對說。〔註118〕〈解卦辭〉

　　程朱傳義又謂：「君子有解，以小人之退爲驗」，恐亦非孚字義也。
此爻字，孚字，與四爻孚字，豈有二乎？〔註119〕

　　程朱皆云：「相牽引。」〔註120〕〈萃・六二〉〈解・六五〉

從上述引文來看，很明顯的看出程朱一詞合用，是表示二人看法相同，這部
份翁方綱不引用原文，而是以自己的話道出概要。例如，對於「食舊德」的

〔註115〕〔清〕翁方綱，柏克萊加州東亞圖書館編：《翁方綱經學手稿五種——易附
　　　　記》，頁45。
〔註116〕〔清〕翁方綱，柏克萊加州東亞圖書館編：《翁方綱經學手稿五種——易附
　　　　記》，頁183。
〔註117〕〔清〕翁方綱，柏克萊加州東亞圖書館編：《翁方綱經學手稿五種——易附
　　　　記》，頁256。
〔註118〕〔清〕翁方綱，柏克萊加州東亞圖書館編：《翁方綱經學手稿五種——易附
　　　　記》，頁372。
〔註119〕〔清〕翁方綱，柏克萊加州東亞圖書館編：《翁方綱經學手稿五種——易附
　　　　記》，頁381。
〔註120〕〔清〕翁方綱，柏克萊加州東亞圖書館編：《翁方綱經學手稿五種——易附
　　　　記》，頁447。

解釋，程朱二人觀點皆爲「守其素分」、「有孚，維心亨」的解釋，程朱二人皆以「中」解等等。根據二人一致說法，翁方綱再做進一步的評論。〈賁〉九三翁方綱舉出程朱說法與注疏之說，兩種說法加以比較後，認爲以注疏之說優於程朱之說。〈解〉六五中，翁方綱對於程朱兩人一致性的說法，並非給予肯定，而是認爲不妥，對於二人說法並非贊同。

由此可知，翁方綱是同意程朱兩人說法中是有相同性，但對於這個相同性，並不影響到翁方綱對於程朱二人的價值判斷。對於不合理或是說法較差時，亦會給予評論。

（二）程朱看法並提

程朱看法並提，代表的是二人的看法有所不同，翁方綱會先將二人說法並列，在從中比較優劣，如〈大過〉上六：

> 上六，「過涉滅頂，凶，無咎。」王注以爲「君子之救時涉難。」朱子《本義》從之。《程傳》則以爲小人之履險蹈禍。……愚按：聖人觀象之義，深不可測。學者則惟翫辭而已。今翫此爻之辭，既言「凶」而又言「無咎」，此則朱子《本義》從王注之說，爲合於經義無疑也。……〈象〉傳曰：「過涉之凶，不可咎也。」重提凶字，而云：「不可咎」，其義極明白矣。假如以《程傳》之說，謂其「咎由自取」，又將誰咎？此則已在凶字義中矣。而〈象〉傳何以重提過涉之凶乎？故翫辭之注必以朱子《本義》爲宗爾。〔註121〕

上六爻辭「過涉滅頂，凶，無咎」，《程傳》的解釋是以上六「小人之履險蹈禍」，咎由自取。朱熹的解釋則以「殺生成仁」〔註122〕的君子論之。翁方綱認爲朱熹說法較佳。就〈象〉傳而言「過涉之凶」，是「不可咎」。凶已在其中，不用招即存在，若以小人履險蹈禍來論，凶是咎由自取，但凶是存在於本身之中，於自身招致而來有所不同。上六之凶，是因處過極之地，本身就凶，君子「救時涉難」，故殺生成仁。就〈象〉傳來看，翁方綱以朱熹說法爲佳。雖主張「翫辭之注必以朱熹《本義》爲宗」，但對於說法較程頤差的部份，翁方綱仍是以說法較佳的作爲抉擇，如釋卦名〈大畜〉，並提《程傳》與《本義》之說：

〔註121〕〔清〕翁方綱，柏克萊加州東亞圖書館編：《翁方綱經學手稿五種──易附記》，頁 251。

〔註122〕〔宋〕朱熹：《周易本義》（收錄在《周易兩種》，臺北：大安出版社，1999），頁 123。

《程傳》:「畜,爲畜止,又爲畜眾止。而後有積。故止爲畜義。」此
於卦義備矣。《本義》:「大,陽也,以艮畜乾,又畜之大者。」然此
本是一義,非「以艮畜乾」爲別一義也。似毋庸言「又」耳。〔註123〕

翁方綱並舉二人說法,此處以《程傳》說法爲佳。同樣以《程傳》說法爲佳,
如〈豫〉六三,解釋爻辭「悔」字:

「盱豫,悔,遲有悔。」諸家皆以《程傳》爲是。蓋「悔」字有二
層,而所以致悔者,則一義也。……然此六三之「悔」,則是「自致
悔吝」之「悔」,而非「自能改悔」之「悔」也。《本義》竟以爲「改
悔」之「悔」,所以不及《程傳》也。〔註124〕

悔字有兩種解釋,一種爲「自致悔吝」,一種爲「自能改悔」。朱熹以後者改
悔之悔作爲本爻的解釋,就爻辭之意來看,以「自致悔吝」之意較合。故以
程頤之說較佳。

如〈節〉上六:

「禮奢寧儉」之義,朱子《本義》於上六「悔亡」言之。其義精矣。

《程傳》乃曰:「悔則凶亡,」恐經意未必如此。〔註125〕

朱熹:上六,苦節,貞凶,悔亡。居節之極,故爲苦節。既處過極,故
雖得正,而不免於凶。然禮奢寧儉,故雖有悔,而終得亡之也。

程頤:上六居節之極,節之苦者也。居險之極,亦爲苦義,固守則凶,
悔則凶無。悔,損過從中之謂也。節之悔亡,與他卦之悔亡,辭同而義異也。

第二節　翁方綱與項安世

項安世,字平甫,松陽人。根據新校本《宋史》記載,項安世著有《周
易玩辭》十六卷、《毛詩前說》一卷、《中庸說》一卷、《孝經說》一卷、《丙
辰悔臥》四十七卷、《家說》十卷附錄四卷、《項氏家記》十卷,通經博古的
項安世,被稱爲「一時之英才」。〔註126〕著作當中,僅有「《周易玩辭》一書

〔註123〕〔清〕翁方綱,柏克萊加州東亞圖書館編:《翁方綱經學手稿五種——易附
記》,頁221。

〔註124〕〔清〕翁方綱,柏克萊加州東亞圖書館編:《翁方綱經學手稿五種——易附
記》,頁137。

〔註125〕〔清〕翁方綱,柏克萊加州東亞圖書館編:《翁方綱經學手稿五種——易附
記》,頁662。

〔註126〕（元）脫脫等撰,楊家駱主編:《新校本宋史》,列傳一百五十六,（臺北:鼎

完璧以傳後世。」〔註127〕

關於項安世《周易玩辭》的研究，至今數量依舊不多，〔註128〕在臺灣較多的研究是著重在項安世古音學的成就，〔註129〕較少專注於其易學成就。現今對項安世的《易》學研究的方向，可歸納爲下列幾點：

一、推證成書時間，確定是在其謫居江陵時所做。

二、認爲此書屬於程頤義理學派，以闡發義理爲歸宿。

三、肯定此書不廢象數，於爻象尤其精通。〔註130〕

翁方綱對項氏的引用分析中，可以呈現第二點與第三點的方向。與此三點不同的是，翁方綱對項安世的說法並非全盤接收，例：〈訟〉卦辭

> 項氏《翫辭》曰：「〈需〉以有實故需〉，〈訟〉以有實故〈訟〉。二卦皆以『有孚』爲主，〈需〉主九五，〈訟〉主九二，二爻皆在坎中，二卦之『有孚』，即坎之『有孚』也。曲直未明，故窒；勝負未分，故惕。中止則吉，終成則凶。〈訟〉之情狀，於是曲盡矣。」按：項氏此條，語語切合，但「中止則吉」句，於義雖可通，而經文「中吉」，「中」字自指九二之得中言，非謂「半塗中止」之「中」字也。
> 〔註131〕

項安世解釋〈訟〉卦辭主爻時，合併了〈需〉卦辭。〈需〉卦辭與〈訟〉卦辭的主爻皆在坎中，前者爲九五爻，後者爲九二爻，即是〈彖〉傳「剛來而得

文書局，1978 年），頁 12101。

〔註127〕 杜兵：《項安世周易玩辭研究》（福建：福建師範大學碩士論文，2008 年），頁 4。

〔註128〕 關於近年來對於項安世《周易玩辭》的研究，可參考杜兵：《項安世周易玩辭研究》。該論文完成於 2008 年，主要著重在中國大陸以及古代學者對項安世易學研究的調查與分析。臺灣方面，對《周易玩辭》作全面性研究的學者，爲賴師貴三：《項安世《周易玩辭》研究》（臺北：國立臺灣師範大學中國文學研究所碩士論文，1990 年）。項安世易學相關研究，爲戴嫣兒：《周易繫辭傳集釋（宋代）》（臺北：文化大學中國文學研究所碩士論文，1979 年）。

〔註129〕 關於項安世的研究，臺灣僅有黃靜吟：〈論項安世在古音學上的地位〉《中山中文學刊》1995 年 06 月。伍明清：〈項安世之古音觀念〉《中國文學研究》1988 年 05 月。伍明清：《宋代之古音學》（臺北：國立臺灣大學中國文學研究所碩士論文，1989 年）

〔註130〕 杜兵：《項安世周易玩辭研究》（福建：福建師範大學碩士論文，2008 年），頁 2。

〔註131〕 〔清〕翁方綱，柏克萊加州東亞圖書館編：《翁方綱經學手稿五種——易附記》，頁 41～42。

中」。但項安世將中吉解釋成「中止則吉」，翁方綱卻認為中指得中，而非中止之意。由此可看出，翁方綱雖贊同項安世，但並非無所選擇，於義有所不合之處，翁方綱亦會加以辯駁。

在同意項安世的說法上，能夠把握住經義主旨本身作詮釋，是翁方綱所讚揚。同時，翁方綱對於項安世未盡之意、不足之處，亦能加以補充與闡發，使項安世的對《易》詮釋的內容上，更為豐富完整。對於諸家說法，翁方綱往往以項安世說法做為依歸，更可見翁方綱對項安世說法的重視。

在反對項安世的說法上，為項安世沿用「卦變」之說作為解卦的根據，此點使項安世備受翁方綱的批評。以下就針對翁方綱對項安世引用中，分析與討論：

一、贊同項安世之說

相較於惠棟，項安世的引用中，翁方綱贊同的比例高於反對。在翁方綱引用的 182 條引文中，贊同翁方綱意見的便佔了二分之一以上。翁方綱屢屢稱他「此說極得之」、「極當」、「此義甚當」，看出翁方綱對於項氏於義理的詮釋折服。

（一）合於經義

贊同項安世說法的引文中，最廣受翁方綱讚揚的便是項安世合於經文本身的詮釋。合於經文的最高準則便是對經傳做出充分的解釋。翁方綱相當推崇〈十翼〉的地位，認為〈十翼〉為孔子所作，他說：

> 聖人學《易》，準文王卦爻以作《十翼》（屯卦辭）〔註132〕

又言：

> 後人顧專執漢學，紛紛言象，是舍孔子之〈象〉傳反不信從而必曲
> 從荀虞之說，如之何則可也。（履卦辭）〔註133〕

又言：

> 此義，與夫子〈象〉傳不合。（同人卦辭）〔註134〕

〔註132〕〔清〕翁方綱，柏克萊加州東亞圖書館編：《翁方綱經學手稿五種——易附記》，頁 23。

〔註133〕〔清〕翁方綱，柏克萊加州東亞圖書館編：《翁方綱經學手稿五種——易附記》，頁 84。

〔註134〕〔清〕翁方綱，柏克萊加州東亞圖書館編：《翁方綱經學手稿五種——易附

聖人學《易》，所謂的聖人，即是孔子。孔子根據「文王演《易》於羑裏」〔註135〕而作〈十翼〉。翁方綱認爲，聖人既然已立說，就便要從「聖人之言」，去詮釋義理。不可再做其他非屬聖人之言論，否則便會失去本義。項安世亦能把握住此點，在詮釋義理上頭，以〈十翼〉爲依歸。與翁方綱的治學方法是相謀合的。如〈坤〉卦辭：

> 項氏《翫辭》云：「所利、所貞，止於從〈乾〉。」只此二語，利、
> 貞二字之義極明白矣。〔註136〕

講家講解〈坤〉卦辭「坤：元，亨，利牝馬之貞。」討論的重點著重在於元亨利貞是否爲四德，或著重在卦辭的斷句。項氏此語解四字「元、亨、利、貞」，與〈乾〉卦辭合看，將這四字解爲四德。朱熹《朱子語錄》認爲利字爲虛字，不將這四字合做四德來看。胡煦《易約注》改變斷句，主張將元亨利三字連讀，牝馬之貞讀一句。無論是朱熹或胡煦的說法，項安世的說法最合情理，也合經傳之語。

　　如〈蒙〉卦辭：

> 項氏《翫辭》曰：「『匪我求童蒙，童蒙求我』言強而聒也。人未必
> 聽待其求，而後教之，則其心相應而不相違，所以養其誠也。『初筮
> 告，再三瀆，瀆則不告』言雜施以瀆之，則蒙不能應；致一以導之，
> 則其受命也如響，所以養其明也。」又曰：「二與五爲正應，用童蒙
> 之德，以養其自然之正，不作聰明，惟正之順，則聖人也。《蒙》之
> 利乃如此，此以九二、六五之時中，明卦辭『利貞』二字也。」項
> 氏此二條皆精當之至。足見卦辭「利」字之義，即具於「貞」字義
> 中矣。〔註137〕

翁方綱評此兩條精當之至。項安世解此卦卦辭不僅將「志應」二字充分解釋，亦將「利貞」二字融入。教與學，是要等童蒙有學習的意願請教，老師才教學。否則會變成單方面的努力，沒有收到學習的「最大」成效。當童蒙有意

記》，頁 109。

〔註135〕〔清〕翁方綱，柏克萊加州東亞圖書館編：《翁方綱經學手稿五種——易附記》，頁 72。

〔註136〕〔清〕翁方綱，柏克萊加州東亞圖書館編：《翁方綱經學手稿五種——易附記》，頁 15。

〔註137〕〔清〕翁方綱，柏克萊加州東亞圖書館編：《翁方綱經學手稿五種——易附記》，頁 33～34。

願學習，老師教起學生才有成就，教師也才願意傾囊相授，學生與教師是互動且有目標，而非單方面的付出無所成效，即是項安世所謂「其心相應而不相違」，亦是「志應」。志應非只有指教學者，學生也是。從爻位來看，二、五兩爻為正應，亦是居中得正，故利貞。內卦九二爻虛心請教，為貞正，外卦五爻因受其貞之感動，傾囊相授，教學相長，二人皆有收穫，亦是利，而利是建立於貞的行為上，是利貞亦是志應。

又如〈困〉九四：

> 項氏曰：「困于金車。」四兌體為金也。車者，人所乘也。以九居四，則所乘難以速行，故為困於金車，吝，即〈象〉傳所謂「位不當也。」有終者，終與初遇，象所謂有與也。三與四皆不當位，三凶而四有終者，三乘剛而居陰之極，故凶。四居柔而主說，故始雖徐徐，終則有與也。但以不當位而吝而已。」項氏此條極為允當。〔註138〕

本條項氏的詮釋，融合義理與象數。八卦中乾兌為金，故九四爻有困於金車之象。項氏解釋困於金車是不當位造成，這不當位只對九四爻產生吝的結果，吝表現出來是「所乘難以速行」，但最後的結果為有終，為何能夠有終？九四爻與初六為正應，故所乘有難行之象，但最後會與初六相遇，為應，為有終，為有與。四爻雖不當位，但與初六相應，故有終；三爻亦不當位，但因乘剛又處下卦之極，故凶。項安世詮釋上面面俱到，無怪乎翁方綱評「此條極為允當。」

又如〈旅〉六二：

> 項氏曰：「『貞』字當自為句，不可以連於『童僕』也。旅以『貞』為『吉』，而六二、九三皆得正位，故聖人辨之。如六居二，中正柔順，可以合於卦辭之『貞』，『貞』於此則終無尤也。如九居三，垂剛不中，以此為『貞』，適以自危而已。」項氏此條甚當，此則「正」內有「固守」義也。〔註139〕

又如〈旅〉六五：

> 蓋項氏之說得之曰，六至五成離，而九去之，故為射雉而亾其一矢，離為雉。離，文明之象。五正居離中，故為雉也。剛爻為矢，言上體三爻本皆陽剛，今因獲此

〔註138〕〔清〕翁方綱，柏克萊加州東亞圖書館編：《翁方綱經學手稿五種——易附記》，頁 487。

〔註139〕〔清〕翁方綱，柏克萊加州東亞圖書館編：《翁方綱經學手稿五種——易附記》，頁 606。

離明居中之象，而去其剛爻之一也。一剛去之，疑若無譽而終有譽命者，雖失一剛，而能上及二剛，所得多也，故曰「上逮」也。中德爲譽，中位爲命，外卦爲終，<small>上逮，「上」字非指「上爻」。即指「柔得中之在上體」耳。外卦爲終，即上逮之義亦不爲贅。</small>此即〈彖〉傳所謂「柔得中乎外而順乎剛」者也。項氏此條實六五之完解，諸家之說可勿論矣。〔註140〕

〈旅〉六二，項氏解釋「旅即次，懷其資，得童僕，貞。」一句，以六二居中得位釋貞，「旅即次，懷其資，得童僕」三件事情亦因得位而「貞」。〈旅〉六五以象與義理兩方面詮釋，上卦爲離，爲雉之象。離由乾來，九五變成六五，而成離象，離爲光明之象，故「終以譽命」。譽命之所以能夠形成，是因爲「上逮」，六五居上卦之中，具中德、中位，故「終以譽命」。

由上述的討論可知，項安世在解易上，重視經傳彼此的義理關係，亦善用卦象來詮釋，使該卦或爻辭內容具豐富性，與其他家的說法不同，難怪翁方綱大力稱讚項安世。

（二）同意項安世的解經原則

易例二字，翁方綱於《易附記》中並未「直接」提及，僅有提及「卦例」一詞。對於「卦例」，翁方綱並不認爲有所謂的「卦例」，翁方綱說：

> 方綱按：《易》之有例，皆後儒推測之辭。〔註141〕

> 試思何謂卦例？若果出於文王、孔子之言，則謂之例，可也。出於後人之演說，而謂之之例，豈其可乎？〔註142〕

對於易例，翁方綱僅承認聖人之言，才爲「例」。後人言「例」，翁方綱認爲這是推測之辭，稱不上是易例。

根據賴師貴三所著《項安世周易玩辭研究》，歸納出《周易玩辭》中有諸多凡例，有《易》與陰陽凡例、〈彖、象、繫辭傳〉凡例、《玩辭》文例及其他。〔註143〕這些「凡例」中的部份亦被翁方綱所引，然翁方綱不稱之爲「易

〔註140〕〔清〕翁方綱，柏克萊加州東亞圖書館編：《翁方綱經學手稿五種——易附記》，頁613。

〔註141〕〔清〕翁方綱，柏克萊加州東亞圖書館編：《翁方綱經學手稿五種——易附記》，頁72。

〔註142〕〔清〕翁方綱，柏克萊加州東亞圖書館編：《翁方綱經學手稿五種——易附記》，頁374。

〔註143〕賴師貴三：《項安世周易玩辭研究》（臺北：國立臺灣師範大學國文研究所，2000年），頁239～339。

例」，筆者暫且以「心得」或「原則」來稱之，以利行文。

項安世在解卦當中，有屬於自己的解卦「心得」，亦是項安世的解經的「原則」，對於這些具有發凡起例的「心得」或是「原則」，翁方綱基本上是採取贊同的角度。

如：〈乾〉用九，「見群龍無首，吉。」

> 項氏《易翫辭》曰：「凡卦以初爻爲趾、爲尾；終爻爲首，形至首而終也。故《易》中「首」字皆訓爲「終」。〈乾〉爲首者，六陽之終也。既未二卦之終，皆爲濡首，比之無首爲無所終。用九之無首，則以六爻盡變，不見其終也。」按：項氏此説，於「首」字之取象得之。〔註144〕

「凡卦以初爻爲趾、爲尾；終爻爲首，形至首而終也。」以此原則釋用九「首」字。

又如〈蒙〉上九：

> 項氏《翫辭》曰：「爲寇，謂侵人也。凡兵入他境者，皆謂之寇；禦寇者，則止於吾境而已。聖人恐人以擊蒙爲往而擊之，故立此以示訓。」項氏此説極得之。〔註145〕

「凡兵入他境者，皆謂之寇」釋爻辭「寇」字。

又如〈泰〉九三：

> 凡陰爲貧、爲虛、爲禍；凡陽爲富、爲實、爲福，亦與此二爻義正合。〔註146〕

「勿恤其孚，於食有福」釋爻辭「福」字。

又如〈否〉六三：

> 〈泰〉、〈否〉二卦「包」字之義，項氏曰：「《易》中稱『包』，皆謂『陽包陰』也。〈泰〉之九二，君子自內而包外，故曰：『包荒』，『荒』者，遠外之義也。〈否〉之六二，君子自上而包下，小人在下承之，故曰：『包承』，『承』者，下載上之義也。凡木根衆，而包土深者，

〔註144〕〔清〕翁方綱，柏克萊加州東亞圖書館編：《翁方綱經學手稿五種——易附記》，頁13。

〔註145〕〔清〕翁方綱，柏克萊加州東亞圖書館編：《翁方綱經學手稿五種——易附記》，頁35。

〔註146〕〔清〕翁方綱，柏克萊加州東亞圖書館編：《翁方綱經學手稿五種——易附記》，頁92～93。

謂之『包』。九五以乾陽下包六二，以坤土承之，故在五爲『苞桑』，
在二爲『包承』。『包』字皆指五也。六三，小人在內，德不當位，
反使君子在外而包之。名位愈高，羞辱愈大，故曰：『包羞，位不當
也。』」按：項氏此條，於數「包」字義皆明白，但以愚見，不必處
處質言「君子小人」耳。〔註147〕

項氏釋「包」字。並以〈泰〉、〈否〉二卦皆有「包」字舉例作說明。〈泰〉九
二「包荒」、〈否〉六二「包承」、〈否〉六三「包羞」、〈否〉九五「苞桑」。〈泰〉
九二「包荒」爲內陽包外陰；〈否〉六二「包承」爲上陽包下陰；〈否〉六三
「包羞」爲外君子包內小人；〈否〉九五「苞桑」爲九五包六二。

又如〈謙〉上六，釋鳴與邑：

項氏曰：「凡言鳴者，皆志也。當〈謙〉之時，志在下，不以上爲樂。
二在下卦之中，如其所欲，故其鳴爲得志。上在上卦之上，欲下而
不可得，故其鳴爲未得志，不得志。則自治其內而已。凡言邑，皆
指近言之也。」項氏此說與何氏云：「〈上六〉居〈謙〉之極，自視
歉然，猶以〈謙〉爲未足，其義可相證也。」然則志未得也，是課
實之辭，非貶辭也。〔註148〕

「凡言鳴者，皆志也。」及「凡言邑，皆指近言之也。」翁方綱同意此說。
項安世把志未得解釋爲不得志，與儒家所言「達則兼善天下」之語切近。然
此處「未得志」翁方綱認爲是課實之辭，上六「未得謙退之道」，〔註149〕未能
謙退，是爲未得志。

又如〈隨〉六二：

項氏曰：「凡言係者，皆非正應。以私意相牽信爾；凡言失者，謂正
應也。本應有而今亾之。故謂之失。」此義甚當。然項氏因此義而
謂六三與上六爲正應。而以舍爲止則非也。〔註150〕

爻辭「係小子，失丈夫」，項安世以「言係者，皆非正應」、「言師者，謂正應

〔註147〕〔清〕翁方綱，柏克萊加州東亞圖書館編：《翁方綱經學手稿五種——易附
記》，頁102～103。
〔註148〕〔清〕翁方綱，柏克萊加州東亞圖書館編：《翁方綱經學手稿五種——易附
記》，頁131。
〔註149〕徐志銳：《周易大傳新注（上）》（臺北：裏仁書局，1995年），頁145。
〔註150〕〔清〕翁方綱，柏克萊加州東亞圖書館編：《翁方綱經學手稿五種——易附
記》，頁147。

也」解釋係與失。對此解釋翁方綱認同，但對於項安世將此原則用在六三與上六，認爲二爻爲正應，並以六三爻辭「志捨下」之舍爲止之義，則爲非。

又如〈賁〉六五，〈象〉傳「有喜也」：

> 項氏謂：「凡諸卦〈象〉傳言『有喜』、『有慶』者，皆取陰陽相合之義。」此於六五「尊禮上九」之義正相合也。〔註151〕

「有喜」、「有慶」皆爲陰陽相合。六五之吉指的是爻辭中的「賁於丘園」，此丘園所指爲上九。六五與上九陰陽相合，故有喜。

（三）以項安世說法爲依歸

翁方綱解《易》往往羅列諸家說法，從中比較優劣，項安世說法往往成爲翁方綱最後的依歸。例〈觀〉卦辭：

> 項氏曰：「古之君子，不必親相與言也，以禮、樂相示而已。此所謂觀也。然猶假禮、樂未足以言『大觀』也。則無聲無臭，而萬邦作孚，此所謂『大觀』也。齊以盥潔，無所陳布而有孚，已不可掩。蓋相觀而化，其神如此，故謂之神道也。先儒謂『盥』，則誠意方專；『薦』，則誠意已散。『盥而不薦』謂『專而不散』，非也。仁人孝子之奉祀也，豈皆至薦則誠散乎？此但以『盥而不薦』象『恭己而無爲』爾非『重盥而輕薦』也。如所謂『不動而變，不言而信』，豈以言、動爲不美哉，但不煩言、動而已。」項氏此條，解「不薦」，最爲得之。〔註152〕

翁方綱解此卦辭時，前面引用了龜山楊氏、白雲郭氏，但終以項氏之說爲定說。

> 六三：「即鹿。」王輔嗣以就五爻言，不如項安世以就上爻爲是。
> 〔註153〕

王弼與項安世的說法，自是以項安世說法爲勝。王弼以三近五而指三爲「即鹿。」項安世以「上有必亡之勢，則君子見幾而止。」〔註154〕指出上爻爲即鹿，相對於王弼以距離言，項安世合於卦爻辭的詮釋爲佳。又如〈隨〉初九：

〔註151〕〔清〕翁方綱，柏克萊加州東亞圖書館編：《翁方綱經學手稿五種——易附記》，頁186～187。

〔註152〕〔清〕翁方綱，柏克萊加州東亞圖書館編：《翁方綱經學手稿五種——易附記》，頁166。

〔註153〕〔清〕翁方綱，柏克萊加州東亞圖書館編：《翁方綱經學手稿五種——易附記》，頁29。

〔註154〕〔宋〕項安世：《周易玩辭》（濟南：山東友誼書社，1991年），頁73。

「出門交有功」。惠氏援《繫辭傳》「五多功」，以功指五。蓋虞氏之說亦以九四「有孚在道」指五言之。故謂：「〈象〉四有孚在道，明功也。亦指五。」此說非也。然而初九爻辭功字與九四〈象〉傳功字，自是一義。項氏曰：「九四欲其有孚在道，謂隨初也。」此說是也。〔註155〕

翁方綱引惠棟、虞翻、項安世三家說法，三家對於初爻的「功」字所指有所不同。惠棟、虞翻皆指五，根據的來源爲《繫辭傳》「五多功」而將初爻之功指五。項安世主張「兩陽以正相孚」，〔註156〕初爻出門「欲其交有功之人，謂隨四也。四有名善之功，故曰有功。」〔註157〕繫辭傳的「五多功」與初爻、四爻所謂的功是不同意義。相對於惠棟與虞翻的解釋，項安世說法更佳。又如〈隨〉上六：

「王用亨於西山，亨。」即祭享之享無疑。《注疏》及《程傳》作亨通解，非也。《本義》：「自周而言岐山在西，」亦是。但謂：「誠意固結可通神明，」則未然。諸家說此爻亦多未合。惟項氏云：「〈隨〉之極，當變爲〈蠱〉，上兌變〈艮〉。昔說而隨我，今執而止之。故曰拘係之，乃從維之，見人心之變也。〈兌〉爲西，〈艮〉爲山，〈震〉之一陽，升於西山之上，故曰：『王用亨於西山。』見已亦自變也。在變卦、伏卦、反對卦三象皆然。事勢至此，不得不變。故曰：『上窮也。』凡易言窮者，皆謂其當變，窮而能變，亦隨時之義也。」〔註158〕

翁方綱引《注疏》、《程傳》、《本義》三家說法，三家說法並不完全而未能充分解釋該爻辭之意。翁方綱最後仍以項安世說法爲依歸。〈隨〉至上六以至窮極，項安世主張「凡易言窮者，皆謂其當變」，因爲變，則須「拘係之，乃從維之。」而「王用享於西山」，項安世使用卦象來詮釋這句話的概念。上卦爲〈兌〉，表西方，四五六爻互體爲〈艮〉，爲山之象，下體〈震〉。

又如〈賁〉六二：

〔註155〕〔清〕翁方綱，柏克萊加州東亞圖書館編：《翁方綱經學手稿五種——易附記》，頁147。
〔註156〕〔宋〕項安世：《周易玩辭》（濟南：山東友誼書社，1991年），頁176。
〔註157〕〔宋〕項安世：《周易玩辭》（濟南：山東友誼書社，1991年），頁175。
〔註158〕〔清〕翁方綱，柏克萊加州東亞圖書館編：《翁方綱經學手稿五種——易附記》，頁151。

六二：「賁其須。」《程傳》於「與上同興」之義，未有確指。朱子《本義》用王注「附三之說」，諸家所同，惟項氏以「上」指「上九」言，不特於成卦之義相合，且「上」字應指「上卦」爲是也。若指「附三」，則「三」不應稱「上」也。又惠氏指「五」謂「五變應二」也。然以變言，似多一層折。而「五」是上體究勝於指「三」者，然不若項氏指「上九」言，於卦義爲當也。〔註159〕

翁方綱引《程傳》、《朱子本義》、惠棟說法，三家對於六二〈象〉傳中的「與上興也」的上，有不同見解。《程傳》未詳述，《朱子本義》指九三爻，惠棟指六五爻。三家說法，翁方綱以項安世指上九的說法爲依歸。

由上述討論可知，翁方綱以項安世說法爲最後依歸，與項安世切合經義有密切關係。項安世不僅兼顧義理，更能從象數著手。相較之下，其他說法，就沒有項安世這麼全面。

（四）未盡處之闡發與補充

未盡之處，指的是翁方綱在項安世的原有說法上，作進一步的說明，對於項安世說法中所不足，或是項安世的說法會引起誤會之處，來作說明，如〈升〉六四：

六四「王用亨於岐山」。項氏謂：「王指初，山指四。」竊按：山指四是矣。王指初者，蓋項氏之意以初六爲卦主也。夫此卦自初至四，已歷二、三兩陽爻，而此間用亨，猶必以初之柔升爲卦主，則項氏所云「南征勉陽」者，自相矛盾矣。愚故謂柔升非陽升也。然則此爻王字，果指初六乎？曰：「項氏立意則是，而其措詞仍未確也。」王非專指初也。謂初六爲升卦之主，則可謂初六爲王，不可。此王字未嘗定指某爻也。蓋謂王者用此爻以誠意通耳於上。〔註160〕

本爻辭中的王，項安世指出「指初」，翁方綱認爲項安世的意思是指初爻爲成卦之主，而非「王」，項安世的說法是「措詞未確」。翁方綱針對這個部份進行詳細解說，使項氏說法得到更全面的理解。

又如〈賁〉‧六五：

〔註159〕〔清〕翁方綱，柏克萊加州東亞圖書館編：《翁方綱經學手稿五種——易附記》，頁 183。

〔註160〕〔清〕翁方綱，柏克萊加州東亞圖書館編：《翁方綱經學手稿五種——易附記》，頁 466。

項氏謂：「凡諸卦〈象〉傳言『有喜』、『有慶』者，皆取陰陽相合之
義。」此於六五「尊禮上九」之義正相合也。〔註161〕

項安世認為有喜、有慶之意，為陰陽相合。而六五〈象〉曰：「六五之吉，有
喜也」，翁方綱以項安世的說法做進一步闡發，將六五的有喜，與上九合看，
陰陽相合，故「有喜」，「有喜」亦是「吉」。

又如〈旅〉卦辭：

項氏曰：「旅，於正則吉，不正則凶，乃處旅之道。」此義亦甚當。
愚按：「旅，於正則吉」者，以其義當處旅及旅中所處之正，二義兼
之乃備也。若「吾夫子之轍環天下」此義當「處旅」者，若「潔身
高蹈」一流，則義不當處於旅者，此一層又在處旅而能守正之前，
故必合二義以言之，此所以為時義之大也。〔註162〕

〈旅〉卦辭：「小亨。旅貞吉，旅之時義，大矣哉」，項安世認為，決定處旅
的吉凶關鍵在於「正與不正」，「正與不正」是君子之德的展現。旅居在外之
人，寄人籬下，定有眾多艱困、不便之處，投靠他人，柔得中乎外，而順乎
剛，不過份剛強，但亦不處處卑微過份柔順，失去自己的人格，不卑不亢，〈旅〉
之時義才能充分體現出。針對項安世之說，處旅之道，更將「正」的內容做
分析的更為仔細。並補充了旅之時義的意義。

翁方綱認為，「旅，於正則吉」，處旅要正，旅中所處亦要正。處旅是一
種態度，而旅中所處便是態度的真實實踐。處旅要正是眾人所知，但往往旅
中所處並非事事盡如己意，而使自己面臨正與不正的選擇之中，在這種時候，
平時的德性修養便顯得格外重要。孔子周遊列國，面臨何種困難，皆能處旅
之正。而「潔身高蹈」者，獨善其身，涵養德性，於未處旅之時便能修養心
性，真正於旅中面臨困阨，自然更能擇正而居，不受外在條件影響改變自己，
方是旅之時義。

就處旅與旅中所處而言，正得吉，不正得凶，這是一種態度與實踐的問
題。旅的意義不僅在於告訴君子處旅之道，隱藏在背後的修養問題也是不可
忽視。要在旅中得吉，有賴於平時點滴的功夫累積，艱困中才能堅持自己，

〔註161〕〔清〕翁方綱，柏克萊加州東亞圖書館編：《翁方綱經學手稿五種──易附
記》，頁 186～187。

〔註162〕〔清〕翁方綱，柏克萊加州東亞圖書館編：《翁方綱經學手稿五種──易附
記》，頁 602～603。

而不任意由外在改變自己。「柔得中乎外，而順乎剛」，並沒有要君子曲迎奉承，如何抉擇在中間找到平衡，這就端賴修養作爲。旅的時義，翁方綱在項安世的基礎上，又加以延伸，讓旅的內涵更爲豐富。

二、反對項安世之說

翁方綱對項安世的批評集中在卦變與不合象〈象〉傳的解釋上。翁方綱說：「項氏《翫辭》一書，最爲精當，而此處因欲傳會卦變之說，遂致此失。」〔註163〕因傳會卦變之說，而失去經義原本面貌。「不料項氏善於研經，何以忽執卦變之說，誤會爻辭至於如此。」〔註164〕對翁方綱而言，卦變「非經之正旨」，〔註165〕用此來作爲解經的手段，事實上是不恰當的。

（一）反對卦變

翁方綱對項安世卦變的批評，可以在〈訟〉九二、〈無妄〉、〈震〉六二、〈震〉六五、歸妹初九、六五、〈巽〉六四、〈節〉九五、〈既濟〉六二、〈晉〉象傳看到，如〈震〉六二：

> 項氏必曰「重震自臨變」蓋力欲赴會卦變之說，謂六畫之卦與三畫之卦不同，既與〈臨〉同是六畫之卦，則何不可云自〈臨〉來乎？不知因而重之，原是因下卦而重爲上卦，是因震而重爲震也。非借地澤〈臨〉而後爲六畫之〈震〉也。其諸儒所推演卦變之圖，某卦自某卦來者，易象旁通無所不該，以之推演作圖則可。而竟以爲說經之本旨，則不可也。〔註166〕

本條爲翁方綱反對卦變之說，卦變之說無所定理，某卦自某卦來，並無特定規準。既無規準，如何使人信服？翁方綱認爲，卦變之說，可以作爲推演之用，可以當成一種參考，或說，但如果以卦變之說來解經則不可。

又如〈巽〉六四：

〔註163〕〔清〕翁方綱，柏克萊加州東亞圖書館編：《翁方綱經學手稿五種——易附記》，頁44。

〔註164〕〔清〕翁方綱，柏克萊加州東亞圖書館編：《翁方綱經學手稿五種——易附記》，頁543。

〔註165〕〔清〕翁方綱，柏克萊加州東亞圖書館編：《翁方綱經學手稿五種——易附記》，頁568。

〔註166〕〔清〕翁方綱，柏克萊加州東亞圖書館編：《翁方綱經學手稿五種——易附記》，頁538～539。

項氏云：「不獨悔無，又有成卦之功，其實以陰居陰爲成卦之主，其
悔乃亡也。」項氏乃主自遯變之說，謂遯之上三爻「好遯」、「嘉遯」、
「肥遯」，在田野者，皆變而爲入此六四之功也。項氏此說特爲紆曲。
又援〈巽〉爲利市三倍以證之，皆非也。〔註167〕

又如〈既濟〉六二：

項氏泥於自〈泰〉變來之說，謂此稱婦者，即〈泰〉六五帝乙所歸之
妹。九二爲弟，柔以剛藪，今婦降居二，即初九去居五，故爲「喪其
茀」。此說特爲紆謬。足見泥滯卦變以訓經者，其害非細也。〔註168〕

上述兩條爲翁方綱反對卦變之說的理由。爲了遷就卦變之說，處處迎合卦變，
而無法正確還原經義，以〈既濟〉六二爲例。項氏主張自〈泰〉卦來，而在〈既
濟〉一卦當中，處處迎合〈泰〉卦內容，如此一來，不僅侷限住經義的範圍，
更因卦變的解說，使經義流於單向的思考，無法從該卦本身去認識意義。

（二）與經義不合

項安世的解經當中，當有與孔子《十翼》說法不合之處，翁方綱會指出
項安世的錯誤，如〈小畜〉・九五：

「『天祿之富』與『四』共之，而不能自居。」此義是矣。而「不能
自居」句，則誤會〈象〉傳之義，似可刪也；或改云「不敢自居」，
猶近，可耳。〔註169〕

九五與六四可共用這個「天祿之富」。項安世對九五〈象〉傳「不獨富也」的
解釋是「不能自居」，翁方綱卻認爲「不獨富也」是不敢自居。結合〈小畜〉
的整體卦象來看，〈小畜〉爲五陽一陰之卦象，又至九五，累積已多，九五因
六四「柔得位」，故九五「不獨富」，不敢自居所蓄，以誠信之道與六四緊密
連結，是爲「有孚攣如，復以其鄰。」

又如〈同人〉九五：

項氏云：「以離合爲悲喜，僅幸一勝。此於交友之分，可謂斷金，若
同人之道，豈其然哉？故《爻辭》不復有言，而其道之吝自可見矣。」

〔註167〕〔清〕翁方綱，柏克萊加州東亞圖書館編：《翁方綱經學手稿五種——易附
記》，頁624。
〔註168〕〔清〕翁方綱，柏克萊加州東亞圖書館編：《翁方綱經學手稿五種——易附
記》，頁703。
〔註169〕〔清〕翁方綱，柏克萊加州東亞圖書館編：《翁方綱經學手稿五種——易附
記》，頁79。

項氏此條竟將「吝道也」移於九五，則是代夫子作〈象〉傳矣。又
　將「斷金」義，作「僅」辭，則是竟欲翻駁夫子〈繫傳〉矣。〔註170〕

項安世解〈同人〉九五爻辭，將六二「吝道也」的解釋移至九五下解釋，翁
方綱認爲這樣是「代夫子作〈象〉傳」，於經義的本身並不切合。

　又如〈蠱〉九二：

　　「幹母之蠱，不可貞。」諸家皆謂：「不可過剛。」獨項氏謂「不可
　　貞」者，言其自幹母之外，他事不可守此以爲常法。若幹父事如此，
　　則不勝其任矣。此義固可通，但於〈象〉傳：「得中道也。」不合，
　　不如仍舊説爲是。〔註171〕

本條解「不可貞」三字。傳統說法以九二陽居陰位，九二爲剛，剛則強，至
蠱便因過猛而導致失敗，故以「不可貞」三字，告誡「不可過剛」。九二因以
善用居陰位的時機，陰柔態度處理事情，避免過剛而貿然行動，壞了全局。
此爲傳統的解釋，合於〈象〉傳：「得中道也。」項安世的說法，於義理上亦
可疏通，但於〈象〉傳便有所不合。兩者相比較之下，翁方綱以傳統說法爲
主，可見翁方綱解經的原則，依舊是以孔子〈十翼〉說法爲基準。

第三節　翁方綱與胡炳文

　胡炳文（1250～1333），字仲虎，號雲峰，爲元代繼承朱熹學說的重要人
物。所著《周易本義通釋》以朱熹《周易本義》爲基礎，「申《本義》之精義」、
「發《本義》之未發、贊《本義》之大功」，〔註172〕傳遞和繼承朱熹的學說功
不可沒。

　翁方綱引用胡炳文的資料共有83條，其中對於胡炳文發明朱熹本義給予
積極而又肯定的讚美，不論是「雲峰胡氏之作《本義通釋》，眞朱門之功臣也。」
〔註173〕或是「雲峰《胡氏通釋》多發明朱子未盡之意」〔註174〕都可以看到翁

〔註170〕〔清〕翁方綱，柏克萊加州東亞圖書館編：《翁方綱經學手稿五種——易附
　　　　記》，頁114～115。

〔註171〕〔清〕翁方綱，柏克萊加州東亞圖書館編：《翁方綱經學手稿五種——易附
　　　　記》，頁157。

〔註172〕郭振香：〈論胡炳文對《周易本義》的推明與發揮〉《安徽大學學報（哲學社
　　　　會科學版）》（2010年第2期），頁27～31。

〔註173〕〔清〕翁方綱，柏克萊加州東亞圖書館編：《翁方綱經學手稿五種——易附
　　　　記》，頁270。

方綱對胡炳文說法的認同。翁方綱亦注意到對於朱熹說法較未有確解之處，胡炳文亦未有定見。對於胡炳文解釋處有不合經義之處，翁方綱亦會加以指正。以下就針對這三個方向，進行討論。

一、發明朱熹未盡之意

胡炳文發明朱熹之義，功不可沒，往往在細微之處，悟其道理，將這份道理作更深入、更充足、更完密的解釋，使義理更趨清晰、明白。

〈革〉九五，「未佔有孚」之義，朱熹說法與諸家說法便有不同，胡炳文掌握住朱熹說法之精要處，做了更進一步的闡發：

> 胡氏《通釋》曰：「未佔有孚，諸家皆以爲不待占決而人自信之，《本義》不然。蓋占在未革之先，而孚又在未占之先，則其孚也久矣。」
> 胡氏發明《本義》之旨甚精。此宋儒之學所以高出前賢也。〔註175〕

〈革〉九五：「大人虎變，未佔有孚。」諸家對於「未佔有孚」之解釋，多認爲「不用占卜」而人民信之（指九五大人）。係指九五人君已得民心，早已是民心所歸，「未占」而能夠「有孚」。朱熹在《本義》中云：「然亦必自其未占之時，人已信其如此，乃足以當之耳。」〔註176〕朱熹之義，未占，並非不用占，而是在「尚未占之時」。胡炳文對此說法作進一步闡釋，人民的信任來自於未革之前、未占之前，這份信任早以累積多時。當九五大人革之時，早已擁有人民最充足的信任。

〈既濟〉卦辭，胡炳文首先分析六十四卦中，取義於〈坎〉之規律。次分析〈既濟〉卦中「初吉，終亂」之義：

> 胡氏《通釋》曰：「上經首〈乾〉〈坤〉，終〈坎〉〈離〉。下經亦以〈坎〉〈離〉之交，不交終焉。上經〈乾〉〈坤〉之後，即繼以〈坎〉上〈坎〉下，凡六卦。下經亦以〈坎〉上〈坎〉下終焉。而卦名〈既濟〉、〈未濟〉，亦皆取義於〈坎〉也。易之道，一陰一陽天下之生，一治一亂，陽一而陰二，故治常少而亂常多，創業之主，以憂勤而吉，守成之

〔註174〕〔清〕翁方綱，柏克萊加州東亞圖書館編：《翁方綱經學手稿五種——易附記》，頁325。

〔註175〕〔清〕翁方綱，柏克萊加州東亞圖書館編：《翁方綱經學手稿五種——易附記》，頁518。

〔註176〕〔宋〕朱熹：《周易本義》（收錄在《周易兩種》，臺北：大安出版社，1999），頁186。

君，以逸樂而亂。初吉不幾時，終亂乃逃見聖人所以於〈既濟〉時
深戒之也。」〔註177〕

朱熹認爲此卦六爻也有「警戒之意」。〔註178〕胡炳文即是對朱熹「警戒之意」
做了進一步的闡釋：〈既濟〉中有坎卦，坎爲險，故須「警戒」。有治世亦有
亂世，但治世少而亂世多。創業維艱，守成不易，安逸而亡的多，憂患而活
的少。初多吉，終多亂，故言「警戒」，胡炳文對於朱熹的闡發，是很有見地
的。這種在朱熹基礎上，將朱熹之意作深入解釋，是翁方綱相當推崇的。

又如〈明夷〉六四：

雲峰胡氏曰：「腹，〈坤〉象在坤體之下，有左腹象，自明之暗，有
入於幽隱之象，〈坤〉有腹象，入於左腹，自〈離〉入於〈坤〉也。
〈坤〉耦有門，象於出門庭者，猶可去而出乎坤也。獲明夷之心者，
微子之自請出門庭者，微子之行遯也。」……申暢朱子之意可謂切
矣。〔註179〕

胡炳文釋〈明夷〉六四爻與象辭，都能把握住朱熹本意。又如〈家人〉卦辭：

雲峰胡氏曰：「天下以國爲內，以家爲內，家以女爲內，在〈咸〉之
時，女尚少。此中女與長女，則家道既成之象也。〈巽〉長女一陰在
下而順。今居上卦之下，而得其正；〈離〉中女一陰在中而明，今居
下卦之中而得其正。此所以爲女之正，而家無不正者也。」……皆
確得卦辭，所以專言女貞之旨，非空說義理也。〔註180〕

朱熹解釋卦辭「利女貞」，以「欲先正乎內也，內正則外無不正矣。」〔註181〕
對於卦辭以及朱熹的解釋，胡炳文做了相當明白的解釋。「家以女爲內」代表
家人中，重要的身份爲女性，這與傳統「男主外，女主內」的思想是一致的。
咸爲男女交感之時，故女尚少，而至家人，已有中女與長女出現，上卦巽，

〔註177〕〔清〕翁方綱，柏克萊加州東亞圖書館編：《翁方綱經學手稿五種——易附記》，頁698。
〔註178〕〔宋〕朱熹：《周易本義》（收錄在《周易兩種》，臺北：大安出版社，1999），頁226。
〔註179〕〔清〕翁方綱，柏克萊加州東亞圖書館編：《翁方綱經學手稿五種——易附記》，頁335～336。
〔註180〕〔清〕翁方綱，柏克萊加州東亞圖書館編：《翁方綱經學手稿五種——易附記》，頁343。
〔註181〕〔宋〕朱熹：《周易本義》（收錄在《周易兩種》，臺北：大安出版社，1999），頁149。

長女居四爻，爲上卦之初，順而當位；下卦離，中女居二爻，爲下卦之中，順而當位。中女與長女的出現，亦代表家道之成，亦是「女正」之象，而內正外無不正，故言：「家人，利女貞。」胡炳文可說是將朱熹之說，做了明確而又清楚的詮釋。

二、未有定見

　　胡炳文因承《周易本義》作解釋，當朱熹未有明確之說時，胡炳文自然無所闡釋。如〈蹇〉九五，朱熹對於爻辭中的「朋來」並未多作解釋：

> 雲峰《通釋》附載一說，以朋來指三，不若諸家指二爲是。蓋朱子《本義》於朋來虛渾言之，未有明確指二之解，故雲峰《通釋》亦未有定見耳。〔註182〕

朱熹對於「朋來」的解釋，僅止於「九五居尊，而有剛健中正之德，必有朋來而助之者。」〔註183〕朋指何爻卻無說明，胡炳文雖載或說，但卻與諸家之說有所不同，指二或指三，胡炳文並未對此有所闡釋，僅以「附載一說」帶過，這是翁方綱認爲他無定見之處。

　　又如〈中孚〉六三：

> 胡氏《通釋》載敵指四，馬匹指三之說，是矣。而其前段仍沿《本義》以敵指上九，以匹指初者。《通釋》專爲《本義》而作，故不恤其無定見耳。〔註184〕

胡炳文於中孚六三云：「敵謂上九」，於六四云：「匹謂初」。但在六四爻的最後卻云：「敵指四，馬匹指三」。誰正確與否，胡炳文並未多加說明。

三、闡釋有誤

　　胡炳文的法，並非皆正確無誤，胡炳文的說法，可能會因自己的理解有誤而對該卦該爻有了錯誤的認知，或是一味相信朱熹之說，朱熹之說有所商榷之處，胡炳文卻加以闡釋，以上種種都會造成胡炳文錯誤的產生，以下就

〔註182〕〔清〕翁方綱，柏克萊加州東亞圖書館編：《翁方綱經學手稿五種——易附記》，頁367。

〔註183〕〔宋〕朱熹：《周易本義》（收錄在《周易兩種》，臺北：大安出版社，1999），頁157。

〔註184〕〔清〕翁方綱，柏克萊加州東亞圖書館編：《翁方綱經學手稿五種——易附記》，頁673。

舉三個例子來看胡炳文在解《易》中所犯的錯誤。

〈渙〉六四中胡炳文違背了朱熹的說法：

> 胡氏《通釋》曰：「四五下無應，皆有散其朋黨之象，獨於四言之者，四能散其朋黨而聚歸於五也。」按：胡氏《通釋》之於朱子《本義》，猶《注》之有《疏》也。此條則胡氏爲未通矣。散其朋黨之說，朱子專以四言，未嘗以五言也。五則何朋黨之有？〔註185〕

朱熹在六四爻的解釋爲「居陰得正，上承九五，當濟渙之任者也。下無應與，爲能散其朋黨之象。」〔註186〕所謂下無應與，散其朋黨之象，應就四爻本身來說。但胡炳文卻認爲「四五下無應，皆有散其朋黨之象」，將五爻放入，這就違背了朱熹的本義。

〈未濟〉六三中，胡炳文對於朱熹的「疑惑之處」，轉變成「一種解釋」。

> 六三：「未濟，征凶。利涉大川。」朱子《本義》：「或疑利字上當有不字。」胡氏《通釋》竟依此作不利涉大川之義。……愚按：果如此說則利涉即濟也，不利涉即未濟也。聖人於爻辭止言未濟足矣，又何必贅述一語曰：「不利涉大川」乎？〔註187〕

朱熹於六三爻的最後，提及「或疑利字上當有不字。」而胡炳文竟將這個疑惑，當成一種解釋。翁方綱認爲，爻辭「利涉大川」若眞是「不利涉大川」，那爲何爻辭本身要有「未濟」之語？未濟即是「不利涉大川」之義。

〈節〉六三，爲胡炳文自己對卦本身的理解方向有誤：

> 胡氏曰：「自上三爻觀之，水出於兌澤之上，非三所能節者，故有不節之象。」愚按：此爻義自以下體之上取象，非由上三爻觀之以取象也。〔註188〕

〈節〉卦之象，爲「澤上有水」，根據〈象〉傳所言，當從下卦開始理解。而胡炳文從上卦開始理解，與〈象〉傳所言不同。

〔註185〕〔清〕翁方綱，柏克萊加州東亞圖書館編：《翁方綱經學手稿五種——易附記》，頁 649～650。

〔註186〕〔宋〕朱熹：《周易本義》（收錄在《周易兩種》，臺北：大安出版社，1999），頁 216。

〔註187〕〔清〕翁方綱，柏克萊加州東亞圖書館編：《翁方綱經學手稿五種——易附記》，頁 719。

〔註188〕〔清〕翁方綱，柏克萊加州東亞圖書館編：《翁方綱經學手稿五種——易附記》，頁 660。

第六章　翁方綱治易方法及特色

　　翁方綱著有〈考訂論〉上、中、下九篇，文中詳述其治經之法與目的。考訂的目的，「衷於義理」。〔註1〕治經之法，源自於孔子「多聞闕疑，慎言其餘，則寡尤」，〔註2〕強調治經之道爲「多聞、闕疑、慎言」三者：

> 客曰：考訂之學，其出於後世學人，而非古先聖訓所有也乎？曰：
> 聖言早已具矣，特未明著其爲考訂言之耳。蓋嘗反復推究上下古今
> 考訂家之所以然，具於此三言矣：曰多聞、曰闕疑、曰慎言，三者
> 備，而考訂之道盡於是矣。〔註3〕

翁方綱強調此法，此三者不僅爲治經之法，更爲治《易》之道。翁方綱對此法多次提及，可見其重要性：

> 治經有要言，則聖人語顓孫之三言也，曰多聞、曰闕疑、曰慎言，
> 知斯三者，則寡尤悔矣。〔註4〕

> 所以學問之事，惟有時刻敬奉聖言，曰多聞、曰闕疑、曰慎言，三
> 者盡之矣。承雅愛，欲看拙著諸條，非敢吝秘也。愚今年衰齒八十
> 有四，眼昏不能多看，而嗜學之心，計倍於往昔。〔註5〕

〔註1〕　〔清〕翁方綱：《復初齋文集》，卷七，〈考訂論上之一〉（臺北：文海出版社，
　　　　1966年），頁300。

〔註2〕　《論語》爲證篇第二，《十三經注疏》（臺北：藝文印書館，1997年），頁18。

〔註3〕　〔清〕翁方綱：《復初齋文集》，卷七，〈考訂論下之二〉，（臺北：文海出版社，
　　　　1966年），頁314。以下均不再列出版社、出版年。

〔註4〕　〔清〕翁方綱：《蘇齋筆記》，筆記三〈治經〉，頁：肆輯9-305。

〔註5〕　沈津：《翁方綱年譜》（臺北：中央研究院中國文哲研究所，2002年），頁478
　　　　～479。

時至八十四歲高齡，晚年治學，念茲在茲的方法仍為「多聞、闕疑、愼言」，這種治學態度於老年仍奉行不悖，影響之大，不可不察。其他處如〈致吳嵩梁箚〉〔註6〕、〈致金正喜箚〉〔註7〕、〈濠上邇言序〉〔註8〕、〈自提校勘諸經圖後〉〔註9〕皆有提及，都可見到翁方綱對此法的重視與強調。

「多聞、闕疑、愼言」的延伸，即是「博證」與「書證」。「博證」，不以孤證為據，無徵不信，以經證經；「書證」，重視一手資料的引用、來源出處。考訂的目的為義理，如此義理不流於空疏無根。以下，就針對上述幾點論述之。

第一節　《易附記》治易方法

翁方綱自言其治學之法為「多聞」、「闕疑」、「愼言」三者。除此之外，亦可見到「博證」、「書證」兩種方法於《易附記》中。「多聞」、「闕疑」、「愼言」三者偏向說法的取用與詮釋，「博證」、「書證」後兩者著重在說法上的再次確認，使說法與詮釋能夠更周延。

一、多　聞

「多聞」的來源，便是博覽群書：

> 乍見某書某處有間可入也，而未暇於此事之旁見於他處者，悉取而詳核之，則誤者什有幾矣。其或又見一處正與此處足以互按也，喜而並勘之，以為兩端之執在是也，而不知前乎我者，某家某文早有說以處之，吾不及知，而遽以吾所見定之，又非漏則略，故觀書貴博也。每有積數十年之參互待決者，一旦豁然得之矣，而後此又於某書見有此條，其所見又倍於我者，乃始皇然省也。此皆未多聞之故也。〔註10〕

多聞的好處便是能夠看盡諸家之學說。當自身有所疑惑時，「多聞」使得自己的疑惑在他書得到解答。「多聞」，也讓自己能融合眾人之說，見諸家說法之優劣處，取彼此說法不足之處。更重要是，自己以為獨創的意見，也能藉由

〔註6〕　沈津：《翁方綱題跋手札集錄》（桂林：廣西師範大學出版社，2002年），頁514。
〔註7〕　沈津：《翁方綱題跋手札集錄》（桂林：廣西師範大學出版社，2002年），頁543。
〔註8〕　〔清〕翁方綱：《復初齋文集》，卷四，〈濠上邇言序〉，頁204。
〔註9〕　〔清〕翁方綱：《復初齋文集》，卷六，〈自提校勘諸經圖後〉，頁281。
〔註10〕　〔清〕翁方綱：《復初齋文集》，卷七，〈考訂論下之二〉，頁315。

「多聞」檢視是否已被前人所言，或是他人之說有優於己處，才不會遽下定論，貽笑大方。「觀千劍則知劍矣，此賴乎多聞也。」〔註11〕

　　翁方綱的多聞，亦反應在其治《易》上。《易附記》一書，旁徵博引眾多《易》學家之說法，同時，治《易》時，往往能取各家之長相互補充，亦能評判諸家說法之優劣得失，並用按語說明自己意見，皆為多聞之功累積而成。

　　漢上朱氏曰：「〈損〉六爻皆應有孚也。凡損之道以誠，則上下內外

　　無不信，乃可損。」又俞氏曰：「〈損〉之成卦在六三、上九兩爻，

　　上與三應，彼此相信是有孚也。」此二說當合看。〔註12〕

《易附記》中，翁方綱常引多家說法合看，補足彼此未論及之處。合觀相看，使義理更為充實。能夠挑出彼此說法互相參照，這是「多聞」功夫累積之深厚，方能信手拈來，而無矛盾、不塞之感。

　　虞氏曰：「歸謂反三，」此即項氏自泰來之說，不可從也。然虞氏曰：

　　「〈震〉春〈兌〉秋，〈坎〉冬〈離〉下，四時體正，故歸有時也。」

　　此則古經師義，可存者。〔註13〕

引虞翻兩條說法，其一，並指出項安世說法的來源，說明卦變之說不可從。其二，為古訓，可從。對於引文的優劣、來源，極為嫻熟，博覽群書並非假言。

　　《易附記》一書，更是翁方綱晚年溫肆諸經所得。「所得」的積累與厚實，建立在「多聞」的功力上。「所得」也並非單純心情之抒發，更有著自身的優劣判斷，更重要的是，翁方綱時至晚年亦貫徹其態度，為學與治學非流於空說，而能親身實踐。不僅以「多聞」自勉，也勉人，不藏私以為珍祕，多次與學生友人提及，顯現出一種敦厚且紮實的學術風範。

二、闕　疑

　　所謂闕疑，便是要有「知之為知之，不知為不知，是知也」的精神，對於超出理解範圍的事物，應存疑而非妄加解釋。汪中亦云：「古之名物制度不與今同也，古之語不與今同也，故古之事不可盡知也」，〔註14〕不可盡知而又

〔註11〕〔清〕翁方綱：《蘇齋筆記》，筆記三〈治經〉，頁：肆輯9-305。
〔註12〕〔清〕翁方綱，柏克萊加州東亞圖書館編：《翁方綱經學手稿五種——易附記》，頁390。
〔註13〕〔清〕翁方綱，柏克萊加州東亞圖書館編：《翁方綱經學手稿五種——易附記》，頁574～575。
〔註14〕〔清〕汪中：〈釋三九中〉《述學內外篇》（臺北：臺灣中華書局，1965年），

無相對應資料作為比對，則需要闕疑：

> 漢儒說經者，若許、鄭之義，今已無其全書，即〈同人〉六二，鄭
> 注云：「天子諸侯後夫人，無子不出。」《詩·衛風》、《禮·內則》、
> 孔《疏》，及《士昏禮》、賈《疏》，皆止引此一語，不知其文上下云
> 何也。〔註15〕

對於今無全書的說法，無法得知上下文之確切意思，以鄭玄注〈同人〉六二
為例，僅有一句話，無法使人明白所欲表達內容為何，此時便需闕疑，不可
強加說解，待後出材料，能夠合理解釋其說，方可論之。

〈噬嗑〉卦辭，與〈象〉傳有著明顯的不同，先儒為了圓融其說，對於
「所噬之象，穿鑿紛紛，終不能合」：

> 項氏曰：「先儒皆以初上為受刑之人，中四爻為用刑之人。析六爻為
> 兩義，故於所噬之象，穿鑿紛紜，終不能合，殊不知六爻皆即本爻
> 取象也。」項氏此說甚是。〔註16〕

卦辭「利用獄」，為何〈象〉傳以「頤中有物，曰噬嗑」來解釋？這兩者相差
甚多，而諸家說法眾多，皆未有合理解釋。因此，項安世提出「六爻皆即本
爻取象也」，而不必牽強要將每爻相連在一塊。翁方綱認為這樣的見解是對
的。項安世並未提出一個合理的解釋去說明卦辭與〈象〉傳的關係，僅提出
一個原則與方向，讓人不要再作穿鑿附會的說解。這樣的一種態度，便是闕
疑。翁方綱繼續說道：

> 《易》以象見義，以物為名。而諸家體物、體象，甚至於穿鑿紛紜
> 者，聖人立象以示，有非後儒所能盡曉者。〔註17〕

聖人在立象解釋時，有些內容並非後儒能夠知曉，這個關鍵就在於時空背景
的差異，與當時所發生了何事，而使人能夠合理將「利用獄」跟「頤中有物」
作連結。這些都是我們身處於當代，所不能夠知道的事情，有賴出土文獻資
料的證據。在未有確切證據之時，以己意來作說明都非正確，僅能就大方向

頁〈內篇一〉三。四部備要集部，據揚州詩局本校刊。

〔註15〕〔清〕翁方綱，柏克萊加州東亞圖書館編：《翁方綱經學手稿五種——易附記》，頁 112～113。

〔註16〕〔清〕翁方綱，柏克萊加州東亞圖書館編：《翁方綱經學手稿五種——易附記》，頁 176。

〔註17〕〔清〕翁方綱，柏克萊加州東亞圖書館編：《翁方綱經學手稿五種——易附記》，頁 176。

提出，讓人在說解上不會偏離。

又如〈剝〉六二「剝床以辨」與〈睽〉六五「厥宗噬膚」，「辨」與「膚」二字：

> 蓋「辨」與「膚」，亦必如「足」之確有所指，非可以揣度爲之者。此等處苟非實據古訓，則或順得大意，而姑從闕疑，勿遽定其指名，又奚害矣。〔註18〕

> 六五「厥宗噬膚」……鄭東谷云：「膚言同體」，此義亦合，但必謂二視三爲膚，以爲二爻齧噬三爻，則聖人當日取象未必委析如此。恐出後儒臆度也。愚於〈噬嗑〉以致闕疑之義矣。〔註19〕

「辨」與「膚」二字諸家之說紛然，並未有合宜之解釋。既無適當說法，只能闕疑，而不要過度臆度。過度臆度則會產生流弊：

> 若考訂家遇難解處，毅然以一說強質之，則竟筆諸著述，傳諸藝林，甚且有奉爲定解者，直有以爲利而不知其害者，此其爲弊。〔註20〕

難解之處、不能解之處，講家皆強說，著述進而付梓，使他人見之，將此「強解」之說奉爲正解，危害更大、更廣。

> 至於不肯闕疑，不甘闕疑，則其弊最大。今之言考訂者，相率而蹈之者，比比皆是也。何者？不平心，不虛己，而好勝之害中之也。未考訂之前，已有胸中成例在矣。及其所遇，偶有不合於吾例者，則遷就圓合以爲之說，必不欲闕疑也。經史之事，有能析其一端，而不能盡白其後一端，則恥之，則概以己意演繹之，必不欲闕疑也。

〔註21〕

不肯闕疑之因，翁方綱認爲是「已有定見」、「胸有成例」。「胸有成例」，已有一套合理之解，碰到與己說不合之處，輒遷就、圓合。翁方綱認爲，就經史角度而言，解釋了其中一部份，但另外一部份未必能清楚明白。有些名物制度，甚至說法，是今人所無法理解的。這有著時空背景、文化制度的差異性在其中，既無法明白，就應承認侷限與不足，不應強加演繹。「遷就圓合」只

〔註18〕　〔清〕翁方綱，柏克萊加州東亞圖書館編：《翁方綱經學手稿五種——易附記》，頁192。

〔註19〕　〔清〕翁方綱，柏克萊加州東亞圖書館編：《翁方綱經學手稿五種——易附記》，頁363。

〔註20〕　〔清〕翁方綱：《復初齋文集》，卷七，〈考訂論下之二〉，頁317。

〔註21〕　〔清〕翁方綱：《復初齋文集》，卷七，〈考訂論下之二〉，頁315～316。

是暴露未能做到「闕疑」之法而已。

　　除此二端外，則闕疑為最要矣。嘗謂：「自古以來，著述家總坐在處
　　處求通而難於收拾，此天下古今之通病，而《周易》、《春秋》尤甚
　　矣。」〔註22〕

處處求通，而不懂闕疑，只會落於穿鑿，特別以《周易》、《春秋》二者為最。

　　故先聖曰：「多聞闕疑」，疑之不能無也，則闕之為大功也。作併其
　　疑而不生焉，則廢學矣，又大不可也。今之學者不患其不能疑，但
　　患其不能闕耳。〔註23〕

「疑」的功夫不難，難在「闕」。「疑」的基礎，來自於「多聞」，而「闕」比
「疑」難。「闕」需要放下心中成見，不以己意強解，呈現問題所在。「闕疑」
的最大難處，就是必須考證諸多說法，釐清前後關係，此人說法源自於誰，
此人說法是最先等等，再配合古籍資料作進一步驗證，確定說法皆無合宜處，
乃需承認不足、侷限，留待後人在現有基礎上，作更進一步的開拓。

三、慎　言

　　所謂「慎言」，為不得已而言之：

　　治經本無事於增說也，不得已而後言，故曰慎也。〔註24〕

　　然而慎言亦豈易哉？有出入採取之慎，有比較絜度之慎，有落筆字
　　句之慎，有出言詞氣之慎。夫非為畏物議而慎，為友朋箴規而慎也。
　　〔註25〕

慎言，是一種態度，包含的層面廣大，有材料的取捨、比較說法的謹慎、下
筆用語之慎重，皆是慎言。是一種經過思考之後，以嚴肅、謹慎的態度去面
對眼前的材料：

　　今惠氏《易述》竟直改作飛，不若本文仍作肥，而引《後漢書》作
　　飛，應從之，注明於下，不必更援𦐇、蜚字矣。愚從來不敢輕取他
　　本之字以說經也。為此條飛字，《後漢書》實為可據，故詳說之。

〈遯〉上九爻辭，「肥遯」，惠棟改作「飛遯」，對於這樣改正，翁方綱細考《說

〔註22〕〔清〕翁方綱：《復初齋文集》，卷十一，〈答友人小牘〉，頁455。
〔註23〕〔清〕翁方綱：《復初齋文集》，卷十一，〈致吳槎客〉，頁437。
〔註24〕〔清〕翁方綱：《蘇齋筆記》，筆記三〈治經〉，頁：肆輯9-306。
〔註25〕〔清〕翁方綱：《復初齋文集》，卷七，〈考訂論下之二〉，頁318。

文》、《玉篇》、《後漢書》、張衡〈思玄賦〉與曹子建〈七啓〉的說法，〔註26〕
在比較中得出「肥」原作「飛」無疑，改作肥爲後人之手。一個結論的確立，
翁方綱對於材料的選用，比較各家之說，最後得出結論，這一切都是「愼言」
的表現。不因「胸有成見」便妄加結論。結論的提出，乃是經由取捨、比較
分析而來，非憑空臆測，而是有憑有據。

> 《本義》載或說：「卦凡四陰除六五君位餘三陰，爲三狐之象，」此
> 即程傳之說，朱子蓋不欲質信程傳而話之或說耳……是以朱子始附
> 或說於後，而云未詳者，蓋其愼也。〔註27〕

朱熹對於不確定之說法，僅載或說，並自云「未詳」，這就是一種愼言的態度。
翁方綱在解釋字義上，亦把握「愼言」之原則：

> 《釋文》：「損，虧減之義，又訓失。」〈序卦〉曰：「緩必有所失。」
> 是也。然而〈序卦傳〉，「緩必有所失」，失即虧減之失，過失之失也。
> 《程傳》曰：「緩則必有所失，失則損也。」此於語義無礙。至崔氏
> 憬曰：「宥罪緩，孔失之於僥倖，有損於政刑，故言緩必有所失。」
> 崔氏此言蓋誤會失字爲過失之失。不知解象「赦過宥罪」，特就君子
> 施於事言之，而損下益上則於政刑何涉乎？〈序卦〉之義，概以凡
> 是緩則必有減損耳。此亦天地自然之象數也。〔註28〕

「損」之字義，翁方綱參酌了《釋文》、〈序卦〉、《程傳》之言，最後才提出
損有「失」、「虧減」之義。並非直接就字義上進行解釋。而對於「失」、「虧
減」之義的認識，是相當深入的。崔憬將〈序卦〉「緩必有所失」一語與政刑
作連結。但就資料的顯示，「緩必有所失」就指天地自然循環之規律言之。政
刑專就人事言之，與天地自然無所涉，以政刑解，則失成爲過失之失。「緩必
有所失」雖可解政刑之事，但就本義而言，失爲虧減之義，與自然有關，與
人事無關。雖是細微的分別，翁方綱亦仍堅持差別，這個堅持便是「愼言」。

「愼言」除了是面對材料時的謹愼外，對於前人以闕疑之處，可繼續保
留，不必強加解釋，但若有新的意見不妨論述：

> 客曰：子以疑必當闕，則古籍可疑者多矣，如盡從而闕之，將安用

〔註26〕 可見第四章惠棟一節，筆者於「刪改增補經文」一節中已有論述。
〔註27〕 〔清〕翁方綱，柏克萊加州東亞圖書館編：《翁方綱經學手稿五種——易附
　　　　記》，頁 377。
〔註28〕 〔清〕翁方綱，柏克萊加州東亞圖書館編：《翁方綱經學手稿五種——易附
　　　　記》，頁 387～388。

> 注釋爲耶？曰：聖人固明言之，其必不可不闕者，則無寧闕也，稍
> 有可通之處，則愼言而已矣。治家者，惟儉可以養廉，治經史者，
> 惟愼可以補闕。有愼言之一途，而闕疑之法圓足之至矣。至於並欲
> 愼言而無從者，則仍歸於闕疑而已。〔註29〕

古籍中可疑之處甚多，若處處疑之，那便要處處闕之，如此一來，則所有問題都無法得到解決。聖人已闕疑之處，爲需闕疑之處。聖人的闕疑，會囿於材料不足而無法得到解決，後人若得到更多材料，在闕疑之處，稍有可通之處，便能針對此處加以論述。超過此範圍的則不妄加定論，爲「有幾份證據，說幾分話」的具體實踐。經過愼言仍無法解決問題，就只能繼續闕疑，不可妄加臆測：

> 竊謂：爻辭渾稱三品，〈象〉傳約言「有功」，是文王孔子意中所未
> 詳言者。後儒又何以知其必係王制穀梁之所稱耶？其他自以意度取
> 諸某象者，更爲無據矣。新喻梁氏以此爻取「田獲」象爲闕疑。竊
> 謂三品之目，則眞所當闕疑者耳。〔註30〕

〈巽〉六四爻辭「田獲三品」，三品之說，眾說紛紜，虞翻以逸象解，王弼以《穀梁傳》解，項安世以卦變解。然爻辭所謂「三品」，〈象〉則無特別解釋，對於這樣的情況，聖人「未詳言」，後儒之說，只能作或說參考，而非正解。以「闕疑」之態度面對，不妄加臆測，才是「愼言」。

四、博　證

對於疑義之處，眾家說法紛紛之時，如何得到一個正確的結論，便需要「博證」。博證是一種列本證、旁證來證經的一種方式，翁方綱雖無直接提及本證、旁證等字眼，然於作法上已符合博證的行爲，顧炎武研究《詩》韻即使用此方法：

> 列本證、旁證兩條。本證者，《詩》之自相證也；旁證者，采之他書
> 也，二者俱無，則宛轉以審其音，參伍以諧其韻。〔註31〕

「本證」是一種以經證經的方式，旁證則是博採眾書。翁方綱雖無如顧炎武

〔註29〕 〔清〕翁方綱：《復初齋文集》，卷七，〈考訂論下之二〉，頁317。
〔註30〕 〔清〕翁方綱，柏克萊加州東亞圖書館編：《翁方綱經學手稿五種——易附記》，頁635。
〔註31〕 〔明〕顧炎武：《音學五書》，音論中〈古詩無葉音〉，（北京：中華書局，1982年），頁35上。

本證、旁證兩條的作法，但重視本證、旁證的證據，以證據來說話，「對清代考據學代有著普遍的指導意義」，〔註32〕這種觀念於治《易》中，明顯地被發揮出來：

> 「介於石」，〈繫傳〉曰：「介如石焉。」觀此《傳》「介如石」之文，則「介」訓「耿介」，無可疑矣。〔註33〕

> 〈蠱〉卦之義，當合《序卦傳》云：「以喜隨人者，必有事，故受之以蠱。蠱者，事也。」《雜卦傳》：「隨，無故也；蠱，則飭也。」詳此二傳文義，則〈蠱〉之義明矣。〔註34〕

> 上九，莫益之。

> 當以《繫辭傳》明之。《繫辭傳》全字與此〈象〉傳偏字正相對。此一字明白。而此爻之義皆得之矣。蓋合人以上下而胥孚者全之謂也。狃於上極而求益不已，知有己不知有人者，偏之謂也。

> 子曰：「君子安其身而後動。易其心而後語。定其交而後求。君子修此三者，故全也。」此下則指之曰：「危以動，則民不與也；懼以語，則民不應也；無交而求，則民不與也。」是專就其求益不已知者，有己不知，有人一邊切指之也。故〈象〉曰：「莫益之，偏辭也。」知〈繫辭〉之所以言全，則知〈象〉傳所以言偏矣。知〈繫辭〉之所以言全，則知爻辭之所以言恆矣。〔註35〕

上述三條皆採「以經證經」的方式。解釋《易》最早的文字便是「傳」，〈十翼〉自是離經本身最早的文字，以經證經是一種較爲可靠且使人信服的方式：

> 其實，「以經證經」亦含有「去古未遠」的原則在裡面，經書的成書時間雖然不甚一致，但都在先秦時期，而且在清人看來，都是經過聖人孔子整理過的，所以可以視爲同一時期的作品，也因爲如此，經書才有統一性，「以經證經」才有合理性。〔註36〕

〔註32〕郭康成：《清代考據學研究》（武漢：崇文書局，2001年），頁187。

〔註33〕〔清〕翁方綱，柏克萊加州東亞圖書館編：《翁方綱經學手稿五種——易附記》，頁135。

〔註34〕〔清〕翁方綱，柏克萊加州東亞圖書館編：《翁方綱經學手稿五種——易附記》，頁157。

〔註35〕〔清〕翁方綱，柏克萊加州東亞圖書館編：《翁方綱經學手稿五種——易附記》，頁412。

〔註36〕郭康成：《清代考據學研究》（武漢：崇文書局，2001年），頁189。

「以經證經」正因時代性相近、去古未遠，貼近聖人旨意，其合理性與可靠性才能夠被認可。翁方綱《易附記》一書中，〈十翼〉之內容皆成爲證經之方式。俾使經義還原，探求聖人本意，在「去古未遠」的文本上，對經義作最合理的推論，而非妄加臆測，曲解經義。

又如〈困〉九二，「朱紱」一詞，翁方綱以「朱紱，王者之服。赤紱，臣下之服」〔註37〕爲結論，然其友人「王惺齋」對此說法有所疑義，認爲「〈斯干〉詩鄭箋云：天子純朱，諸侯黃朱，疑於朱兼黃色謂之赤耳。」〔註38〕以及孔疏中的解釋「朱深云赤」〔註39〕這兩者有所不解。

王惺齋的疑義，翁方綱於〈與友論王惺齋詩易疑義二通〉〔註40〕有詳盡的回覆。〈與友論王惺齋詩易疑義二通〉完成於甲辰八月（1784 年），五十二歲之時。王惺齋爲嘉興人，生於康熙五十三年，卒於乾隆五十一年，乾隆辛未年間進士，翁方綱稱他「博覽群書，勤考證、工文詞，而篤守程朱之旨，終身勿貳，誨人勿懈，可謂眞儒。」〔註41〕

翁方綱處理這個問題，便是發揮了博證的精神。王惺齋認爲「諸侯黃朱」之語，或許是兩種顏色的參雜，黃與朱而爲赤。翁方綱先舉本證，以《易》與《詩》「朱紱，王者之服。赤紱，臣下之服」、「市、芾、載、紱、韠五字一訓」皆同爲證，再舉旁證《說文》「天子朱市，諸侯赤市，分勿切韠也。篆作「韍」俗作紱」作爲佐證，證明朱爲天子，赤爲諸侯。翁方綱列舉諸經中相關文獻：

> 《詩・小雅・採薇》「赤芾在股」。《毛傳》曰：「諸侯赤芾。」
>
> 又〈車攻〉：「赤芾金舄」，《毛傳》亦曰：「諸侯赤芾。」《疏》云：「言諸侯赤芾，對天子當朱芾也。」

〔註37〕〔清〕翁方綱，柏克萊加州東亞圖書館編：《翁方綱經學手稿五種——易附記》，頁 475。

〔註38〕〔清〕翁方綱，柏克萊加州東亞圖書館編：《翁方綱經學手稿五種——易附記》，頁 475。

〔註39〕〔清〕翁方綱，柏克萊加州東亞圖書館編：《翁方綱經學手稿五種——易附記》，頁 477。

〔註40〕本文亦收錄自《復初齋文集》，卷十一。但就完整性而言，《易附記》一文較爲完整，《易附記》中所錄的文字，與《復初齋文集》部份文字有所出入，其次，翁方綱於本文之後，再列諸經詳考，將當年回覆給王惺齋的文字，做了一次更詳實的考證。故引文皆以《易附記》之內容爲主。

〔註41〕〔清〕翁方綱：《復初齋文集》，卷十四，〈縣惺齋王君墓誌銘〉，頁 564。

〈采芑〉:「服其命服,朱芾斯皇」。

《疏·斯干》傳曰:「天子純朱,諸侯黃朱。皆朱芾,據天子之服言之也。於諸侯之芾則謂之赤芾耳。」又云:「是朱之淺,故得以朱表之,」

又〈曹風·候人〉:「三百赤芾」,《注》:「芾,韠也。」

《疏》:「桓二年《左傳》袞、冕、黻、珽,則芾是配冕之服。《易·困卦》『九五,困於赤芾』,利用享祀,則芾服,祭祀所用也。」〔註42〕

《書傳》更不見芾之別制,明芾之形制,亦同於韠,但尊祭服異其名耳。祭服謂之芾,他服謂之韠也。

《禮記·明堂》,有虞氏服韍注韍,是服之韍也。《疏》:《易·困》卦九二「朱紱方來,利用享祀」是韍為祭服也。

《詩》、《書》、《禮》三種典籍中,皆有相關記載。「市、芾、韍、紱、韠五字一訓」這個說法是成立的,皆為祭服。對於「朱芾」、「赤芾」的定義,就身份上而言,前者為天子,後者為諸侯。

就顏色而言,二者皆為朱,天子所著較深,諸侯所著較淺。朱赤二者顏色相同,僅有深淺不同,並無兩種顏色參雜:

〈斯干〉疏云:「芾,所以明尊卑,雖同色而有差降。《乾鑿度》以為,天子之朝,朱芾;諸侯之朝,赤芾。朱深於赤,故天子純朱,言其深也;諸侯黃朱,明其淺也。舉其大色,皆得為朱芾也。」

此數語尤極分曉。蓋分析言之,則深者謂之朱,淺者謂之赤,而混合言之,則通謂之朱芾。

其〈采芑〉,《毛傳》云:「朱芾,黃朱服者。」

《疏》曰:「服其受王命之服。黃朱之芾也。於諸侯之服,則謂之赤芾耳。」又引〈玉藻〉:「一命緼韍黝珩,再命赤韍黝珩,三命赤韍蔥珩。」是據諸侯而言,則是自〈曹風·候人〉。

小雅〈采芑〉、〈車攻〉、〈斯干〉、〈采薇〉諸《詩》、《傳》、《箋》及《禮·玉藻》之說,皆相合矣。

〔註42〕 〔清〕翁方綱,柏克萊加州東亞圖書館編:《翁方綱經學手稿五種——易附記》,頁 478~479。

至〈玉藻〉注「緼」，赤黃色之間。《疏》云：「以蒨梁之其色淺赤。」
此固與黃朱之芾不同義，而亦可證毛氏所云黃朱之是淺而非深矣。

〔註43〕

從上述的引證來看，「深者爲朱，淺者爲赤」爲結論，而純朱、黃朱，這兩種
顏色，事實上都爲朱芾，言朱芾是「舉其大色」，是統言之；舉「朱、赤」，「純
朱、黃朱」，則是析言之，差別在於深淺而已。瞭解這個意義後，王惺齋第二
個疑問，孔《疏》云「朱深云赤」之說：

> 孔《疏》之意，乃謂朱深而赤淺，非謂朱淺而赤深也。今若泥此「朱
> 深云赤」之語則義背矣。詩〈斯干〉疏云：「朱深於赤，故《困》卦
> 注云：『朱深云赤』是矣（今毛氏汲古閣本，困卦二字訛作内封。）

〔註44〕

朱深云赤，事實上就是朱深而赤淺，這個說法見於孔《疏》，亦見於更早的詩
傳版本，朱深於赤與朱深云赤是相同的意思。

　　對朱芾、赤芾的定義做了詳盡的考證後，對於後人的說法便能有一個判
斷標準。翁方綱考訂的目的是歸本義理，引用說法上，自是以義理爲主：

> 《語類》一條云：「朱紱赤紱，若如《程傳》說：『朱芾，王者之服；
> 赤紱，臣下之服。』使《書》傳中說臣下皆是赤紱，則可。《詩》中
> 卻有「朱芾斯皇」一句。是說方叔，於理又似不通。」〔註45〕

翁方綱引《朱子語類》的說法，朱熹認爲程頤「朱芾，王者之服；赤紱，臣
下之服。」這個說法有問題。在《書》中，這個說法成立，但在《詩》中，
這個說法卻與「朱芾斯皇」，指稱的對象爲諸侯方叔，有所不合。朱熹這個看
法得到黃震、胡炳文的同意。

　　方叔雖爲諸侯，但諸侯與朱芾並無相關，方叔的朱芾乃是由君所賜：

> 九二「朱紱」，則雖二五相應言，而此「朱紱」則是九二受九五所賜
> 之朱紱，非指九五王者所服之朱紱也。此則正與詩言方叔「受其命
> 服，朱紱斯皇」之語相合。而《朱子語類》轉因方叔是臣下而疑之，

〔註43〕〔清〕翁方綱，柏克萊加州東亞圖書館編：《翁方綱經學手稿五種——易附
記》，頁 475～478。

〔註44〕〔清〕翁方綱，柏克萊加州東亞圖書館編：《翁方綱經學手稿五種——易附
記》，頁 477。

〔註45〕〔清〕翁方綱，柏克萊加州東亞圖書館編：《翁方綱經學手稿五種——易附
記》，頁 480。

何哉？〔註46〕

尊崇朱熹看法的人，往往不加思索，便同意朱熹的疑惑，翁方綱對此頗有批評，「不詳考經傳，總以朱熹所疑輒周旋傅會，而不敢置一辭。」〔註47〕不懂得還原經義，詳考典籍，往往以一家之說爲定解，這樣將會受限於前人的說法。

　　根據《詩》之意，方叔出兵，受君所賜之服爲「朱芾」，與九二爻辭「朱紱方來」皆爲君王所賜意義相同，並不是指諸侯所穿之服爲「朱芾」。將詩的本義還原之後，便可以知曉《程傳》無誤，反而是朱熹的理解並不全面。

　　由上述例子可知，博證一詞翁方綱雖無直接提及，然於考證中卻處處實踐。深知宋儒專講義理之弊，而不勤於考訂，翁方綱對此格外重視，漢學者往往以此攻訐宋學者。就博證，旁徵博引來看，博證並非繁瑣，而是對於客觀證據的重視。若是將博證認爲是一種繁瑣，那就與宋儒專言義理不勤考證有何差別？無徵不信，有幾分證據就說幾分話，根據材料證據來提出個人看法，能夠使人信服，亦符合科學研究精神。根據證據而發言，才不會落入「己見的抒發」，而無實證。

五、書　證

　　書證強調的是對第一手資料的引用，以及引用來源的說明。對於書證的規範：

> 引用文獻材料，必檢核原書、引用全文，不做隨意的刪減；必注明
> 書名、卷數或篇名。〔註48〕

書證強調的範圍是在於引用的文獻材料，引用第一手資料之內容，並且詳註出處。顧炎武曾云：「凡引前人之言必用原文」，〔註49〕又曰：「今但令士子作文，自注出處，無根之語不得入文」，〔註50〕這種書證的方法不僅科學亦

〔註46〕〔清〕翁方綱，柏克萊加州東亞圖書館編：《翁方綱經學手稿五種——易附記》，頁483。

〔註47〕〔清〕翁方綱，柏克萊加州東亞圖書館編：《翁方綱經學手稿五種——易附記》，頁481。

〔註48〕郭康松：《清代考據學研究》（武漢：崇文書局，2001年），頁191。

〔註49〕〔明〕顧炎武著，〔清〕黃汝成集釋：《日知錄集釋》，卷二十〈引古必用原文〉（上海：上海古籍出版社，1985年），頁1547。

〔註50〕（明）顧炎武，〔清〕黃汝成集釋：《日知錄集釋》，卷十六，〈經義論策〉（上海：上海古籍出版社，1985年），頁1250。

嚴謹。

　　《易附記》一書中，對於所引人名、書籍於第一次出現皆會注明，其後出現則簡略呈現。對於旁徵博引而成的《易附記》而言，注明出處來源是極爲重要，翁方綱的意見間接呈現在所引的內容中，對於一手資料的引用，更要謹愼，增刪、添加都會危害經義，也與原文有所出入。忠實的呈現原文內容是極爲重要，否則解《易》便會有誤。翁方綱重視一手資料的引用以及出處，連帶影響下，對於講家引用的「古書」，未確指爲何書、引用的一手資料內容有誤者，皆有指謫。一方面看出翁方綱「多聞」的深厚底子，也看出重視「出處」的嚴謹態度。

　　書證的形式，根據翁方綱《易附記》手稿內容，可分爲三點討論：

（一）引用一手資料

　　《易附記》一書乃旁徵博引而成，翁方綱於引用的內容皆會注明來源，使用第一手資料，而非二手資料：

> 惠氏《辨證》曰：「在震卦爲動主故稱主，初四敵應故稱配，敵應者不相與，故稱遇。」此說是也。或以六二言配主者，不可從也。「旬」，王注、陸《釋》皆曰：「均也。」項氏曰：「古文旬即均字。」不知項氏所據何等古文也？〔註51〕

引用眾人說法，首次出現會列其名、其書，如孔穎達《周易正義》、李鼎作《周易集解》等，已提過之人物，便以姓氏代稱。如惠棟即爲惠氏，項安世即爲項氏，王注即爲王弼，陸《釋》即爲陸德明。著作上，若僅有單一著作，前面已提，後面會省略不提。惠棟著作頗多，翁方綱皆有引用，故列出書名。而項安世關於《易》學著作僅有《周易玩辭》，且此書名於前已出現過，故略之不提。王注、陸《釋》，亦爲王弼《周易注》、陸德明《經典釋文》，此二位於前亦有提及，故於後便簡略提之。

（二）注明古書之出處

　　翁方綱對於出處來源相當重視，未列出處者，翁方綱對於其說皆難採信：

> 項氏曰：「古文旬即均字。」不知項氏所據何等古文也？〔註52〕

〔註51〕　〔清〕翁方綱，柏克萊加州東亞圖書館編：《翁方綱經學手稿五種——易附記》，頁 583。
〔註52〕　〔清〕翁方綱，柏克萊加州東亞圖書館編：《翁方綱經學手稿五種——易附記》，頁 583。

> 惠氏曰：「今本脫凶字，是王弼所刪。」夫謂王弼去凶字，此不知其
> 出於何書也？〔註53〕
>
> 惠氏乃又不據埤雅而謂：「東齊海岱之間以杙繫豕，防其唐突。」究
> 未確指繫豕之杙名爲牙者出於古書何處。〔註54〕

惠棟、項安世皆引「古書」之說法論證，但卻未提及所引用古書爲何，這樣難免給人不客觀之感，似藉古書之語說明自己之觀點，這樣的說法依據並不明白，若後人需要查考驗證，則無依據可循。其次，若對於此說法有不同意之處，矛頭是要指向引文者？還是古書作者呢？若矛頭指向根源，但根源爲何又不知曉，這樣對於研究學問的人是極大的困擾。

又如〈巽〉六四爻辭「田獲三品」，三品之說眾說紛紜，

> 王輔嗣注：「一曰乾豆，二曰賓客，三曰充君之庖。」李資州《集解》
> 及朱子《本義》皆從之，諸家遂沿爲說。而《程傳》又增改其說云：
> 「一爲乾豆，一供賓客與充庖，一充徒禦。」然王注之說，本於王
> 制《穀梁傳》所謂「上殺、中殺、下殺也。」不知《程傳》又何所
> 據而增改之？〔註55〕

「三品」確指爲何？眾說紛紜，翁方綱舉了眾多意見，每位講家皆從不同角度來論述：項安世以卦變之說解釋，虞翻以逸象之說解釋，王弼以《穀梁傳》之說解釋，這三位的說法皆是有所根據，能從典籍中找到相關說法驗證。對於卦變之說、逸象之說，本非聖人之言，翁方綱自是不採信。《程傳》則是在王弼的基礎上加以增改，但修改的依據爲何？非有依據的言論，任意修改，翁方綱是抱持存疑態度的。

（三）徵引原文需可靠

原文的可靠性，可靠性指的是原文的正確與否，不可任意增刪，亦不可引用錯誤：

> 漢上所引〈天官書〉，「須女四星賤妾之稱，織女三星天女也。」此

〔註53〕〔清〕翁方綱，柏克萊加州東亞圖書館編：《翁方綱經學手稿五種——易附記》，頁217～218。

〔註54〕〔清〕翁方綱，柏克萊加州東亞圖書館編：《翁方綱經學手稿五種——易附記》，頁225～226。

〔註55〕〔清〕翁方綱，柏克萊加州東亞圖書館編：《翁方綱經學手稿五種——易附記》，頁624～625。

則宋人引據不加詳考。《史記‧天官書》，何嘗有此語？此乃張守節正義之文。當云《史記‧天官書》：「婺女」，張守節正義：「須女四星，亦婺女；須女賤妾之稱，婦職之卑者，主布帛裁製嫁娶。」守節此書成於唐開元中，所據必古星經，實有資於經義。

朱震所引《史記‧天官書》內容，實際上非《史記》所有，而是張守節的《正義》內容。《史記‧天官書》僅記載「婺女」二字，其餘皆爲《正義》內容。〔註59〕

又如《程傳》與《周易本義通釋》對《說文》的引用，前者引用其說，但引用有誤，後者則是刪減《說文》文字，引用原文亦與今存《說文》有所不同：

> 《程傳》：「『虩』，顧慮不安之貌。蠅虎謂之虩者，以其周環顧慮，不自寧也。」此則《程傳》合《說文》前後二訓併爲一義矣。然《程傳》亦未嘗言此語出《說文》也。至胡氏《通釋》乃引《說文》「虩虩，虎周旋顧慮，不自寧」則不知所謂《說文》者，是何代之本矣？以致後來諸家詮釋「虩虩」之義者，必推本虩爲蠅虎之名，以見其援據之博。而不知《說文》注中，凡言一曰某事者，皆別一義，不得牽合爲一爾。胡氏又刪去蠅字，以爲虎周旋顧慮不自寧，則更異矣。〔註57〕

《說文》對「虩」字的解釋：「《易》履虎尾，虩虩。虩虩，恐懼也。一曰『蠅虎』也。」〔註58〕《程傳》將恐懼與蠅虎二說合併解釋，對於此說法未注明出處。「虩虩」從卦辭上下文來看，爲恐懼而非蠅虎，《程傳》的引用顯然有誤。胡炳文《周易本義通釋》引用《說文》內容，與翁方綱當時所見《說文》版本不同，亦與現今所見版本不同，同時亦刪去原文中的蠅字，只存虎。胡炳文所引《說文》的眞實性及可靠性有待考察。《程傳》、《周易本義通釋》解釋「虩虩」時，皆將蠅虎之義融入，致使後人解釋都受其錯誤影響，徵引原文需謹慎、細查，不可貿然遽下定論。錯誤說法的影響之大，不可不愼。

〔註59〕瀧川龜太郎：《史記會注考證》（臺北：大安出版社，1998年），頁464。

〔註57〕〔清〕翁方綱，柏克萊加州東亞圖書館編：《翁方綱經學手稿五種——易附記》，頁534～535。

〔註58〕〔漢〕許愼撰，〔清〕段玉裁注：《說文解字注》（臺北：洪葉文化事業，1999年），頁213。

第二節　《易附記》特色

《易附記》一書，約略呈現出五種特色，茲分述如下：

一、重視程朱，歸本義理

（一）〈十翼〉為準則

翁方綱治《易》的最高標準就是〈十翼〉，〈十翼〉爲聖人孔子之言，必無錯誤，必能與經義貼合：

> 《易》有聖人〈十翼〉爲宗主，凡後人所詮釋，其合於此者，即得經義；其外乎此者，即乖經義矣。〔註59〕

> 〈十翼〉孔子所作，於〈彖〉、〈象〉精微，不啻指以告人。後之學者熟玩〈彖〉、〈象〉傳、〈繫辭〉、〈説卦〉、〈文言〉傳，而《易》道明白矣。〔註60〕

〈十翼〉既爲孔子所作，必爲眞理，合於〈十翼〉才是合於經義，才不與經義相悖。若爲〈十翼〉所無、聖人未言，皆與經義不合，皆與《易》道相違。後人所能做的，便是闡釋〈十翼〉之內容，使孔子的思想內容更爲明白。以下就針對〈十翼〉內容作詳細分析：

1、〈彖〉傳與卦辭

項安世曾對象、大〈象〉二者有所不同做出說明：

> 凡諸〈彖〉所言皆六爻消長之象也。凡大〈象〉所言皆八卦取物之象也。以〈剝〉之六爻言之：陰自下而長以剝乎陽，若更上往則爲小人滅君子之象，故曰：「不利有攸往，小人長也。」以〈剝〉之物象言之：山自上而剝以附乎下，下厚則山愈安，是爲君厚其民之象，故曰：「山附於地，剝上以厚下安宅；上削而下廣，山形之所以安也。」大抵卦有吉凶、善惡，而大〈象〉無不善者。蓋天下所有之理，君子皆當象之遇，卦之凶者既不可象之以爲凶，德則必於凶之中別取其吉以爲象焉，〈剝〉與〈明夷〉是也。〔註61〕

〔註59〕〔清〕翁方綱：《蘇齋筆記》，筆記一〈書〉，頁：肆輯 9-197。

〔註60〕〔清〕翁方綱：《蘇齋筆記》，筆記一〈易〉，頁：肆輯 9-179。

〔註61〕〔宋〕項安世：《周易玩辭》（臺北：臺灣商務出版社，《景印文淵閣四庫全書》，1983～1986 年），頁 14-295。

〈彖〉與〈象〉意義有別。〈象〉以八卦取物之象爲主，從正面替君子立論，
提供一種可行的方式讓君子依循，君子依此而行，結果必然爲吉。〈彖〉主六
爻消長之象，與卦辭吉凶之義爲切合，翁方綱主張以〈彖〉來解釋卦名；若
兩者合併觀之，或是單就〈象〉來解卦，都不能清楚呈現〈彖〉解釋卦名、
卦辭之意義，甚至有時〈象〉之義與〈彖〉並不切合（如〈剝〉與〈大過〉
兩卦），而使經義不明。

　　翁方綱吸收項安世這個觀點，直接道出釋卦辭、卦名，「必以聖人〈彖〉
傳爲主」：

　　　　凡釋卦名、卦義，自必以聖人〈彖〉傳爲主。〔註62〕

　　　　《彖》之取義與〈象〉之取義不同。項氏於〈剝〉、〈明夷〉二卦言
　　　　之，審矣。〔註63〕

項安世雖無直接點出「釋卦名、卦義，自必以聖人〈彖〉傳」之語，但從〈彖〉
〈象〉之別，但在其《周易玩辭》卷一，釋〈彖〉〈象〉之義時，已隱然此一
概念，可見項安世對這二者的分別是相當清楚：

　　　　凡卦辭皆曰「彖。」凡卦畫皆曰：「象。」〔註64〕

項安世在卷一就提出，有統領全書之旨。翁方綱也引用此概念來釋卦辭，如
〈噬嗑〉卦辭：

　　　　項氏曰：「先儒皆以初、上爲受刑之人，中四爻爲用刑之人。析六爻
　　　　爲兩義，故於所噬之象，穿鑿紛紜，終不能合，殊不知六爻皆即本
　　　　爻取象也。」項氏此說甚是。〔註65〕

〈噬嗑〉即爲〈象〉所言「頤中有物」，而不必再將頤中有物之象作引申。如
此將與〈象〉有所不合。

　　又如〈賁〉卦辭：

　　　　〈賁〉：「亨。小利有攸往。」項氏曰：「〈賁〉之卦辭，微夫子〈彖〉

〔註62〕〔清〕翁方綱，柏克萊加州東亞圖書館編：《翁方綱經學手稿五種——易附
　　　　記》，頁141。
〔註63〕〔清〕翁方綱，柏克萊加州東亞圖書館編：《翁方綱經學手稿五種——易附
　　　　記》，頁191。
〔註64〕〔宋〕項安世：《周易玩辭》卷一，〈象〉（濟南：山東友誼書社，1911年），
　　　　頁26。
〔註65〕〔清〕翁方綱，柏克萊加州東亞圖書館編：《翁方綱經學手稿五種——易附
　　　　記》，頁176。

傳，則後之說者其誰通之？『賁：亨』謂內卦也，『小利有攸往』謂
外卦也。」竊按：項氏以〈彖〉傳之義釋卦辭二句，分屬內外二體
是固然已。然夫子〈彖〉傳必如此分釋，其義始明也。〔註66〕

項安世將卦辭的「亨」、「小利有攸往」分作內卦與外卦二層。分析的依據，
即是〈〈彖〉傳〉「柔來而文剛，故亨」及「分剛上而文柔，故小利有攸往。」
前者爲內，後者爲外。賁（☲☶）爲內卦〈離〉（☲）與外卦〈艮〉（☶）二者
組成，內卦之〈離〉（☲）本是〈乾〉（☰）體，今〈坤〉（☷）一陰來居，
故成〈離〉（☲），質剛而文柔，故曰「柔來而文剛」。外卦〈艮〉（☶），本
是〈坤〉（☷）體，今乾（☰）一陽來居，故成〈艮〉（☶），質柔而文剛，
故曰「分剛上而文柔」。項安世以〈彖〉傳之言，將〈賁〉分作二層論之，深
得聖人〈彖〉傳之旨。

2、〈象〉傳與爻辭

爻辭爲經，小〈象〉爲傳，以小〈象〉來解釋爻辭，最貼合孔子本義：

〈解〉初六：「無咎。」自必體會聖人〈象〉傳詁之。〈象〉傳曰：「剛
柔之際」，諸家多以剛指四，又有以剛指二者，四則取相應也，二則
取相比也。似於義皆可通。然翫「際」字，則指二爲是也。若果指
四，則聖人合不明言「剛柔相應」，而必言「剛柔相際」乎？〔註67〕

五、上兩爻則以變言矣。雖變亦改革義，而氣象發越，則大著精神
矣。大人即乾九五之大人，而飛龍以其位言；「虎變」以其文言。〈象〉
傳於文又言「炳」，則革道之表著於斯至矣。〔註68〕

從〈解〉初六與〈革〉九五兩爻來看，皆可見翁方綱重視〈象〉傳來釋爻辭
內容。對於〈象〉傳中能闡釋爻辭的文字皆相當重視。〈解〉初六爻辭僅有「無
咎」二字，翁方綱將〈象〉傳的「剛柔之際」視爲解釋「無咎」二字的關鍵。
從「際」字言，應指初爻與二爻剛柔二爻。證據如：〈泰〉九三〈象〉「天地
際」；〈坎〉六四〈象〉「剛柔際」二條，皆爲明證。〈解〉初六爲〈蹇〉難剛

〔註66〕〔清〕翁方綱，柏克萊加州東亞圖書館編：《翁方綱經學手稿五種——易附
　　　　記》，頁 179。

〔註67〕〔清〕翁方綱，柏克萊加州東亞圖書館編：《翁方綱經學手稿五種——易附
　　　　記》，頁 376。

〔註68〕〔清〕翁方綱，柏克萊加州東亞圖書館編：《翁方綱經學手稿五種——易附
　　　　記》，頁 518。

過、緩〈解〉之始，初六陰柔又不當位，居初爻力量稍嫌柔弱，九二剛爻正爲一股力量，剛柔相際，陰陽相合，才能夠發揮出最大力量而達到「動而免乎險，解」。

〈革〉九五「大人虎變」之語，〈象〉傳以「其文炳也」形容。翁方綱把握住「文」、「炳」二字來作闡釋。「虎變」以文言，是指虎皮之花紋，比喻新君上任，即九五之大人。「炳」字有光明、顯著之義，以此形容革道已成，比喻新君上任政績顯著，有一番新氣象。

上述兩爻都可以明白翁方綱重視〈象〉傳對爻辭的解釋，「爻義必當以〈象〉傳定之」，〔註69〕把握住〈象〉傳對爻辭的解釋，才不會背離孔子旨意。

翁方綱相當強調〈十翼〉是孔子所作，治《易》中，重視〈十翼〉的解釋，對〈十翼〉的內容作進一步之闡發。若有學者解釋，與孔子意見相左，仍以孔子意見爲是。若有人疑〈十翼〉非聖人之言，那真可謂爲「偏謬之見」：

> 惟是最著之通儒，而有最偏謬之見，貽害後學，不得不糾正者，則
> 如盧陵歐陽脩之顯斥〈繫辭〉、〈說卦〉、〈文言〉，以爲非聖人所作，
> 此則害理傷道之尤甚者。六經惟《易》最難體會，千載下讀者惟賴
> 聖人《十翼》爲治經之指南。……以〈繫傳〉爲不出聖人所作，此
> 其誣經、侮聖，實畔道之大者。〔註70〕

此處顯然是對歐陽修〈易童子問〉的內容作批評，歐陽脩對〈繫辭〉、〈說卦〉、〈文言〉非孔子所作，這樣的行爲是「害理傷道」、「誣經侮聖」、「畔道之大者」。歐陽脩的疑經並沒有錯，今人的研究，也證實了〈十翼〉並非孔子所作：

> 《周易》卦爻辭是西周初葉的作品，〈十翼〉作於春秋戰國以至西漢，
> 都不是孔子所著。但是〈十翼〉之中的〈文言傳〉與〈繫辭傳〉有
> 許多「子曰」，卻多是孔子弟子或弟子的弟子們所記孔子的話。〈象〉、
> 〈象〉兩傳，也有許多與《論語》主旨相合之處，可能也是孔子對
> 《易》卦爻辭的闡釋，弟子及後學紀錄而成。這些都直接或間接表
> 明了孔子於《周易》述而不作。〔註71〕

翁方綱堅持〈十翼〉爲孔子所著之說，是有其時代的限制性，這並不能苛責。

〔註69〕〔清〕翁方綱，柏克萊加州東亞圖書館編：《翁方綱經學手稿五種——易附記》，頁 379。

〔註70〕〔清〕翁方綱：《蘇齋筆記》，筆記一〈易〉，頁：肆輯 9-191～9-192。

〔註71〕黃慶萱：〈周易與孔子〉《周易縱橫談》（臺北：東大，2008 年），頁 208。

也不能就因此否定其治《易》之內容。〈十翼〉雖非孔子所著，依舊是儒家思想，比起後人的闡釋，〈十翼〉更貼近孔子之義。

（二）程朱為門戶

《易》學演變，時至清代，已出現「兩派六宗」，兩派指的是象數派與義理派，六宗則是指象數派的三宗：先秦「《左傳》占卜」、「漢代京房、焦延壽的象數《易》」、「宋代陳摶、邵雍《易》圖」，以及義理派的三宗：「魏王弼義理《易》」、「宋胡瑗、程頤義理《易》」、「宋李光、楊萬里的史事《易》」。〔註72〕

兩派六宗當中，翁方綱獨以程朱之說作為上探孔子思想的門戶，這與其自小浸濡的思想有關：

> 學者束髮受書，則由程朱以仰窺聖籍。〔註73〕

> 凡為學之要，自必以恪守程朱為正路也。〔註74〕

> 千古萬古，孔孟後以程朱徧質之，雖未足以仰窺什一，然舍是更無正路也。〔註75〕

> 千萬世仰瞻孔、孟心傳，自必恪守程、失，為指南之定程。〔註76〕

束髮受書所受教育以四書五經為主，清代官方仍以程朱理學為考科定本，使得翁方綱以程朱之學作為門戶。程朱之學，雖「未足以仰窺什一」，但若捨棄程朱之道，將則非正路。將孔子之道比喻成終點，程朱之道是唯一的一條正路，捨棄正路而不走，則為畔道。

程朱這條路，走的是義理，宋儒治《易》，義理精醇，亦為翁方綱所稱道：

> 士生其中，研精正業，勿敢蹈於岐趨，是以今日儒林之目，必以篤守程朱為定矩也。昔在漢時，馬鄭之傳注，申轅後戴之著錄淵源，故各自名家。然諸經立學之後先，諸儒講解之同異，尚有未能畫一者，逮於宋儒說理漸入精微矣。〔註77〕

義理精醇是程朱受翁方綱肯定的原因，不擇馬鄭等傳注是理至宋而精微。此處所講的「岐趨」，是要提醒士子，選擇一條正確的治學之路是重要的。走在

〔註72〕　〔清〕永瑢，紀昀等撰《四庫全書總目》，卷一，經部‧易類一，頁 1-54～1-55

〔註73〕　〔清〕翁方綱：《復初齋文集》，卷六，〈自題校勘諸經後〉，頁 279。

〔註74〕　〔清〕翁方綱：《蘇齋筆記》，筆記一〈易〉，頁：肆輯 9-184。

〔註75〕　〔清〕翁方綱：《蘇齋筆記》，筆記一〈易〉，頁：肆輯 9-185。

〔註76〕　沈津：《翁方綱年譜》（臺北：中央研究院中國文哲研究所，2002 年），頁 476。

〔註77〕　〔清〕翁方綱：《復初齋文集》，卷十一，〈與曹中堂論儒林傳目書〉，頁 425-426。

正確的道路上，再汲取其他養分，心中要有一個定見，才不會被其他嗜奇、嗜博的說法所迷惑。治《易》以程朱爲門戶，以程朱作爲正路，非專就僅「程朱」一家之言爲治《易》內涵，闡述程朱之學有功的項安世、胡炳文二人亦爲翁方綱治《易》的重要徵引來源，二人爲程朱功臣，闡發程朱之學功不可沒。這些有功於程朱的學問皆可涉及。

翁方綱強調，束髮受學之時，以程朱爲門戶，但並非屏棄他家之說於不顧，《易》學流派眾多，能夠存在，定有其價值，治《易》應要懂得取其長處，補自家之短。程朱之學的長處多於短處，截長補短，才能使內容更加豐富，更融合，而非僅有一家之言，如此則又太侷限了。

二、強調古訓，不廢考據

「古訓不可廢」是翁方綱於《易附記》中常提到的一個概念，而古訓所指的內容有四，第一種是小學類書籍，特別是漢至唐的字書，如《爾雅》、《說文》、《經典釋文》等；第二種是漢代經師傳承的解釋，如馬融、鄭玄、虞翻等人的說法。第三種是經傳之著述，成書時間與《易》相近年代的書籍，如三《禮》、《左傳》等；第四種爲漢至唐的注疏，這四種爲翁方綱所認定的古訓：

> 宋儒不甚留意古訓，故之書偶有未及詳核者，惟當博綜漢學以融合之。〔註78〕

> 平心而論，《說文》、《爾雅》之訓詁，《釋文》之音義，釐然具存，惟在學者善取爾。然後來專守宋儒宋儒章句者，則往往以《說文》、《爾雅》爲迂遠，不足稽也。而其專爲《說文》、《爾雅》之學者，又轉多喜創獲，好爲立異，如惠氏《易述》，毅然改經字以就其所據一家之說，以新奇爲復古，此則欲窮經而反害於經。〔註79〕

> 若名物訓詁必確本於經師所援，自不得以後世文辭所用概以例諸古精之訓也。〔註80〕

> 束髮受書皆從朱子章句集註始，及其後見聞漸廣，必從事於攷證焉。則博綜漢唐注疏以旁及諸家遞述之所得，皆所以資辨訂而暢原委

〔註78〕 〔清〕翁方綱：《復初齋文集》，卷十六，〈書金壇段氏漢讀攷〉，頁667。

〔註79〕 〔清〕翁方綱：《復初齋文集》，卷一，〈詩攷異字箋餘序〉，頁84～85。

〔註80〕 〔清〕翁方綱，柏克萊加州東亞圖書館編：《翁方綱經學手稿五種——易附記》，頁339。

也。〔註81〕

宋儒不留心古訓，需要博綜漢學，此處的漢學便包含古訓。古訓包含了《說文》、《爾雅》、《釋文》等字書以及經師所傳的解釋、漢唐注疏，皆是古訓範圍。古訓的引用，也呈現在《易附記》中：

《爾雅‧釋言》：「薦、原，再也。」今呼『重蠱』爲『蠱』。」

《周禮‧夏官‧馬質》「禁原蠶」者，注：「原，再也。」即此「蠱」字。《禮記‧文王世子》：「末有原。」注：「原，再也。」「原」之訓「再」，於義古矣。。〔註82〕

《說文》：「腓，脛腨也。腨，腓腸也。」

此上云：「脛，胻也。胻，脛耑也。」

此脛、胻、腓、腨四字，連文即所謂建類一首，同意相受，轉注之字也。耑即腨，市沇切，即《釋文》市離反之音也。

其膞字，亦音市沇切，切肉也。當此字不同。

《釋文》「引鄭云：膞腸，膞當作腨也。」

《玉篇》：「腓腸前骨也。」義尤明矣。

腨，固非膞切之膞，而腸亦非腸胃之腸也。

朱子《本義》因此訓義，恐人易誤解，乃改云「是肚。」其實古訓固不可廢也。〔註83〕

上述二則，可明顯的看出，翁方綱對於古訓的界定，第一種的小學類書籍，存在於字書中的《說文》、爾雅》、《玉篇》、《釋文》等書當中。第三種的經傳之著述。

《雜卦傳》曰：「〈無妄〉，災也。」則王充《論衡》云：「〈無妄〉之應，水旱之至，自有期節。」此語實是經師之訓……《論衡》所引《易‧無妄》之應與劉遠所引《易‧無妄》之數，二家所傳亦實皆

〔註81〕〔清〕翁方綱：《復初齋文集》，卷十一，〈與曹中堂論儒林傳目書〉，頁 426～427。

〔註82〕〔清〕翁方綱，柏克萊加州東亞圖書館編：《翁方綱經學手稿五種——易附記》，頁 57。

〔註83〕〔清〕翁方綱，柏克萊加州東亞圖書館編：《翁方綱經學手稿五種——易附記》，頁 285～286。

有古義。〔註84〕

虞氏曰：「〈震〉春〈兌〉秋，〈坎〉冬〈離〉夏，四時體正，故歸有
時也。」此則古經師義，可存者。〔註85〕

上述二則，可看出翁方綱重視經師之訓說法，並加以採用。但是如何驗證為
經師之訓，翁方綱並未提及，僅對於師承之訓並未舉其來處：

大抵唐以前諸家注釋之言，其中實有得自師承，足以補經傳者，亦
有旁稽別籍未詳所出者，亦有就文演繹揣測而得者，今則一例讀之，
惡知其某條得於某處乎？惜古人不能如後人知詳記，若其有所據
者，一一舉其來處；無所據者，附以參質如此，分別以示後人，則
何庸歧惑矣。〔註86〕

古訓之所以受到重視，一方面來自師承，可補經傳不足。師承之說，代表了
當時代人治《易》的觀點；另一方面，漢唐之間的注疏，旁稽別籍而成，但
並未提及出處，又或者這些書籍因戰火而消失於歷史之中，後人並未得以見
到，後人便可利用注疏留下的吉光片羽，做為治《易》時的參考。

　　上述提到的四種的古訓說法，皆是有其時代意義。第一種，字書的字義
中，保留較多離《易》成書時代較相近的字義，以此字義來作解釋，對於原
意會比後人的解釋來得正確。第二種，漢代的經師傳承，亦是同樣道理。經
師的根本源頭，亦與《易》成書時代較相近，可從經師傳承的說法中，窺探
當時的詮釋。第三種，與《易》相近年代的書籍其他經，如《左傳》等，其
中引到《易》的部份，含有當時人的直接解釋，或是當時人對於《易》的應
用，這些亦是珍貴的參考資料。第四種，漢至唐間的注述。這些書籍，作者
在成書過程中，或許有隱含著當時的看法，或是援引當時之說，而今未見此
說法流傳。上述眾多說法之中，有相同處，有不相同處，但是這些說法的最
終目的都是要還原經義本身的風貌，非身處於《易》的成書年代，更非《易》
的作者，任誰都不知道到底何種說法才是最貼近聖人旨意。後人所能做的，
就是在眾多說法當中，找到一種能夠盡量全面解釋《易》中所有內容，而不
相互矛盾的見解。宋儒治易不重視古訓，這是治易上的弊端。翁方綱重視古

〔註84〕　〔清〕翁方綱，柏克萊加州東亞圖書館編：《翁方綱經學手稿五種——易附
記》，頁213～214。

〔註85〕　〔清〕翁方綱，柏克萊加州東亞圖書館編：《翁方綱經學手稿五種——易附
記》，頁574～575。

〔註86〕　〔清〕翁方綱：《復初齋文集》，卷十六，〈跋張惠言儀禮圖二首〉，頁655。

訓，便是對於程朱之學的反省。

　　對於治《易》而言，程朱之學是一個跳板、是一個門戶、是一條正道，是幫助初學者面對眾多說法無從選擇的一扇開啓《易》學的大門。走進程朱這善大門後，會幫助治《易》者正確而清楚的掌握到孔子思想的眞諦，對學習者而言，這是必要且不可輕忽的。自小束書即受程朱之學，翁方綱深知程朱的好，但也從歷史教訓中、自我學習中以及大環境的樸學考據風氣中，瞭解到宋儒治《易》的缺點。宋《易》之短，便是對考據不重視，具體的呈現就是在忽略古訓：

> 學者正宜細究考訂詁訓，然後能講義理也。宋儒恃其義理明白，遂輕忽《爾雅》、《說文》，不幾漸流於空談耶？況宋儒每有執後世文字習用之義，輒定爲詁訓者，是尤蔑古之弊，大不可也。〔註87〕

> 宋儒或執後人文義以詁經，而不本於古訓，此誠後學所不可不知。〔註88〕

宋儒不重視《爾雅》、《說文》等字書，往往執後世文字之義闡釋，忽略古訓，會使經義朝向不正確的解釋：

> 九二：遇主於巷。《程傳》、《朱義》皆以主指五而以遇巷爲委屈相求之義……所以後來諸家皆從程、朱委屈相求之義也。然而平心論之，宋儒義理之精，固不待言，至於字義詁訓則未免有執後世之文義，以改《易》古訓者，則此爻巷字是也。〔註89〕

〈睽〉九二「遇主於巷」，程朱皆解爲「委屈相求」之義，然考其本義，《說文》、《爾雅》、《玉篇》等字書，巷有「裏中道也」之義。遇主於巷，爲五來遇二，並無委屈相求之義。程朱以此作解則偏掉本義了。

　　古訓與字義都是基本功夫，欲探求經義這是不可少的一環，考訂的目的最終在使義理明白、不落空，義理的明白是建立在《爾雅》、《說文》等字書的古訓上，非由後人文義可比擬：

> 宋以後言義理，則益加密矣，顧有恃義理之益明，而轉薄視漢、唐注疏者，忽視《爾雅》、《說文》者，甚且有以意測義而斷定訓詁形

〔註87〕　〔清〕翁方綱：《復初齋文集》，卷七，〈與程魚門平錢戴二君就卹〉，頁324。
〔註88〕　〔清〕翁方綱，柏克萊加州東亞圖書館編：《翁方綱經學手稿五種——易附記》，頁136。
〔註89〕　〔清〕翁方綱，柏克萊加州東亞圖書館編：《翁方綱經學手稿五種——易附記》，頁353。

> 聲者，有無所憑借而直言某與某古通用者，此皆空談義理，不知考
> 訂者誤之，乃激而成嗜博、嗜異之侈為罔說者，是二者，其弊均也。
> 〔註90〕

義理能夠明白，需輔以漢、唐注疏、《說文》、《爾雅》等字書協助，若無此作為根基，義理將落為空談。義理考證相互應驗，偏執一端皆非正確態度。若這與戴震「由小學以通經明道」的概念相似：

> 夫六經微言，後人以歧趨而失之也，言者輒曰：有漢儒經學，有宋
> 儒經學，一主於故訓，一主於理義，此誠震之大不解也者。夫所謂
> 理義，苟可以舍經而空憑胸臆？將人人鑿空得之，奚有於經學之云
> 乎哉！〔註91〕

漢宋之學，執於一端，皆有弊端，只言義理，便會忽略古訓，以及漢唐注疏。「古訓不可廢」，這種思維模式是來自於對還原經義的重視，不僅翁方綱如此，當時風氣皆為如此，將小學視為解經的一條重要道路，段玉裁亦表達了「通小學，而後可通經之大義」，〔註92〕王念孫也云「訓詁聲音明而小學明，小學明而經學明。」〔註93〕惠棟於〈九經古義序首〉亦云「經之義存乎訓，識字審音，乃知其義」，〔註94〕王鳴盛亦云「經以明道，而求道者不必空執義理以求也。當正文字、辨音讀、釋訓詁、通傳注，則義理自見而道在其中矣。」〔註95〕

　　重視古訓在樸學盛行下，普遍受到大家認可的看法。字義明白，經義才能明白，聖人之旨自然就能夠還原。這個法則是值得效法的，這個原則亦能矯宋儒治《易》之弊，格外受到翁方綱的重視。然而翁方綱強調的古訓、考據，又與當時樸學之風所重視的又有些許差別。惠棟、戴震等人，認為只要將字義求得正確，自然經義就能夠彰顯無疑，因此耗費大量心血在字義上面。

〔註90〕〔清〕翁方綱：《復初齋文集》，卷七，〈攷訂論上之一〉，頁 298～299。

〔註91〕〔清〕戴震：《戴震雜錄》〈題惠定宇先生授經圖〉，收錄於〔清〕戴震，張岱年主編《戴震全書五》（合肥：黃山書社，1995 年），頁 505。

〔註92〕〔漢〕許慎撰，〔清〕段玉裁：《說文解字注》（臺北：洪葉文化事業，1999年），頁 792 上右。

〔註93〕〔清〕王念孫，〈說文解字序注〉，見〔漢〕許慎撰，段玉裁：《說文解字注》（臺北：洪葉文化事業，1999 年），頁 1。

〔註94〕〔清〕惠棟：《九經古義》（收入《叢書集成新編》第十冊，臺北：新文豐，1985～1986 年），頁 163

〔註95〕〔清〕王鳴盛：〈十七史商榷序〉《十七史商榷》（北京：中國書店，1987 年），頁：1 左。

這些學者對於義理並非不顧，而是將重心放在字義瞭解，義理自然彰顯，這是惠棟、戴震等人普遍的共識，故其一生，花費相當多的時間在考據上頭：

> 近日元和惠氏、婺源江氏，以及戴君之輩，皆畢生殫力於名物、象數之學，至勤且博，則實人所難能也。吾惟愛之、重之，而不欲勸子弟朋友效尤之。必若錢君及蔣心畬斥攷訂之學之弊，則妬才忌能者之所爲矣。故勸同志者，以攷訂爲務，而攷訂必以義理爲主。〔註96〕

翁方綱所強調與著重的是「義理」，「考據」是一種工具，考訂字義上只是一種手段，並不是學術成果的全部。惠棟、戴震終其一生都與考據爲伍，翁方綱不建議學生將心力花費在此。考據的目的，是幫助我們找到正確的古訓，找到古訓後，依舊要回到程朱這條義理的路上來，借古訓之力，幫助我們更全面詮釋義理，讓我們更豐富《易》學的內容。

三、漢宋兼採，各有長短

　　義理之學，並非僅談義理而不談考據，義理、考據二者相輔相成，才能一窺聖人之旨：

> 義理之學，考證之學，訓詁之學，校讎之學，非四事也，此四者得於一事也。〔註97〕

四者得於一事，指的便是這四者密切相關，缺一不可，皆需給予同樣的重視。不必刻意區分漢宋之別：

> 國朝雖沿有明之制藝，而實承宋儒之傳義，萃漢、唐之注疏，固未有過於今日者也。學者幸際斯時，其勿區漢學、宋學而二之矣。然而劃漢學、宋學之界者固非也，其必欲通漢學、宋學之郵者亦非也。
> 〔註98〕

清代是中國歷代文、史、哲學的總結，成就高乎前人，相對的，資料的累積與豐富性也遠遠超越歷代。身處在此年代，應該把握這個優勢，善加利用各種學說，利用更多的材料恢復聖人旨意。將心思放在區別漢學與宋學，或是想將漢宋學的思想融合在一起，這些都非正確之作爲：

〔註96〕　〔清〕翁方綱：《復初齋文集》，卷七，〈與程魚門平錢戴二君舊艸〉，頁 326
　　　　　～327。

〔註97〕　〔清〕翁方綱：《蘇齋筆記》，筆記三〈治經〉，頁：肆輯9-305。

〔註98〕　〔清〕翁方綱：《復初齋文集》，卷七，〈攷訂論中之一〉，頁 308～309。

> 九月九日，諸生餞予於北蘭寺，歸飯於蘊山蘇潭之鴻雪軒，與習之
> 論諸經、漢學、宋學之不同。愚意專守宋學者固非矣，專騖漢學者
> 亦未爲得也，至於通漢宋之郵者，又須細商之。蓋漢宋之學有可通
> 者，有不可通者，以名物器數爲案，而以義理斷之，此漢宋之可通
> 者也，彼此各一是非。吾從而執其兩用其一，則慎之又慎矣，且一
> 經之義，與某經相經緯者，此經之義與他經相出入者，執此以爲安
> 之，彼而又不安也，則不能不強古人以從我者有矣。〔註99〕

就學術的眼界來看，區分漢學與宋學，都會使自己的眼界狹小；就學術的思想來論，漢學與宋學本身就有相同跟相異之處，相同之處可以作會通，相異之處若要強作解釋，只是離聖人本義越來越遠而已；就方法來看，漢宋學兩者雖然面臨相同的文本，卻有著不同的處理方式，其最終目的都是相同的。作爲一位治《易》的學者，要有二者實有不同的體認，也要能夠承認漢宋學的缺失，不可盲目，迷失方向：

> 故其墨守宋儒一步不敢他馳，而竟致有束漢唐注疏於高閣，叩以名
> 物器數而不能究者，其弊也陋；若其知攷證矣，則騖異聞、侈異說，
> 漸致自外於程朱而恬然不覺者，其弊又將不可究極。〔註100〕

宋《易》之弊就在於忽略考證，名物器數、字義古訓皆不能深究，僅以後世之辭作爲解釋；漢《易》之弊亦在於考證，以考據作爲「騖異聞、侈異說」的工具，炫惑世人。漢《易》之弊與宋《易》之弊，顯然又以「騖異聞、侈異說」更加嚴重，這個風氣的盛行，翁方綱如此云：

> 往者學人狃於帖括之習，沿塾師音義，幾不識古字古訓爲何物。邇
> 年士大夫則又往往侈談復古，博稽篆籀古隸審定。《說文》、《爾雅》
> 闡形聲、訂同異，而於童年肄誦經書實義，或轉不之省某。嘗謂近
> 日攷古嗜博者，每求於六合之外，而遺於耳目之前。嘉興王惺齋有
> 言：「今人爲文棄韓歐諸家所用之字，而好辨許祭酒重文、張次立附
> 字，此學者之大患也。」〔註101〕

重視考據並沒有錯，可以使人知道古字古訓，進而使義理明晰，這是考據的

〔註99〕〔清〕翁方綱：《復初齋文集》，卷十五，〈書別次語留示江西諸生〉，頁 636
　　　～637。
〔註100〕〔清〕翁方綱：《復初齋文集》，卷十一，〈與曹中堂論儒林傳目書〉，頁 427。
〔註101〕〔清〕翁方綱：《復初齋文集》，卷二，〈小學攷序〉，頁 100～101。

優勢，也是考據盛行不墜的原因。若將古字古訓列爲首位，專門探求重文、附字，將復古作爲考據的重要目的，那麼就失去了考據的精神。

治《易》不能偏執一邊，應取各家之長，結合漢宋學之精華，取漢之考訂古字古訓之功，融宋之義理精醇二者爲一：

> 宋後諸家專務析理，反置《說文》、《爾雅》諸書不省，有以激成之。吾今既知樸學之有益，博綜考訂，勿蹈宋後諸家之敝，則得之矣。〔註102〕

> 聖人在上，實學光照乃得。萃漢儒之博贍，與宋儒之精微，一以貫之學者，束髮受書，皆從朱子章句集註始，及其後見聞漸廣，必從事攷證焉。則博綜漢唐注疏以旁及諸家遞述之所得者，皆所以資辨考訂而暢原委也。顧其間師友所問難名義，所剖析漸多、漸衍，緒言日出，則攷證之途又慮其旁涉，必以衷於義理者爲準則，「博綜馬鄭，勿畔程朱」，乃今日士林之大閑也。〔註103〕

「博綜馬鄭，勿畔程朱」，馬鄭代表的是漢學的考訂，程朱代表的是宋學的義理。翁方綱對於漢宋治《易》的調和，便是以各家之長作爲治《易》之法。漢學的考訂，可以矯正宋學治易空談義理的弊端，以博綜作爲工具，才能不違義理。

翁方綱以漢宋兼採之道調和二者，不區辨漢宋學，亦不築起學術堡壘，捍衛漢或宋學，亦不以將漢宋學貫通爲宗。聖人思想本身就包含「漢儒之博贍，與宋儒之精微」，從這個角度出發就可以明白二者皆是重點，只是處理的角度與方法不同：漢學的重點在考據，處理的問題是古字古訓，這是爲了要與聖人時代的字義相貼近；宋學的重點在義理，處理的問題是聖人的思想經義。從這些角度來看，才能徹底做到「一以貫之」，直探聖人之旨。

四、象數治《易》，有所取捨

（一）不從卦變與易圖

卦變之說在漢代象數易手上，得到充分的發揮；卦圖、卦變圖則是在宋代象數易的手上，有著不同的面貌。此二者皆爲孔子所無論及，自然非翁方

〔註102〕〔清〕翁方綱：《復初齋文集》，卷六，〈自題校堪諸經圖後〉，頁 279。

〔註103〕〔清〕翁方綱：《復初齋文集》，卷六，〈與曹中堂論儒林傳目書〉，頁 426～427。

綱所認爲的治經之道。

1、卦　變

《易》有六十四卦，共三百八十四爻，在這六十四卦中，其中一卦的一爻或是數爻變，即是從陽爻變陰爻或是陰爻變陽爻，即爲卦變。如：〈乾〉（☰），初爻變而成姤（☴）。卦變之說，源流遠長，最早可溯源於先秦《左傳》、《國語》「之卦」之說，主要用於占卜吉凶，其後歷經焦延壽（前 70～西元 10）、京房（前 77～前 37）、荀爽（128～190）等人的深化，最後在東漢虞翻（164～233）手中集大成。

卦變之說，從《易附記》所引用的重要學者，如程頤、朱熹、項安世、惠棟等人，皆有所引用，不管是漢學家或宋學家引用，翁方綱皆採不同意的角度：

> 然必謂〈履〉自〈訟〉來，〈訟〉時二在〈坎〉獄中則紆曲支離之甚，所以不可從也。〔註104〕

> 程子專以乾坤言卦變者，其理雖合，而六十四卦既重二體之後，象義各有指歸，安得專主由乾坤未之一說以蔽諸卦乎？是則不得不附記此條，以綴程傳之末也。〔註105〕

> 項氏《翫辭》一書，最爲精當，而此處因欲傅會卦變之說，遂致此失。〔註106〕

> 卦變之說，宋儒取以釋經，雖易道無所不該，而卦變究非經之正旨，必無聖人當日經文以卦變爲義者。〔註107〕

翁方綱以〈十翼〉之說作爲解經的最高原則，卦變之說乃是推演而來，非聖人之語。以此作爲解經之依據，「非經之正旨」。再以六十四卦的形成順序來看，先有三畫卦再有八畫卦，若某卦自某卦來之說可以成立，那麼將會有八畫卦早於三畫卦形成的問題產生：

〔註104〕〔清〕翁方綱，柏克萊加州東亞圖書館編：《翁方綱經學手稿五種——易附記》，頁 84～85。

〔註105〕〔清〕翁方綱，柏克萊加州東亞圖書館編：《翁方綱經學手稿五種——易附記》，頁 218。

〔註106〕〔清〕翁方綱，柏克萊加州東亞圖書館編：《翁方綱經學手稿五種——易附記》，頁 44。

〔註107〕〔清〕翁方綱，柏克萊加州東亞圖書館編：《翁方綱經學手稿五種——易附記》，頁 568。

虞仲翔謂：「〈震〉從〈臨〉來。」……如〈震〉自〈臨〉來，則是
八卦自六十四卦來矣，有是理乎？〔註108〕

虞於〈離〉亦言〈遯〉初之五，漢上朱氏遂申言之，〈坎〉自〈臨〉
變，〈離〉自〈遯〉變之義。是則先有六十四卦，而後有八純卦乎？
漢學之務支蔓一至於此。〔註109〕

先有三畫卦的出現，「因而重之」形成六十四卦，若以卦變之說來看，與六十
四卦形成的順序有所落差，同時聖人並未提及卦變之說，故以「某卦自某卦
來」之說解經，爲翁方綱所不認同。

2、易　圖

宋人治易，於義理上有所成就外，象數上也在前人的基礎上，開創不同
的新面貌。宋人的象數成就，表現在《易》圖上。對於《易》圖的發展源流，
朱震於《漢上易傳》云：

陳摶以「先天圖」傳種放，放傳穆修，穆修傳李之才，之才傳邵雍。

放以「河圖」、「洛書」傳李溉，溉傳許堅，許堅傳範諤昌，諤昌傳

劉牧。穆脩以「太極圖」傳周敦頤，敦頤傳程顥、程頤。〔註110〕

《漢上易傳》揭示宋代圖書之學的傳承，以及三種宋代《易》圖。一種是「先
後天圖」，其次爲「河圖」、「洛書」，最後爲「太極圖」。「先後天圖」，爲「先
天四圖」，與「後天二圖」的合稱。「先天四圖」，相傳爲伏羲所作，又稱「伏
羲四圖」。四圖爲「伏羲八卦次序圖」、「伏羲八卦方位圖」、「伏羲六十四卦次
序圖」、「伏羲六十四卦方位圖」。「後天二圖」，相傳爲文王所作，二圖爲「文
王八卦次序圖」、「文王八卦方位圖」，又稱「後天八卦方位圖」。

宋代出現的象數學，一方面以《周易》卦爻象數爲基礎，另一方面
又超出卦爻象數之外，創制出「河圖」、「洛書」、「先後天圖」、「太
極圖」等獨具特色的各類《易》圖，以探索大自然萬物的化生奧秘，
形成一套注重圖說、講求心法的嶄新的「象數」哲學體系。〔註111〕

〔註108〕〔清〕翁方綱，柏克萊加州東亞圖書館編：《翁方綱經學手稿五種——易附
記》，頁533。

〔註109〕〔清〕翁方綱，柏克萊加州東亞圖書館編：《翁方綱經學手稿五種——易附
記》，頁256～257。

〔註110〕〔宋〕朱震：《漢上易傳》〈漢上易傳表〉（臺北：臺灣商務印書館，《景印文
淵閣四庫全書》，1983～1986年），頁11-5。

〔註111〕張善文：《象數與義理》（臺北：洪葉文化事業，1997年），頁193。

宋代的圖書之學於陳摶手中興起，後經種放、穆修、李之才、邵雍、劉牧、周敦頤、二程之手，才漸漸定型，「又經南宋朱熹、蔡元定等人的衍繹，終於蔚然大成」。〔註112〕

朱熹《周易本義》前有圖目，收錄了「河圖」、「洛書」、「先後天圖」共六張、以及解釋卦的演變順序的「卦變圖」。翁方綱反對的卦圖，特別指出為朱熹《周易本義》卷前的圖目，而這些圖目便是宋代象數《易》的一個成果：

> 惟《周易》卷前之卦變圖，則可無庸作也，豈惟卦變圖，即「先天」、「方圓圖」亦無庸作也。大約後人治《易》者，每好作圖，亦治經之一累耳。〔註113〕

以圖來治經，翁方綱並不反對，並認為「古人左圖右史，圖亦治經所需也」，但對《易》經而言，《易》圖實可不必。「卦變圖」正由「卦變」衍生而來，與卦變之說相倚，並不可信。不僅卦變圖，「先天圖」、「方圓圖」亦可不必作。

除了對「卦變圖」、「先天圖」、「方圓圖」有所批評外，「河圖」、「洛書」亦採同樣態度：

> 近世為文者，震川歸氏最醇。其論《易》圖則醇之醇者矣。乃愚反覆讀之，其言：「圖為邵子之學，不欲學者是於圖學。」又謂：「學者但求精於《易》，不必求精於河圖也。」猶夫言〈洪範〉欲人詳求於洪疇之敘，不必詳求於洛書也。斯誠翼聖人之切論，聖人復起，無以易之者也。〔註114〕

翁方綱推崇歸有光對於《易》圖的看法，認為治易不必求於圖，而專於《易》本身即可，此說精醇，並為切論，聖人若復起，「無以易之」。

翁方綱治《易》是以聖人〈十翼〉為準則，〈十翼〉所無，便可不論，治《易》作圖，乃是「治經之累」。

（二）不廢重要象數概念

漢代象數《易》，提出許多重要的概念，如：「十二消息說」、「旁通」、「納甲」、「互體」、「逸象」、「升降」等。雖然翁方綱極力反對卦變之說，與《易》圖之說，對於象術的概念亦鮮少使用於治《易》之中，然對這些前人所留下來的心血結晶，卻無任何本質的批評。

〔註112〕張善文：《象數與義理》（臺北：洪葉文化事業，1997年），頁193～194。
〔註113〕〔清〕翁方綱：《蘇齋筆記》，筆記三〈治經〉，頁：肆輯9-311。
〔註114〕〔清〕翁方綱：《復初齋文集》，卷十七，〈書歸震川易圖論後〉，頁689。

「十二消息說」與「旁通說」爲象數《易》的重要內容。「十二消息」配以十二月，爲「十二消息卦」。十二消息卦以十月〈坤〉，陽息陰消開始。十一月爲〈復〉，十二月爲〈臨〉，一月爲〈泰〉，二月爲〈大壯〉，三月爲〈夬〉。四月純〈乾〉，接著開始陰息陽消。五月爲〈姤〉、六月爲〈遯〉、七月爲〈否〉、八月爲〈觀〉、九月爲〈剝〉。以上十二卦，與十二個月相次配合，稱爲「十二消息卦」，又名「十二辟卦」。已於第三章詳述。

「旁通」則是一卦六爻全變而成另外一卦，旁通之說來自於〈乾·文言〉：「六爻發揮，旁通情也」。如：乾（☰）旁通而成坤（☷）。「納甲」即是將天干十數納入八卦當中，因天干以甲爲首，故稱「納甲」。以及「互體」、「逸象」、「升降」。

這些重要的概念，翁方綱並不否認他們的價值性：

> 所貴乎漢學者，以其上距周末未遠，或可因以窺見七十子傳文大義也。若漢儒所自爲說，則當分別觀焉。其關於考核者，可存也；其涉於紆滯者，可芟也。〔註115〕

翁方綱並不徹底反對漢學、反對象數，漢學者因爲時代距離與成書年代相近，尚可窺見七十子傳文大意，這部份即是古訓的部份。其中，漢儒「自爲說」的部份，聖人孔子所未提及，則需「分別觀」，不可等同視之。「自爲說」，即是漢代象數《易》所特出的重要概念。翁方綱看待這些概念的標準，便是是否合於「考核」，不涉「汙滯」。「關於考核者」，就是對名物制度的考訂，這些名物制度有沒有符合經義，若符合經義，則存；若爲了符合經義而處處牽合、傅會、迂曲，甚至竄改經文，則自當淘汰：

> 不知聖人體卦象以訓言，初無成例，必若先設各象爲一摁例，而後諸卦諸爻取以成文者，聖人不若是之泥也。後來講家甚至併孔子十傳之文，亦一一傅合取象，而荀九家、虞逸象推廣徵引，類出不窮。以致凡說經文者，觸目皆象，無一字一句之非象，其亦可謂固矣。〔註116〕

以「逸象」爲例，爲瞭解釋經義，往往超出〈說卦〉之象，甚至推衍不知數幾，造成「觸目皆象」的說經現象。這樣的情況下，便會泥於象中而附會之，

〔註115〕〔清〕翁方綱，柏克萊加州東亞圖書館編：《翁方綱經學手稿五種——易附記》，頁601。

〔註116〕〔清〕翁方綱，柏克萊加州東亞圖書館編：《翁方綱經學手稿五種——易附記》，頁21。

反而忽略經義。這些是翁方綱所排斥的。但若「取象」之說，合乎經義、考訂，便有參考價值：

> 惠氏《本義辨證》云：「屯其膏，膏謂雨，坎在下爲雨，雷雨解是也。在上爲雲，雲雷屯是也。密雲不雨，故曰：『屯其膏。』《詩》曰：『陰雨膏之。』雲行雨施，〈象〉曰：『施未光。』」按：惠氏此條本於虞翻云：「坎雨稱膏。」《詩》：「陰雨膏之。」是其義也。漢學取象之說，若皆以此條，則又何所疑乎？〔註117〕

取象之說，若能如此條般，合乎經義又能以《詩》佐證，必能大大充實經義之內容。然「取象」往往衍繹成爲「逸象」，無法則可言，易於流於主觀而無客觀定律。這些就成爲非聖人之言的「自爲說者」，是「涉於紆滯者」，可不必深入探討。

　　漢代象數《易》之龐大，翁方綱並非全盤否定，而是採取部份吸收，可觀者存之，無可觀者則去之：

> 夫理至宋儒而益密，然而古訓故有必不可改者。宋儒自恃理明而徑改之，是則授議者以攻辨之端矣。然荀虞之於《易》，又非毛鄭之於《詩》可例觀也。古訓故則必有不可改者。若荀虞，非訓故比也。此當就王弼舍象變與漢儒執象變，平心擇之，亦實有荀虞摭據極當者，王注不及知，即程朱亦未詳也。若此類者，吾常取一二條竟當實。〔註118〕

漢代象數實有「摭據極當者」，這些論述就連王弼、程朱也未詳，這些有價值的觀點，值得被後人重視、參考。「摭據極當者」便是「關於考核」的內容，漢儒名物制度的考訂，勝過於今人者，應當保留；更有合於經義之考訂，皆當爲後人所重視。

五、易例之法，皆由聖人

　　所謂的易例，是一種解易的規則，最早的易例，出現於〈十翼〉之中，接著爲《國語》、《左傳》、先秦諸子，其例簡明，未見繁瑣，以卜筮、闡發義

〔註117〕〔清〕翁方綱，柏克萊加州東亞圖書館編：《翁方綱經學手稿五種——易附記》，頁30。

〔註118〕〔清〕翁方綱：《復初齋文集》，卷十，〈易漢學宋學說答陳碩士〉，頁 384～385。

理爲大宗。至西漢中期，孟喜首開以象數解易，融西漢盛行災異讖諱之說，經京房、馬融、鄭玄、荀爽之手，變本加厲，至東漢虞翻集大成。三國王弼一掃象數，以義理解易，還原《易》之本來風貌。

就從歷史的脈絡上來看，〈十翼〉爲最早之易例，亦是聖人之義理所在。後人所作之易例，事實上是要還原聖人義理之原貌，因此翁方綱認爲，「易例」二字，僅有孔子有資格稱之，其他講家之例，則不可稱之爲「易例」：

> 試思何謂卦例？若果出於文王、孔子之言，則謂之例，可也。出於後人之演說，而謂之之例，豈其可乎？〔註119〕

> 方綱按：《易》之有例，皆後儒推測之辭。〔註120〕

對於易例，翁方綱僅承認聖人之言，才爲「例」。後人言「例」，翁方綱認爲這是推測之辭，是爲了要解釋聖人之旨意而出，稱不上是「易例」。

〔註119〕〔清〕翁方綱，柏克萊加州東亞圖書館編：《翁方綱經學手稿五種——易附記》，頁374。

〔註120〕〔清〕翁方綱，柏克萊加州東亞圖書館編：《翁方綱經學手稿五種——易附記》，頁72。

第七章　結　論

　　翁方綱爲乾嘉時期的重要學者，於經學、詩學、書學、金石學均有成就。乾嘉學風以漢學爲主，考據訓詁爲重要學問內容，翁方綱卻能兼採漢、宋，不廢一家，以相容並蓄的態度作爲治學根基，誠屬難得。

　　對於漢學有支持，有反對，漢學者對於考訂的嚴謹，字義的斟酌，實是求事的求眞態度，是給予高度讚揚。同時亦以此作爲自身的治學基礎。

　　對於漢學者，如惠棟，復古、嗜博、嗜奇、泥古的態度，則不苟同。無條件以古人意見爲依歸，不以聖人之意爲依傍，早已悖離治經之首要原則。惠棟任意增刪經文文字，破壞經文原貌；《周易述》、《周易本義辯證》二書所採立場不同，被翁方綱批評爲「信古不篤」。漢代易學家，如孟喜、京房、荀爽、虞翻、鄭玄等人之易學內涵，講求卦氣、納甲、逸象、世變、爻辰等概念，有其時代背景，但終究非解經之正，亦爲聖人所無之語，以此詁經，實所不必。

　　宋學之長來自於義理的詮釋，但輕於考證。重視項安世、程頤、朱熹、胡炳文等人的易學研究成果，《易附記》一書，對這四位學者的引用便佔去40%。而這四位學者的共同特色便是長於義理，不僅能夠補充與闡發，更能夠貼近聖人旨意。

　　項安世《周易玩辭》一書，備受翁方綱推崇。《易附記》引用其說，同意其觀點、看法、解經原則，更以項安世說法作爲最後依歸，並對其說多做闡發與補充。項安世提出彖象取義不同，彖爲六爻消長，論吉凶禍福；象爲八卦取物，論人如何得吉。此一說法亦影響翁方綱之解經，《程傳》中將彖象合觀以釋卦名，便爲翁方綱所批評。然項安世《周易玩辭》中，以卦變詁經，

卦變非聖人之語，此概念並未受翁方綱認同。程頤、朱熹二人，亦備受翁方綱重視。二人相同特色便是對義理的詮釋精到。貼近聖人旨意是翁方綱對二人的一致觀點。《易附記》中有時將二人並提，亦有單獨出現。「程朱」二語並提，代表二人說法一致。若是將程頤、朱熹二人看法分別羅列出來，則是對於二人說法有優劣高低之分。程頤與朱熹二人，皆用卦變之說詁經，同樣不為翁方綱所接受。胡炳文以發明朱熹未盡之意受到翁方綱重視，但胡炳文一味尊崇朱熹之說，不察朱熹有誤之處，反而加以解釋，如此便造成胡炳文釋經上的錯誤。

前人治學，優缺並現，翁方綱採漢宋之長，作為治學之法。以義理為依歸，訓詁、考證為其法則，不廢其一。訓詁、考證的目的，是要保證義理正確，非無所根據而來。《易附記》重視古訓，重視《爾雅》、《說文解字》、《玉篇》、《經典釋文》、《廣韻》、《釋名》、《廣雅》等字書、韻書的解釋，認為書中對字義的解釋，較貼近聖人之旨意。字句的解釋正確，在此基礎上，方能做好對義理的詮釋。若字義的解釋不正確，義理之說將落為空談。

治《易》方法上，翁方綱自言為「多聞」、「闕疑」與「慎言」。但就實際分析，翁方綱亦使用「書證」與「博證」來治學。「多聞」是博覽群書，多聞能夠幫助自己發現問題、解決問題、比較問題，反應在《易附記》中，便是翁方綱的旁徵博引。「闕疑」是承認自己所不知，保留問題，留待後人或更多的資料來做解答。「慎言」是一種面對未知的態度，不妄加推論。「博證」是重視本證、旁證的證據，以證據來說話，使自己的推論有憑有據。「書證」翁方綱重視書籍引用的表現。翁方綱重視一手資料的引用，引用時須正確可靠，並附上出處來源，以方便後人覆核查閱。上述的方法，皆可見翁方綱治《易》的嚴謹態度。

翁方綱在治《易》上，首重義理。認為治易可以程朱作為門戶，上探孔子真意，並以〈十翼〉為準則，方能走向正確治易之道路。其次，重視古訓的字義，亦不廢考據。反對象數派以逸象、卦變、卦圖來解經，認為聖人並無論及，以此治經只是「治經之累」。但象數中的重要概念，如「十二消息說」、「旁通」、「納甲」、「互體」、「逸象」、「升降」等，並無本質上的批評，亦無將這些概念應用於治《易》，但對這些重要概念的價值是給予肯定的。

綜合上述，翁方綱易學最重要且最特出之處在於三點：

一、漢宋兼容，各取其長。

二、嚴謹治學，重視證據。

三、強調十翼,述聖人道。

本研究以上海古籍出版社所出版的十一卷《翁方綱經學手稿五種——易附記》為主,對於〈繫辭傳〉、〈說卦〉、〈文言〉、〈雜卦〉等部份並未能見到全貌,其後若手稿能夠問世,相信對於翁方綱之《易》學更能掌握更多。

參考文獻

一、古　籍（依時代排序）

（一）翁方綱著作

1. 〔清〕翁方綱，柏克萊加州東亞圖書館編：《翁方綱經學手稿五種》，上海：上海古籍出版社，2006 年。
   第一種第一～二冊，《易附記》；第二種《書附記》；第三種《詩附記》；第四種《禮記附記》；第五種第一～二冊，《春秋附記》。

2. 〔清〕翁方綱：《蘇齋筆記》，北京：北京出版社，2000 年，收入《四庫未收書輯刊》，清宣統二年北洋官報印書局影印稿本。

3. 〔清〕翁方綱：《復初齋文集》，臺北：文海出版社，1966 年。

4. 〔清〕翁方綱：《復初齋文集》，舊鈔本，存於國家圖書館。

5. 〔清〕翁方綱：《復初齋文集》三十四卷，清道光間侯官李彥章刊，朱墨筆增改校樣本（刊本），存於國立臺灣師範學院圖書館。

6. 〔清〕翁方綱：《復初齋文稿》，清乾隆至嘉慶間（1736～1820）著者手稿本，存於國家圖書館。

7. 〔清〕翁方綱：《經義考補正》，臺北：廣文書局編譯所，1968 年。

8. 〔清〕翁方綱撰，吳格整理：《翁方綱纂四庫提要稿》，上海：上海科學技術文獻出版社，2005 年。

（二）經　部

1. 〔漢〕揚雄撰：《方言》，收入四部叢刊經部。臺北：臺灣商務印書館，1965 年

2. 〔漢〕許慎撰，〔清〕段玉裁注：《說文解字注》，臺北：洪葉文化事業，

1999 年。

3. 〔漢〕毛亨傳、鄭玄箋，〔唐〕孔穎達疏：《毛詩正義》。收於〔清〕阮元校勘：《重刊宋本十三經注疏附校勘記》，臺北：藝文印書館，2001 年。

4. 〔漢〕鄭玄注，〔唐〕賈公彥疏：《周禮注疏》。收於〔清〕阮元校勘：《重刊宋本十三經注疏附校勘記》，臺北：藝文印書館，2001 年。

5. 〔漢〕鄭玄注，〔唐〕賈公彥疏：《儀禮注疏》。收於〔清〕阮元校勘：重刊宋本十三經注疏附校勘記》，臺北：藝文印書館，2001 年。

6. 〔漢〕鄭玄注，〔唐〕孔穎達疏：《禮記正義》。收於〔清〕阮元校勘：《重刊宋本十三經注疏附校勘記》，臺北：藝文印書館，2001 年。

7. 〔魏〕何晏注，〔宋〕邢昺疏：《論語注疏》。收於〔清〕阮元校勘：《重刊宋本十三經注疏附校勘記》，臺北：藝文印書館，2001 年。

8. 〔魏〕王弼、〔晉〕韓康伯注，〔唐〕孔穎達疏：《周易正義》。收於〔清〕阮元校勘：《重刊宋本十三經注疏附校勘記》，臺北：藝文印書館，2001年。

9. 〔晉〕杜預注，〔唐〕孔穎達疏：《春秋左傳正義》。收於〔清〕阮元校勘：《重刊宋本十三經注疏附校勘記》，臺北：藝文印書館，2001 年。

10. 〔晉〕何休集解，〔唐〕徐彥疏：《公羊傳注疏》。收於〔清〕阮元校勘：《重刊宋本十三經注疏附校勘記》，臺北：藝文印書館，2001 年。

11. 〔晉〕范甯注，〔唐〕楊士勛疏：《穀梁傳注疏》。收於〔清〕阮元校勘：《重刊宋本十三經注疏附校勘記》，臺北：藝文印書館，2001 年。

12. 〔晉〕郭璞注，〔宋〕邢昺疏：《爾雅注疏》。收於〔清〕阮元校勘：《重刊宋本十三經注疏附校勘記》，臺北：藝文印書館，2001 年。

13. 〔晉〕郭璞注，〔唐〕陸德明音義，〔宋〕邢昺疏：《爾雅注疏》，臺北：商務印書館，1986 年，《景印文淵閣四庫全書》。

14. 〔梁〕顧野王撰，陸費逵總勘：《玉篇》，臺北：臺灣中華，1965 年，四庫備要本。

15. 〔唐〕陸德明：《經典釋文》，上海涵芬樓景印通志堂刊本，臺灣師範大學圖書館館藏。

16. 〔唐〕李鼎祚：《周易集解》，臺北：臺灣商務印書館，1996 年。

17. 〔唐〕郭京：《周易舉正》，臺北：成文出版社，1976 年，收入《無求備齋易經集成》，清宣統三年刊「宸翰樓叢書」本影印。

18. 〔宋〕陳彭年等著：《新校宋本廣韻》，臺北：洪葉文化事業，2001 年。

19. 〔宋〕程頤：《易傳》，臺北：臺灣學生書局，1967 年。

20. 〔宋〕蘇軾：《東坡先生易傳》，臺北：成文出版社，1976 年，收入《無求備齋易經集成》，明萬曆二十五年刊"兩蘇經解"本影印。

21. 〔宋〕朱震:《漢上易傳》,臺北:臺灣商務印書館,《景印文淵閣四庫全書》,1983～1986 年

22. 〔宋〕郭雍:《郭氏傳家易說》,臺北:成文出版社,1976 年,收入《無求備齋易經集成》,清乾隆三十九年"武英殿聚珍叢書"本影印。

23. 〔宋〕朱熹:《周易本義》,臺北:大安出版社,2006 年,收錄於《周易兩種》。

24. 〔宋〕項安世:《周易玩辭》,臺北:臺灣商務印書館,《景印文淵閣四庫全書》,1983～1986 年。

25. 〔宋〕項安世:《周易玩辭》,濟南:山東友誼書社,1991 年。

26. 〔宋〕王應麟:《周易鄭康成注》,臺北:成文出版社,1976 年,收入《無求備齋易經集成》,元刊本影印。

27. 〔宋〕王宗傳:《童溪易傳》,臺北:成文出版社,1976 年,收入《無求備齋易經集成》,清康熙十九年通志堂原刊本影印。

28. 〔宋〕俞琰:《俞氏易集說》,臺北:成文出版社,1976 年,收入《無求備齋易經集成》,清康熙十九年通志堂原刊本影印。

29. 〔元〕胡一桂:《周易本義附錄纂注》,臺北:成文出版社,1976 年,收入《無求備齋易經集成》,清康熙十九年通志堂原刊本影印。

30. 〔元〕胡炳文:《周易本義通釋》,臺北:成文出版社,1976 年,收入《無求備齋易經集成》。

31. 〔明〕顧炎武:《音學五書》,北京:中華書局,1982 年。

32. 〔清〕朱彝尊:《經義考》,臺北:中華書局,1970 年。

33. 〔清〕朱彝尊原著,許維萍等點校:《點校補正經義考》,臺北:中央研究院文哲所,1997 年。

34. 〔清〕張玉書撰:《康熙字典》,臺北:臺灣商務印書館,1968 年。

35. 〔清〕查慎行:《周易玩辭集解》,臺北:臺灣商務印書館,《景印文淵閣四庫全書》,1983～1986 年。

36. 〔清〕胡煦:《周易函書約注》,臺北:臺灣商務印書館,《景印文淵閣四庫全書》,1983～1986 年。

37. 〔清〕王引之:《經義述聞》,臺北:臺灣商務印書館,1968 年。

38. 〔清〕惠棟:《易漢學》,上海:商務印書館,1937 年。

39. 〔清〕惠棟:《周易述》,臺北:成文出版社,收入《無求備齋易經集成》,1976 年。

40. 〔清〕惠棟:《九經古義》,收入《叢書集成新編》,臺北:新文豐,1985～1986 年。

41. 〔清〕惠棟:《周易本義辨證》,收入《續修四庫全書》,上海:古籍出版

社，2002 年。

42. 〔清〕永瑢，紀昀等撰：《四庫全書總目》，臺北：臺灣商務印書館，《景印文淵閣四庫全書》，1983～1986 年。

43. 〔清〕李道平撰：《周易集解纂疏》，北京：中華書局，1994 年。

44. 〔清〕鍾謙鈞輯：《古經解彙函》，京都：中文出版社，1998 年。

45. 〔清〕皮錫瑞：《經學通論》，臺北：臺灣商務印書館，1968 年。

46. 〔清〕皮錫瑞：《經學歷史》，臺北：藝文印書館，1987 年。

（三）史　部

1. 〔漢〕司馬遷，〔日〕瀧川龜太郎編著：《史記會注考證》，臺北：大安出版社，1998 年。

2. 〔漢〕班固撰，〔唐〕顏師古注，楊家駱主編：《新校本漢書》，臺北：鼎文書局，1976 年。

3. 〔宋〕范曄撰，〔唐〕李賢等注，楊家駱主編：《新校本後漢書》，臺北：鼎文書局，1976 年。

4. 〔元〕脫脫等撰，楊家駱主編：《新校本宋史》，臺北：鼎文書局，1978 年。

5. 〔明〕宋濂等撰，楊家駱主編：《新校本元史》，臺北：鼎文書局，1977 年。

6. 〔清〕王鳴盛：《十七史商榷》，北京：中國書店，1987 年。

7. 〔清〕江藩：《國朝漢學師承記》，北京：中華書局，1983 年。

8. 〔清〕徐世昌：《大清畿輔書徵》，臺北：廣文書局，1969 年。

9. 《清實錄》，北京：中華書局，1986～1987 年。

10. 趙爾巽等同編撰，洪北江主編：《清史稿》，臺北：洪氏出版社，1981 年。

（四）子、集

1. 〔宋〕程顥〔宋〕程頤：《二程外書》，臺北：臺灣商務印書館，《景印文淵閣四庫全書》，1986 年。

2. 〔宋〕程顥、程頤撰：《二程集》，臺北：漢京文化，1986 年。

3. 〔宋〕朱熹，〔宋〕黎靖德編：《朱子語類》，臺北：正中書局，1962 年。

4. 〔宋〕王應麟：《困學紀聞》，臺北：中國子學名著集成編印基金會印行，1978 年。

5. 〔明〕顧炎武著，〔清〕黃汝成集釋：《日知錄集釋》，上海：上海古籍出版社，1985 年。

6. 〔清〕戴震，張岱年主編：《戴震全書》，合肥：黃山書社，1995 年。

7. 〔清〕阮元撰，鄧經元點校：《揅經室集》，北京：中華書局，1993 年 5 月。

8. 〔清〕汪中：《述學內外篇》，臺北：臺灣中華書局，四部備要集部，據揚州詩局本校刊，1965 年。

二、現代專著（依筆劃排序）

（一）學術背景

1. 王邦雄等著：《中國哲學史》，臺北：裏仁書局，2006 年。

2. 王俊義：《清代學術探研錄》，北京：中國社會科學，2002 年。

3. 吳雁南、秦學夷、李禹階主編：《中國經學史》，臺北：五南圖書，2005 年。

4. 李威熊：《中國經學發展史論上冊》，臺北：文史哲出版社，1988 年。

5. 林尹：《中國學術思想大綱》，臺北：商務印書館，1979 年。

6. 韋政通著：《中國思想史》，臺北：水牛圖書出版公司，1996 年。

7. 梁啓超：《中國近三百年學術史》，臺北：臺灣中華書局，1969 年。

8. 梁啓超：《清代學術概論》，臺北：臺灣商務，1985 年。

9. 郭康成：《清代考據學研究》，武漢：崇文書局，2001 年。

10. 陳祖武，朱彤窗著：《乾嘉學派研究》，河北：河北出版社，2005 年。

11. 彭林編：《清代經學與文化》，北京：北京大學出版社，2005 年。

12. 錢穆：《中國近三百年學術史》，臺北：臺灣商務印書館，1976 年。

13. 錢穆：《宋明理學概述》，臺北：台灣學生書局，1984

14. 龔書鋒主編：《清代理學史》，廣州：廣東教育出版社，2007 年。

（二）易 學

1. 朱伯坤：《易學哲學史》，臺北：藍燈文化事業，1991 年。

2. 朱伯崑主編：《易學漫步》，臺北：台灣學生書局，1996 年。

3. 余敦康：《漢宋易學解讀》，北京：華夏出版社，2006 年。

4. 屈萬里：《先秦漢魏易例評述》，臺北：臺灣學生書局，1969 年。

5. 金春峰：《朱熹哲學思想》，臺北：東大圖書公司，1998 年。

6. 孫劍秋：《易理新研》，臺北：臺灣學生書局，2000 年。

7. 孫劍秋：《易學新論》，臺北：中華文化教育學會，2007 年。

8. 徐志銳：《周易大傳新注》，臺北：裏仁書局，1995 年。

9. 徐芹庭著：《易學源流》，臺北：國立編譯館，1987 年。

10. 徐芹庭撰：《虞氏易述解》，臺北：五洲出版社，1974 年。
11. 張善文：《象數與義理》，臺北：洪葉文化事業，1997 年。
12. 曾春海：《朱熹哲學論叢》，臺北：文津出版社，2001 年。
13. 曾春海：《易經哲學的宇宙與人生》，臺北：文津出版社，1997 年。
14. 黃忠天：《周易程傳評註》，高雄：復文圖書出版社，2004 年。
15. 黃慶萱：《周易縱橫談》，臺北：東大圖書公司，2008 年。
16. 黃慶萱：《周易讀本》，臺北：三民書局，1992 年。
17. 熊十力：《讀經示要》，臺北：明文書局，1987 年。
18. 樓宇烈校釋：《王弼集校釋》，臺北：華正書局，1992 年。
19. 潘雨廷：《讀易提要》，上海：上海古籍出版社，2006 年。
20. 賴師貴三：《易學思想與時代易學論文集》，臺北：文津出版社，2007 年。

（三）翁方綱專論

1. 沈津：《翁方綱年譜》，臺北：中央研究院中國文哲研究所，2002 年。
2. 沈津：《翁方綱題跋手札集錄》，桂林：廣西師範大學出版社，2002 年。
3. 賴貴三校釋：《翁方綱翁批杜詩稿本校釋》，臺北：里仁書局，2011 年

（四）其　他

1. 支偉成：《清代樸學大師列傳》，臺北：藝文印書館，1965 年。
2. 牟宗三：《中國哲學十九講》，臺北：臺灣學生書局，1983 年。
3. 吳志達，唐富齡著：《明清文學史》，武昌：武漢大學出版社出版，1991 年。
4. 李開：《惠棟評傳》，南京：南京大學出版社，1997 年。
5. 周駿富輯：《清代傳記叢刊——清史列傳》，臺北：明文書局，1985 年。
6. 林慶彰，張壽安主編：《乾嘉學者的義理學》，臺北：中研院文哲所，2003 年。
7. 徐海榮主編：《中國茶事大典》，北京：華夏出版社，2000 年。
8. 許蘇民：《顧炎武評傳》，南京：南京大學出版社，2006 年。
9. 喻春龍：《清代輯佚研究》，上海：上海古籍出版社出版，2010 年。
10. 彭林編：《經學研究論文選》，上海：上海書店，2001 年。
11. 蔣秋華主編：《乾嘉學者的治經方法》，臺北：中央研究院中國文哲研究所籌備處，2000 年。
12. 蔡可園編：《清代七百名人傳》，臺北：廣文書局，1990 年。
13. 閻崇年：《康熙大帝》，北京：中華書局，2008 年。

三、學位論文

1. 王紫瑩：《原本玉篇引說文研究》，國立中央大學中國文學研究所碩士論文，1998 年。

2. 伍明清：《宋代之古音學》，臺北：國立臺灣大學中國文學研究所碩士論文，1989 年。

3. 江弘遠：《惠棟易例研究》，臺北：臺灣師範大學國文研究所碩士論文，1988 年。

4. 江超平：《伊川易學研究》，臺灣師範大學國文研究所碩士論文，1985 年。

5. 吳淑慧：《清儒翁方綱及其易學研究》，國立臺灣師範大學國文研究所碩士論文，2005 年。

6. 宋如珊：《翁方綱詩學研究》，臺北：中國文化大學中文研究所碩士論文，1990 年；臺北：文津出版社，1993 年出版。

7. 李豐楙：《翁方綱及其詩論研究》，臺北：政治大學中文研究所碩士論文，1974 年。

8. 杜兵：《項安世周易玩辭研究》，福建：福建師範大學碩士論文，2008 年。

9. 胡自逢：《朱子易學研究》，臺北：國立臺灣師範大學國文研究所碩士論文，1985 年。

10. 孫劍秋：《清代吳派經學研究》，臺北：國立政治大學中國文學研究所博士論文，1991 年。

11. 康全誠：《清代易學八家研究》，中國文化大學中國文學研究所博士論文，2002 年。

12. 陳伯适：《惠棟易學研究》，臺北：國立政治大學中國文學研究所博士論文，2005 年。

13. 陳純適：《翁方綱年譜》，臺中：東海大學中文研究所碩士論文，1996 年。

14. 陳博适：《惠棟易學研究》，國立政治大學中國文學系博士論文，2006 年。

15. 曾復琪：《朱震易學研究》，銘傳大學應用中國文學系碩士論文，2007 年。

16. 楊子萱：《東坡易傳研究》，臺北：國立政治大學哲學研究所碩士論文，2006 年。

17. 楊素姿：《大廣益會玉篇音系研究》，國立中山大學中國語文學系研究所博士論文，2002 年。

18. 楊國寬：《朱熹易學研究——對程頤易學的傳承與開新》，新竹：玄奘大學中國語文學系碩士班碩士論文，2004 年。

19. 楊淑玲：《翁方綱肌理說研究》，臺南：成功大學中文研究所碩士論文，2002 年。

20. 趙太順：《翁方綱研究》，臺北：中國文化大學藝術研究所碩士論文，1998

年。

21. 賴師貴三：《項安世《周易玩辭》研究》，臺北：國立臺灣師範大學中國文學研究所碩士論文，1990 年。

22. 戴嫣兒：《周易繫辭傳集釋，宋代》，臺北：文化大學中國文學研究所碩士論文，1979 年。

四、學報期刊

1. 尹彤雲：〈惠棟《周易》學與九經訓詁學簡評〉《寧夏社會科學》，第 1 期總 80 期，頁 89～93，1997 年。

2. 尹彤雲：〈惠棟學術思想研究〉《清史研究》，第 2 期，頁 90～98，1999 年。

3. 伍明清：〈項安世之古音觀念〉《中國文學研究》，1988 年 05 月。

4. 李哲賢：〈論戴震與乾嘉時期之考證學〉《漢學論壇》，第二輯，頁 1～12，2003 年 6 月。

5. 尚建春：〈《經典釋文》評述〉《成都理工大學學報》，第 13 卷第 4 期，2005 年 12 月。

6. 武道房：〈從宋學到漢學：清代康、雍、乾學術風氣的潛移〉《學術月刊》，第四十卷，頁 139～146，2008 年 10 月。

7. 金周昌：〈程、朱《周易》觀之分析與比較〉《江南大學學報（人文社會科學版）》，第 3 卷第 1 期，頁 42～43，60，2004 年 2 月。

8. 胡曉彤：〈略談清代中期的漢宋之爭〉《河南工業大學學報（社會科學版）》，第 2 卷第 2 期，頁 78～80，2006 年 2 月。

9. 孫劍秋：〈惠棟《易》學著作、特色及其貢獻評述〉《國立臺北師範學院學報》，第 16 卷第 1 期，頁 55～78，2003 年 3 月。

10. 徐大源：〈論程朱易學異同——兩賢如何理解《周易》其書〉《周易研究》，第 3 期總 49 期，頁 36～45，2001 年。

11. 康全誠：〈惠棟《易》學思想探究〉《遠東通識學報》，第 1 期，頁 1～14，2007 年 7 月。

12. 張濤：〈略論荀爽易學〉《河南大學學報（社會科學版）》，第 39 卷第 3 期，頁 71～75，1999 年 5 月。

13. 張平平：〈略論元代新安理學家胡炳文〉《樂山師範學院學報》，第 23 卷第 8 期，頁 107～111，2008 年 8 月。

14. 張淑紅：〈翁方綱的學術思想及其治學特點〉《齊魯學刊》，第 2 期總 185 期，頁 28～33，2005 年。

15. 郭振香：〈論胡炳文對《周易本義》的推明與發揮〉《安徽大學學報，哲學社會科學版》，第 2 期，頁 27～33，2010 年。

16. 陳修亮：〈試論惠棟《周易述》的治易特色〉《周易研究》，第 1 期總 69 期，頁 40～48，2005 年。

17. 陳連營：〈翁方綱及其經學思想〉《故宮博物院院刊》，第 6 期總 104 期，頁 8～14，2002 年。

18. 黃忠天：〈論伊川易傳的價值與得失〉《文與哲》，第 3 期，頁 247～266，2003 年 12 月。

19. 黃靜吟：〈論項安世在古音學上的地位〉《中山中文學刊》，1995 年 06 月。

20. 漆永祥：〈惠棟易學著述考〉《周易研究》，第 3 期總 65 期，頁 51～57，2004 年。

21. 劉舫：〈論鄭玄的「以禮注易」〉《周易研究》，第 1 期總 93 期，頁 43～44，2009 年。

22. 蔡方鹿：〈程朱理學的經學觀〉《學習論壇》，第 24 卷第 12 期，頁 58～62，2008 年 12 月。

23. 韓慧英：〈《程氏易傳》的易道觀〉《哲學動態》，第 2 期，頁 34～40，2010 年。

24. 楊自平：〈李光地之卦主理論及卦主釋《易》論析〉《漢學研究》，第 26 卷第 1 期，頁 197～230，2008 年 03 月。

25. 楊自平：〈錢澄之《田間易學》與清初《易》學〉，「第六屆海峽兩岸周易學術研討會」，社團法人中華民國易經學會、國立臺北教育大學華語文中心主辦，2009 年 11 月。

26. 楊自平：〈從《日講易經解義》論康熙殿堂《易》學的特色〉，《臺大中文學報》第 28 期，頁 93～138，2008 年 06 月。

五、網路資料

1. 中國國家圖書館，中國古籍善本書目聯合導航系統：http://202.96.31.45。